文化融合

启真馆 出品

社会经济史译丛

Cultures Merging

A Historical and Economic Critique of Culture

文化融合

基于历史学和经济学的文化批判

［英］埃里克·琼斯 著

王志标 译

浙江大学出版社

总　序

　　就中国社会经济史的研究而言，中文与外文（主要为英文）学术圈各自相对独立，尽管现在信息交流与人员往来已经较为频繁，两个学术圈有所交叉，但主体部分仍是明显分离的。相互之间对彼此的学术动态可能有所了解，但知之不详，如蜻蜓点水，缺乏实质性的深度交流，中外学者在这方面都颇有感触。而西方世界的社会经济史研究，相对于中国社会经济史研究，在中国学术界的影响更为有限。关于海外中国研究、外国人视野下的中国历史、制度经济学等，由于相关译丛的努力，越来越多地被引入中国学术界。由于欧美、日本及其他地区的经济史、社会史等研究日趋成熟，其前沿性成果更需要我们及时获知，以把握当前社会经济史的学术动态和未来可能的发展方向。与此同时，越来越多的西方学者对研究中国产生了兴趣，一则因为中国经济的崛起，一则因为如果不了解占人类五分之一人口的国度的历史，就不可能真正了解人类发展，他们希望与中国学术界有更多的交流。

就有关中国的史料与数据而言，中国学者对英文的原始史料涉猎有所局限，遑论荷兰文、西班牙文、葡萄牙文、法文等，这些语种中有关华人与中国的记载，是在中文正史与野史中几乎看不到的世界。而这些史料，在中西方的比较研究，中国与外部世界的关系等领域，都具有不可替代的作用。有待开发的史料还有域外汉文文献资料，包括朝鲜半岛、越南、日本等地的汉文古籍，以及东南亚、美国等地华人的文献与文物。仅从这个角度而言，引介和翻译海外学者的研究成果也日益显得重要。就学科而言，由于专门化人才培养与学术研究的日益深入，各学科形成自身的特定概念、范畴、话语体系、研究工具与方法、思维方式及研究领域，对此但凡缺乏深入而全面的把握，相关研究就很难进入该学科体系，而其成果也难以获得该学科研究人员的认可。而专业人才培养、评审与机构设置等制度更强化了这种趋势。专门研究是如此精深，以致许多学者无暇顾及其他学科与研究领域，见树木而不见森林，学术视野因此受到局限，甚至出现学科歧视与偏见，人类追求知识的整体感与宏观认识的需求亦得不到满足。

同时，不同学科的一些特定话语和方法，其实许多是可以相通的，学术壁垒并非如想象中的不可逾越的鸿沟。一旦打通障碍，架起沟通的桥梁，游走于不同学科之间，其收获有时是令人惊喜的，原创性的成果也常在跨学科的交叉中产生。如从历史源头与资料中原创出经济学理论，或以经济学方法与工具研究历史问题获得新思维，诺贝尔经济学奖得主希克斯、弗里德曼、哈耶克、库兹涅茨及为人熟知的诺斯、福格尔等，都取得了令人瞩目的成果。

因此，"社会经济史译丛"的宗旨与取向为：第一，在学科上并不画地为牢局限于经济史和社会史，也将选择与之相关的思想史、文化史，或以历史为取向的经济学与社会学研究成果，更欢迎跨学科的探索性成果。第二，在研究地域和领域的选择上，将不局限于译者、读者、编者和市场自然倾斜的中国社会经济史，本丛书将力推西方社会经济史的前沿成果。第三，译丛除一般性论述的著作外，也接受史料编著，还精选纯理论与方法的成果。在成果形式方面，既选择学术专著，也接受作者编辑的论文集，甚至以作者自己的外文论著为蓝本加工创作而后翻译的中文成果。在著作语种的选择上，除英文作品外，还特别扶持其他语言论著的中译工作。

我们希望本译丛成为跨越和沟通不同语种成果、不同文化、不同地域、不同学科与中外学术圈的桥梁。

龙登高

2009 年 5 月于清华园

译者序

一、翻译经过

2012 年国庆节期间，我收到了一封邮件，浙江大学出版社启真馆总经理王志毅先生邀请我翻译埃里克·琼斯的《文化融合》一书。那时，我还没有看到原书或者其电子版，只是通过搜索引擎检索到了该书的目录和一两个评论，大致了解了其内容与我目前所从事的研究领域相关，因此就答应了翻译该书。

2013 年 1 月正式签署了翻译合同，原计划在同年 9 月 30 日前完成。从那时起，翻译过程就备极曲折，中断了多次。其间编辑赵琼女士和总经理王志毅先生都曾与我联系，询问翻译进度。在此，要感谢他们对我翻译拖沓的理解。造成翻译进度拖沓的原因是多方面的。第一，翻译难度超出了预料。本身专著类的翻译难度就高于教材，而一本关于文化的专著翻译难度更大，因为其涉猎范围广泛，且夹杂了很多某种背景下的细节。在最初的几章里，单是为了确切地弄清某个习俗，就需要在中英文网页上停留很长时间，有时花费一天时间仅仅弄清了一个习俗的确切意义。第二，来自教学和科研的压力。2013—2015年，我不断地教新的课程，其中苦楚一言难尽。这些教学工作消耗了很多的课余时间和精力，几乎摧毁了我的身体。

虽然断断续续，在2013—2015年8月这段时间内，我仍然完成了将近一半的翻译工作量。幸运的是，我在2015年8月下旬来到加拿大卡尔顿大学访学，这里环境清幽，且（不完全地）避开了来自各方面的干扰，合作导师也没有硬指标，这就使我重新获得了学术自由和在一定程度上恢复身体的可能性。于是，我重新开始了翻译的征程，并决心排除其他方面的影响来将这件工作做好。加拿大多元化的移民社会为本书提供了一个极好的样本，从不同肤色、不同民族的人们的生活方式可以思考习俗、移民和文化等与本书紧密相关的主题。而与来自不同地区的人们的交往也改变或者修正了我的"文化固定性"思路，使我意识到，在脱离母体后，文化多多少少会发生一些变异，因此加深了对该书作者观点的理解。

在连续奋战两个多月后，我终于看到了曙光，一直以来紧张的情绪也得以缓解。回顾翻译的过程中我还获得了一些人生的启示，其中比较重要的一条就是绝不放弃。

二、琼斯其人其事

琼斯于1936年9月21日出生于英国汉普郡安多弗镇，并在那里度过了孩提时代。后来，他长期在澳大利亚从事教学和学术研究工作。因此，关于他的介绍都称他为英裔澳大利亚经济学家和历史学家。

琼斯在诺丁汉大学获得学士学位，在牛津大学获得硕士学位和经济史博士学位。毕业之后，他曾经任教于牛津大学和雷丁大学；1970—1975 年，他是美国西北大学经济学教授；之后，他搬到了澳大利亚；1975—1994 年，他是位于墨尔本的拉筹伯大学经济学与经济史教授。琼斯曾经到访过普林斯顿大学高等研究院、耶鲁大学、曼彻斯特大学、柏林大学和慕尼黑的经济研究中心。他也曾经做过多家企业和国际组织（例如，世界银行）的顾问。直到 2009 年，他一直是墨尔本大学墨尔本商学院的教授研究员。目前，他是拉筹伯大学的经济学荣誉教授和英国埃克塞特大学的访问教授。

琼斯的研究专长是经济史、全球经济学、国际事务和经济系统，尤其对亚太区域研究较为熟稔。他在这些领域发表了大量论文，并出版了几部专著。其最负盛名的著作是《欧洲奇迹：在欧洲史和亚洲史中的环境、经济学和地缘政治学》（1981）。这部著作使"欧洲奇迹"一语流行于世界，但是这个术语也饱含争议性，一些学者批评他的解释是"欧洲中心论"。在《增长再现：世界史的经济变迁》（1988）中，琼斯集中阐述了国家系统理论是西方发展的决定性因素。《文化融合：基于历史学和经济学的文化批判》（2006）是琼斯的第三部著作，在这部著作中，琼斯从否定"文化固定性"和"文化虚无性"出发，得出了一个结论：文化在短期内可以保持稳定，并制约着经济发展；但是，文化在长期会缓慢地变化，有时会突变，而这种变化是经济刺激等外部诱因的结果；因此，文化与经济之间相互作用，而经济对文化的影响是起主导地位的。琼斯的第四部著作是《把脉工业革命：诱因与反应》（2011），在这部书里他提出了工业革命是一个区域现象的新观点，以英国本身为例重点剖析了工业革命为何没有在南部而是在北部发生，从而在经济史中引入了空间分析的视角。这些著述无疑奠定了琼斯作为世界主要经济史家的地位。

目前，琼斯已届八十高龄，仍然在拉筹伯大学从事教学和研究工作，且在七十五岁时出版了《把脉工业革命：诱因与反应》一书，这充分反映了学术思考的生命力。

三、本书逻辑

琼斯的这本书包括三个部分：文化分析、文化评论和结论。前两部分又分为若干章节，它们的合力引导出了最后的结论，但是第一部分无疑更为基础，因为文化评论不能无的放矢，在这个意义上第一部分提出了问题，第二部分通过现实案例对第一部分的问题进行了解读或回答。

当然，在第一部分，各章的地位也不相同。第一章是更基础性的章节，是全书的起点，并最终在结论部分得到了呼应。文化一直以来都不是经济分析的中心，所以琼斯仅仅找到了少数经济学家的观点，他们的意见也成为琼斯考虑的逻辑起点。琼斯将这些意见归结为"文化固定性"和"文化虚无性"两种对立的阵营。文化固定性观点将文化视为首要的解释变量，举所分析都以文化来斡旋；文化虚无性观点将文化视为不存在的或者不重要的，因而不需要关注它的影响。这样一种归类法是琼斯在本书中的核心理论，类似于政治斗争中左派与右派的划分方法。琼斯在本章最后已经对这两种观点都进行了否定，并过渡到文化变迁问题。也就是说，对于文化，不是存在不存在、重要不重要的问题，而是它如何变迁的问题。在文化变迁中的力量以及文化变迁的过程成为第二章至第五章关注的焦点内容。

流动的文化与黏性的文化看似矛盾，却统一于文化的性质之中。由于不同力量的作用或者马歇尔所说的"均衡"，文化既具有流动性，又具有黏性，这是文化变与不变的原因所在。琼斯使用英国国教、罗马天主教、阿米什人的例子论证了文化看似有黏性，但是在面临一些外部冲击时仍会变化的可能性，而且最终往往做出改变。不仅宗教如此，不同国家人们的行为模式也是如此。华人学生过去不愿意参与课堂讨论似乎是一个成见，但是在移民环境下，也发生了显著的改变。因此，作者提炼出一个新的观点：当不同的市场开始竞争时，文化黏性不再，文化最终走向融合，例如英语的世界性传播就是一个表现。

对于"mediocrity"，一般的词典将其译为"庸才"或"平常"，但在第三章（原书第 61 页）作者揭示了这个词语在本书中的含义。他在"inferior practices"后面使用"mediocre ones"来进行解读，那么这里"mediocre ones"应该指的就是"inferior practices"，也就是中国俗话说的"陋习"，因此"mediocrity"在这里有落后性的意思。结合本章所谈的内容，大部分地方都在谈各种各样的习俗，这些习俗或是奇异的（如萹榔），或是有害的（如荣誉谋杀和女性割礼），或是没有什么用的（例如甲骨占卜和蛇崇拜），但是曾经或至今仍在影响着各个地方的人们的生活。而在第一章，作者谈到，在某种意义上，可以把习俗或文明视为文化的同义语，作者显然通过这个说法避开了漫无头绪的文化概念之争。因此，作者把第三章命名为"文化陋习"。在这一章里，作者既谈到了落后文化的表现，例如节日、历法、医疗和关于社交、宗教与性的各种禁忌，也初步讨论了其形成的原因，即小市场或者说缺乏竞争的市场导致了文化的黏性存在。

文化混合主义或文化重叠突出表现在美国文化及其产物——文化产品方面。当然，在其他的移民社会，例如加拿大、澳大利亚，这种文化的混合特质都在一定程度上存在着。也就是说，文化在这些国家，乃至更多的国家表现出融合趋势。那么，是什么引发了文化融合？这就是琼斯在第四章要回答的论题。这一章也直接呼应了本书的题目。贸易扩大、语言融汇、竞争性宗教的兴起、计算机和通信技术的进步、运输能力的提升、识字能力的提高都有助于文化融合。但是，琼斯试图走得更远一些，他将这些都归结为信息成本的下降。但是，信息成本的下降并不必然导致文化融合，因为统治集团可能对此担心，从而采取干预措施。这就为琼斯在第九章将要论及的主题"文化保护"埋下伏笔。

在第五章，琼斯转向了制度讨论。这一章的题目使用了"Cryptogams（隐花植物）"这个比喻来说明制度的传播方式带有隐秘性。在琼斯看来，文化和制度既是不同的，又具有重叠性。这是其分析制度的原因，其分析重点在于先进的制度演化的路径及其与经济增长的关系。在某种程度上，可以将这一章的分析视为其结论部分关于文化会影响经济论点的支撑。在这一章里，琼斯较多地比较了中国和西欧，解释了直到 19 世纪两个经济总量相当的地区为什么在经济绩效方面分道扬镳。他认为，这一切是制度变革及其扩大化使然。中国社会在某种程度上是停滞的，在清末甚至出现了倒退；但是西方的制度在不断优化，尤其是法律制度对于财产权利和个人生命的保护走在了前列。

移民社会是观察文化竞争和文化融合的一个选择环境。通过对美国和澳大利亚移民社区的分析，琼斯发现，在移民的文化中既有继承的部分，也有演化的部分，但是不容易将两者区分开来，这进一步表明了文化的流动性和黏性。总体上，他认为，经过一两代人或者几代人，移民会卸载其在起源国所携带的"无形的行李"，融入当地社区中。在移民文化融合过程中，"奠基者效应"是比较明显的，也就是先到的移民会结合当地的环境发展出一种地域文化，这种地域文化对后来的移民具有较大的影响，后来者会逐渐融入这种地域文化中。移民的文化并非全新的文化，而是文化融合的结果，无论从哪一方面看，它都必然夹带着某种起源国文化的特征。新移民在进入一个社区时会受到旧移民的排斥，而在经历一两代人或更长的时间后，新移民的后代会建立起对所在国家和所在社区的认同，而非对起源国的认同。

东亚经验是一个具有吸引力的话题。同时，琼斯着眼于利用东亚经验来辩论究竟是文化影响了经济还是经济影响了文化，抑或两者是相互影响的，这最终引导出了第十章的结论。琼斯将东亚经验称为"东亚奇迹"或"人类历史上的第四次最伟大的试验"。在东亚地区，日本、"亚洲四小虎"、中国相继崛起，因此琼斯不无嫉妒地说"中国几乎可以被视为世界的中心"。但是，东亚奇迹是如何产生的？这是琼斯要争辩的核心。新加坡学派提出了"亚洲价值观"解释，认为注重集体利益、努力工作、勤俭节约和重视教育是确保东亚崛起的重要特征。但是，琼斯不这样看，他认为这些特征并非东亚所特有的，在所有经济体快速增长的时期都可以找到类似的文化特征，这就回到了马克斯·韦伯所说的"新教伦理"。在这个意义上，他说，不存在亚洲价值观，只有价值观。并预测，随着经济发展，在西方盛行的享乐主义也会在东方流行，进而使经济发展趋缓。

在前述分析的基础上，必然需要思考的一个问题是：文化与经济究竟是一种怎样的关系。关于这个问题，在其他经济学家的作品中也曾经论及。琼斯首先谈到了当下的文化变迁，例如推迟的结婚年龄、不愿意生育的妇女人数增加、礼仪的倒退等，并将其归结为由收入增长带来的超个人主义趋势。继而，他讨论了经济发展对宗教的影响，这表现在基督教信教者的减少和世俗化趋势，以及由西方文化冲击导致的伊斯兰教更趋于保守主义的倾向。这些论证反映了他对于文化与经济之间关系的一个根本性看法，即两者相互作用，但是经济是起主导作用的，所以他在第八章使用的标题是"Economic Changes, Cultural Responses"，也就是想表明文化反应是由经济变迁引起的。因此，他预言，伊斯兰世界不可能一直无法实现快速的经济增长。

文化保护主义是与文化融合趋势相背离的一股力量。保护主义者总是有各种理由，一开始的理由是比较具体的，但是当各种具体理由越来越苍白时，各种理由最终被升华为国家认同或民族认同。保护主义者最初是希望从"大锅饭"中获得补贴的，琼斯认为，这不是为了国家认同，而是满足了少数文化生产者的私人利益。到后来，文化保护主义者所能获得的资助渠道日益多样化，尤其在美国，商业资助和个人捐赠占到了受保护文化产业资金来源的相当大的部分。但是，文化保护带来了文化生产领域的无效率。欧盟所支持的电影收益可怜，甚至没有收益，因为它要体现欧盟诸国的文化，而这种文化的混合在当前已经逐渐失去了吸引力。澳大利亚和欧盟的文化保护政策迫使一些有才华的导演和艺术家迁徙到美国，在美国他们可以大展拳脚，并按照创意的方式而非指定的方式进行生产。

在第十章的结论部分，琼斯对前面章节所提出的问题进行了总结。他对于文化流动性和黏性的解释是："每一种文化都代表了一种在当前的经济力量与社会力量之间的均衡。"因此，当均衡得以保持的时候，文化是黏性的；当均衡被打破的时候，文化就出现了流动性。据此理解，落后的文化之所以长期存在也是因为这种文化所生长的环境没有改变，一旦环境改变文化会做出相应的改变。在某些条件下，文化会实现跳跃式的发展，一下子从落后的文化转变为先进的文化。条件就是将弱选择环境变为强选择环境，也就是在市场中引入竞争。在竞争的示范效应下，人们会对如何更好地生活做出自己的选择。从表面看，某些文化确实抑制了发展；但是通过发展，这些文化会潜移默化地被改变。因此，琼斯总结道，文化与经济在相互作用，文化对于经济的作用类似于刹车或过滤器。

四、题外之话

正如本书副标题所展示的，本书是批判性的，这种批判不仅指向了西方，也指向了东方和伊斯兰世界。从这个角度上说，批判并没有明确的指向性。多数文化批判是善意的，如果被批判的方面能够得以改进，那么人类无疑将从中受益。从本书来看，琼斯对于东方世界和西方世界同样是熟悉的。事实上，他批判东方的一些问题在西方也存在着，就像他经常表明的，并没有太大的差异，差异性来自于人为竖起的高墙，譬如柏林墙。

的确，就如过去人们对琼斯的评价一样，他多多少少有一种欧洲中心主义，或者英国中心主义的味道。毕竟，琼斯是一个英国人，因此他对起源于英国的制度和文化带有某种偏爱也就不足为奇。尤其是，他对于近邻法国的嘲讽和调侃能够让人深切地感受到文化的烙印。对于东亚，特别是中国，他的有些批评让人难以理解。在对待历史问题的不太公正的态度在不少西方的著作中都存在，琼斯的著作也不能例外。只能希望通过中国的外译事业，尽快地让西方了解真实的中国历史，以改变他们的有所偏差的看法。

然而，对于本书所论证的主题而言，我们还是应该给予足够的重视。文化融合是一股不可逆转的潮流，随着中国经济复兴，文化复兴也已在望，因此文化融合未必是一件坏事。复兴的中国文化应该不是过去的翻版，而是世界先进文化和中国优秀传统文化的综合。

最后，感谢加拿大 Carleton University 及王艳灵教授所提供的访学工作条件，并感谢我所在单位（长江师范学院、河南大学）对翻译工作的支持。

前言

早在 1879 年，美国经济学会首任主席弗雷德里克·阿马萨·沃克（Frederick Amasa Walker）问道，经济学缘何"在现实世界不招人待见[1]"？他自己回答了这个问题，原因在于，经济学家发现，如果考虑到每一部具体的法律、每一种特殊的习俗或者每一项特别的制度，那么他们的预言就将无果而终。但是，"现实中的人们"依然坚信，他们用自己的眼睛能够洞悉习俗和信仰如何引起市场理性无法预测的行为。一个世纪以后，人类学家克利福德·格尔茨（Clifford Geertz）宣称，文化"如同农业一样是可观察的"[2]。毫无疑问，文化是可观察的，但是它具有怎样的影响？确实有必要弄清文化影响的由来、性质和局限性。

提及文化现象是极为平常之事，而且，人们显然将文化视为社

---

[1] 引自 Robert H. Frank, *Passions within Reasons: The Strategic Role of the Emotions* (New York: W. W. Norton, 1988), p.227。

[2] Clifford Geertz, *The Interpretation of Culture* (New York: Basic Books, 1973), p.91.

会生活的基本部分，所以仅此似乎就可确定其意义。在普通人看来，文化的重要性不言而喻；同时，非经济学家，例如历史学家和其他社会科学家，不约而同地诉诸文化解释。然而，大多数经济学家似乎不为所动。对于文化是否如此基本、如此稳定，专业人士有着不同见解，这进一步影响了他们对生产和消费如何发生或者市场规则是否最终决定文化生活的看法。那么，在多大程度上或在什么意义上可以认为，文化支撑了世界史和全球经济？文化间的差异是根本无法逾越的吗？在现代世界，文化在多大程度上可以作为保护主义的一个借口？

在第一章我确实关注了少数有前景的近期作品，但是当前的文献却很少可以直接用于处理概念问题。更常见的是，作者宣布或仅仅暗示他们自身的立场，而不直言相告；只有少数作者会为相左的意见针锋相对。在评估文化时采取历史观点是有益的，这正是我在本书中所奉行的。由此也暴露了传统观点的肤浅之处，只是因为文化的影响无处不在，传统观点就认为，文化是有形和持续的现象。

这样我们就必须转向相反的极端情况，即认为文化如此易变，所以它实际上几乎没有意义吗？这种看法也是没有说服力的。文化取决于现行激励的经济解释，这比固定性观点更令人满意，但是我们不能假定，文化只不过是物质主义的一副面具。要经济学家将文化弃之于不顾就意味着要在全盘考察这种可能性之前放弃这个主题。正如我在本书后文将要讨论的那样，尽管文化在历史长河中的变迁令人难以察觉，并且远远不像许多非经济学家宣称的那样具有独立的影响，但它确实在一定程度上粉饰了人们的行为，左右了人们的选择，影响了人们的决策。

像阶级一样，文化没有被普遍认可的、具有操作性的定义。就许多曾提到它的文献而言，我们确实可以找到一种共同的解释，即文化是大大小小的人类群体所共享的信仰、习惯和期望的模式，以及价值观、理想和偏好的模式。然而，在这方面我们只能谈及文化的集中趋势；即便如此，在某一时点上，一个群体的行为也可能相对于其一般情况有较大的变化。习惯和价值观总在缓慢地变化，但是它们有时可能出现剧变。一个人的文化特征是在孩提时代习得的，它们在不同程度上是对家庭准则的无意识的模仿，或者经过了周围环境的熏陶。早期影响至关重要。大致来说，后来的影响效果较小，甚至可能遭到抵制或拒绝。换句话说，尽管经济学家经过了训练，但他们不能期望，任何相对价格的变化都会引起自然而然的结果。"大致来说"宣示了事实——没有一成不变的规则。

如果不能彻头彻尾地信服一个定义，那么我们就不应该让自己为此束缚。如果不能确认什么是存在的，那么断言连续性的中断就没有什么意义。在任何情况下，文化都是一种不稳定的混合物。大多数已经提出的有关文化的规则都是极其模糊的，以至于学术讨论只能在不同标准之间游弋不定。然而，即使我们确实不想让自己太随心所欲，要根据从众多角度讨论文化的作品提炼出真知灼见，或者至少获得只鳞片爪的有益观点，也并非易事。尽管不能完全等同，文化、习俗和文明却通常是可以交换使用的，所以不能在适当的地方一一提及它们便是一件憾事。我如此便可以找到恰当的回避理由，以在一定程度上放松文化的定义。

至于对文化的讨论无果而终，人们将文化与制度混为一谈是一方面的原因。我倾向于将组织和正式制度从文化中分离出去，因为它们源自有意识的政治选择，并且有常规的运行方式，但是文化包括了不经意间吸收的信念，结果就使得人们难以清晰地体察到它。这是一个棘手的问题；毫无疑问，形成许多社会模式的某种要素来自权利关系，但是这些起源目前似乎并不明朗。每种文化都可能倾向于创造出具有不同特点的制度；换句话说，所创造的结果可能是某种隐约存在的文化特征，也可能是盛行于世的诸般制度，凡此种种无不与社会价值观相吻合。提出这种可能性有时是为了解决文化纷争；通常将西方崛起的原因归结为基督教精神，其用意更在于此。然而，基督教世界曾历经数世纪没有实现持续的经济增长。从这方面来说，更可信的看法涉及了中世纪教会政策与制度的创新。这一切是仰赖历史上文化与制度独特协同作用的结果，而非仰赖单纯文化作用的结果。

无论人们如何质疑宗教在西方崛起中的作用，围绕这一切的争论都不会停止。例如，在《理解经济变迁过程》[3]一书中，道格拉斯·诺思（Douglass North）认为，不同的经济绩效和政治绩效是由不同的制度导致的，我赞同这种观点。他还断言，行动者的意图会影响制度建设，进而影响经济变迁。用他的话说，是人类意图而非遗传基因解释了文化变异；并且，就像大家认为的那样，人类意图尤其适用于解释制度变异。对于意图性的强调也导致他认为，在生物学与文化之间的简单对比和在基因与文化基因之间的肤浅联系都是错误的。

但是诺思继续对文化作用持保留态度。他在作品中暗示，文化与宗教扭曲了大多数经济学推理所依赖的理性最大化行为。通过引用人类学家对小团体的研究，他约略指出，所研究的全部社会团体[4]都没有遵循利己主义的最大化行动者的概念。这必然意味着，较之文化更深的人类倾向影响着人们的行为（就如所报告的那样，该发现似乎并不是要否认，最大化行为仍然可能比任何其他单个因

---

〔3〕 Douglass C. North, *Understanding the Process of Economic Change* (Princeton: Princeton University Press, 2005).

〔4〕 Ibid., p.46.

素更能解释行为差异）。尽管他声称，纯文化对经济绩效是"重要的"，从其讨论中却无法看出，纯文化具有特殊的影响力。然而，现实中仍然不能排除，由神话、迷信和宗教构成的独特混合体确实会产生构建秩序与和谐的不同制度，进而对不同社会造成不同程度的交易成本。如前所述，这符合我本人的看法，因为我承认，在极其宽泛的意义上，文化特征支撑了经济组织。但是，正如诺思本人所指出的，该主题仍然是未来需要探讨的一个未知领域。

教条主义者声称，每种文化都是独一无二的，并且只能通过自闭的方式加以研究。迄今为止，这种观点在本领域的学者中仍十分流行。例如，法国与美国的社会学家认为，印度社会（甚或某个人所选择的那个社会）如此特殊，因此应以其自身的方式处理有关它的事务。然而，位于德里的贾瓦哈拉尔·尼赫鲁大学（Jawaharlal Nehru University）的社会学家迪潘克尔·古普塔（Dipankar Gupta）观察到，在最近 10 年，印度社会学界已经较多地采用比较的方法，而"较少采用隐晦"的方法。[5] 正如诺思在其著述中所说，在经历了盛行的相对主义的长期困扰后，经济学家和经济史家正逐渐更新他们对于文化解释的兴趣。

这可能正是要考虑的问题所在，虽然前面进行了抽象的思考，我的本意却不是加入与夸大其词的思想流派的学术战斗，不过，如果不参考现有观点的线索，那么就不容易理解文化分析。我已经尝试按照 MBA 学生的水平来写，他们通常具有许多知识，但是之前几乎没有读过类似的主题。而且，当说到经济学家、其他社会科学家和历史学家时，我并没有暗示，所有包含在这些专业门类中的个人都具有专业观点。专业观点指的是出现在我所考察的作品中时每

〔5〕 引自 *Financial Times Magazine*, 8 Jan 2005。

个专业的主流观点。这些作品见诸脚注和参考文献。如果列出更多的个体贡献，那么本书就会类似于一个文献回顾。

理解这些观点也许需要劳神费力，因为类似的鲜明观点充斥于文化研究的诸多方面。在如今大学里的社会科学院系和艺术院系有太多思想猎人（ideology hunters），他们寻求将学术相左者列入政敌行列。我来自经济学和经济史专业，对文化研究不太熟悉，所以无意过多掺和他们的争论，他们的争论似乎主要与美国的学说对立有关。无论在商学院的职位如何，我都不曾非常直接地说过要将文化议题引入商业研究中。我按照上述线索读过的作品似乎不太引人注目。我们对个体商人的特征或者经过极其细致挑选的人群的特征几乎一无所知，他们似乎在经济绩效方面而非民族文化或种族划分方面与我的关系更为密切，这一点目前正逐渐得到认可。[6]

语言和艺术通常是民族文化的代表。如果强调文化是基本的，那么这会逐渐衍生出对保护语言和艺术的需要。有种思想认为，文化既庄严神圣，又固若磐石，我对此持相反意见。我的观点虽然看似偏激，实则并不保守。保护主义者和寻租者——还有思想猎人——的策略之一就是将持有自由市场立场者贴上保守主义的标签，这是十分错误的。不管怎么说，我都支持可竞争市场而非补贴和配额，因为只有这样才能赋予人们较多的选择，并激励他们的创意行为。

骄傲自大的人们经常声称他们自己的文化优越于所有其他文化。
伯特兰·罗素（Bertrand Russell）将他们称为"井底之蛙（dogmatism of the untravelled）"。反美主义（Anti-Americanism）是一个这样的特例，但美国人也在相反的方向走向了沙文主义（chauvinism）。生

---

〔6〕 Sunkyu Jun and James W. Gentry, "An Exploratory Investigation of the Relative Importance of Cultural Similarity and Personal Fit in the Selection and Performance of Expatriates," *Journal of World Business* 40(2005):1–8.

活在洛杉矶的一位学者玛格丽特·沃特海姆（Margaret Wertheim）对此的总结是，美国人"只是不能与其他文化和平相处。他们没有意识到，其他类型的经验也是有价值的或者有趣的"。由于她是一名澳大利亚人，所以这真是再妙不过了![7]无论一个人走到哪里，他都会听到"这是世界上最好的国家"这样的话。说话者很少有过度假经历，即使有度假经历，他们也很少到过其他国家。这些人所说的未必都对。话音背后透漏的信息是，他可能生活在单一文化的环境之下。

"根与翼"的说法意味着完全存在一种可能性，即一个人来自某个地方，一生依恋这个地方，却幸福地定居在其他地方。雀巢印度的总经理达利斯·阿尔德希尔（Daraius Ardeshir）有句评论证明了这个道理："印度人可以同时生活在几个世纪。当我去探望父亲时，仍然要向他磕头。"[8]一个一体化的世界经济要求实现大规模的国际劳工流动。幸运的是，现代技术意味着，回家比以往任何时候都要容易，电话、电子邮件甚至视频都使保持联系极为方便。如今借助于卫星观看原籍国（home-country）的电视已然司空见惯，不过，是否值得去做要视条件而定。

每个人不得不同时承担不同的社会角色——家庭中的角色、工作场合的角色、俱乐部中的角色和志愿组织中的角色——与此相似，国际劳工流动要求许多工人持有多种护照或签证。世界人口的2%居住在他们出生地以外的地区，并且由跨国婚姻所生育的孩子数量不断增加。这些人生活在多元文化环境中，多数情况下适应得不错。[9]冲突在所难免，但是当出现不满时，个人更多的是因为周围

xv

---

[7] *Daily Telegraph*, 16 Jun 2003.

[8] *Far Eastern Economic Review*, 31 Oct 1996.

[9] Alex Soojung-Kim Pang, "Mongrel Capitalism," *Atlantic Monthly*, Nov 2000, pp.118-120.

环境对他们持有偏见，而非自身不能适应环境。文化融合需要假以时日。

致　谢

长期以来，我一直想写一本关于文化的书，以前在雷丁大学（University of Reading）的同事马克·卡森（Mark Casson）、肯·达克（Ken Dark）和安德鲁·戈德利（Andrew Godley）出版的作品和我们之间的谈话在一定程度上鼓励了我来完成这项工作。我在几个国家与凯特·伯里奇（Kate Burridge）、卢·凯恩（Lou Cain）、庄钦永（David Ch'ng）、穆拉特·齐扎卡（Murat Cizakca）、格雷丝·戴维（Grace Davie）、邓刚（Kent Deng）、帕特里克·迪利翁（Patrick Dillon）、科琳·唐斯（Colleen Downs）、迈克·福斯（Mike Foss）、约翰·弗莱森（John Frearson）、约翰·加特－拉特（John Gatt-Rutter）、约普·古德斯布洛姆（Joop Goudsblom）、伊恩·哈珀（Ian Harper）、戴维·亨德森（David Henderson）、迈克尔·詹姆斯（Michael James）、片山邦夫（Kunio Katayama）、肖恩·肯内利（Shaun Kenaelly）、马文·麦金尼斯（Marvin McInnis）、斯蒂芬·门内尔（Stephen Mennell）、弗兰克·米尔恩（Frank Milne）、乔尔·莫基尔（Joel Mokyr）、杰里米·马尔霍兰（Jeremy Mulholland）、杰夫·雷比（Geoff Raby）、弗农·雷诺兹（Vernon Reynolds）、戴维·罗伯逊（David Robertson）、埃克哈德·施利希特（Ekkehart Schlicht）、迈克尔·塔兰特（Michael Tarrant）、约翰·韦布（John Webb）和安元稔（Minoru Yasumoto）进行了多年的深入对话，近来与安场保吉（Yasukichi Yasuba）进行了交流，这些对话和交流也极富启发意义。在欧洲（特别是德国）、加拿大和日本诸国对大学和研究所的访问，

以及在墨尔本商学院（墨尔本大学）和雷丁大学所承担的面向多国 xvi
学生的教学任务加强了我对文化差异的观察，使我洞悉人们如何解
释文化差异。墨尔本商学院麦克莱南图书馆（McClennan Library）
的所有图书管理员都给予了我不厌其烦的帮助。除此以外，我还受
到了其他人的帮助。由于本书主题广泛，并且我在这方面已经浸淫
多年，所以如果要列出所有致谢名单，那么这份名单几乎可能与本
书的内容一样长。无论在此是否列出名字，也无论他们是否知道为
我提供了帮助，我仍然要感谢有关的每一个人。

当乔尔·莫基尔邀请我参与他主编的普林斯顿大学出版社西方
世界经济史丛书时，我的写作意念变成现实。拉齐恩·沙利（Razeen
Sally）邀请我为他主编的《经济事务》专刊贡献一篇关于文化的
论文，这使我比原本计划的写作时间提前，并促成了第一章的早期
版本。第五章的各个版本分别来自我于 2002—2003 年在安大略省
女王大学（Queen's University）、都柏林市大学学院（University
College）和澳大利亚拉筹伯大学（La Trobe University）演讲的论
文。本书的大部分内容都是在我位于英国乡村的新家完成的，所以
无法便利地去往大学图书馆。这使我不得不就地取材，利用现成搜
集的一些资料。但是，局限的方寸并不意味着无法施展手脚。毕竟，
我已经整理了大量的笔记、剪报和复印资料，所以剩余任务就是在
计划的文本长度内将它们进行总结。

在研究和写作的部分时期，我十分幸运地被聘任为拉筹伯大学
高等研究院的杰出学者。拉筹伯大学的博哈特图书馆（Borchardt xvii
Library）对我的写作助莫大焉，因为当该大学聘用我时，我一直在
忙着整理许多有关的作品——事实证明，这是富有先见之明的。感
谢格雷格·奥布赖恩（Greg O'Brien）、吉拉·莱德（Gilah Leder）
和朱利亚·安德森（Julia Anderson）促成了我的拉筹伯大学之行，

感谢我的朋友和前同事约翰·安德森（John Anderson）给予我的友谊和永远敏锐的评论。约翰评论了本书初稿，我的儿子克里斯托弗（Christopher）和妻子西尔维娅（Sylvia）对初稿也提出了一些意见。西尔维娅在每个阶段都竭尽全力地帮助我；如果没有她娴熟的编辑技巧和事务管理，我不可能完成本书。

目　录

第一部分

文化分析

第一章 文化解释的复兴

　　经济学家可以在诸多问题上达成共识——这与流行的观点相反——但是大多数经济学家只有在不想过多思考文化的情况下才会同意对文化的认识。人们曾经希望在经济变革与文化变迁之间找到一种可靠的联系，但这类希望在 20 世纪 60 年代和 70 年代多已幻灭。无论"现实生活中的人"还是具有文化偏好的少数经济学家，只要仍然相信文化是可以定型的，他们就会认为，文化是首要的，经济是次要的。他们很少考虑到，文化有可能是次要的。另一方面，大多数经济学家所接受的教育就是研究变量之间的替代性，一旦看到文化概念一直都固定不变，他们就会认为，文化是个难以操控的概念。所以，他们无法相信，文化在经济诱因出现之前早已存在，因而不受后者影响。在审阅了大量关于价值观对印度经济发展的影响的命题后，达斯古普塔（Dasgupta） 4
总结道："从这样莫名其妙的关联分析中无法导出任何定理。"[1]

---

[1] Ajit Dasgupta, "India's Cultural Values and Economic Development: A Comment," *Economic Development and Cultural Change* 13 (1964): 102.

因此，近年来除了少数学者，没有一个主要的思想学派致力于从文化角度解释经济发展。首先要指出的例外是一些制度经济学家，也许，安妮·梅休（Anne Mayhew）1986 年在演化经济学会年度会议上的会长陈辞可以作为一个例证。她的主题是"文化：受到攻击的核心概念"，开场白谈道："我首先提出一个命题，有关文化和工具评估的概念是所有其他制度经济学概念的基础。"[2]梅休认为，分析问题时必须首先承认，我们会受到自身文化模式的约束。目前所有需要说明的是，经济学还没有一般性甚或广泛地采用这样的立场。

第二类例外系指一些继承了马克斯·韦伯（Max Weber）传统的经济学家，他们对东亚信仰、商业惯例和经济增长的关系比较感兴趣。该学派的一个例子是森岛通夫（Michio Morishima）的历史学作品。尽管他是一位主要的技术经济学家，但是他对日本奇迹的解释源自韦伯传统。[3]即便如此，他最终还是走向了妥协，转而强调文化和经济学的相互作用。一方面，他指出，日本历史造就的思想观念"约束"（指导？）了经济活动；但是另一方面，思想观念受到了经济的影响。这迫使我们回到历史分析，以弄清究竟谁影响了谁。

我在其他文章中曾经谈到"文化虚无性（cultural nullity）"[4]，大多数经济学家采用了这种立场。严格地说，这会有多种表现形式，并且人们采用这种立场往往是无意识的。一种看法是：不能明确各种文化是否真正存在，但是可以假定它们存在；即使确实存在，它

---

〔2〕 Anne Mayhew, "Culture: Core Concept under Attack," *Journal of Economic Issues* 21/1(1987): 587–603.

〔3〕 Michio Morishima, *Why Has Japan "Succeeded"? Western Technology and the Japanese Ethos* (Cambridge: Cambridge University Press, 1982).

〔4〕 Eric L. Jones, "Culture and Its Relationship to Economic Change," *Journal of Institutional and Theoretical Economics* 151/2 (1995): 269–285.

们对经济问题的影响也是微不足道的，所以可以大胆地忽略它们的存在。另一种看法承认文化确实存在，但是假定它们是由经济创造的，能够随着刺激的变化加以调整而无需任何代价，所以在这种情况下，也可以忽略其存在。然而，后一种看法无法克服在全然不合情理的文化中所遇到的主要难题：事实上，市场并非是自发运行的，而是依靠传统规则建立信任关系。

正如马克·卡森所观察到的，经济学家的职业文化使大多数经济学家根本注意不到文化的重要性。[5]其他学科的专家，以及新闻记者、旅行者、海外移民和商业评论员却注意到了这个问题，他们都会指出，"实际上"衣着、饮食、社会习惯乃至于有影响力的信仰和价值观似乎都具有重要的本土特征或传统特征。一种非市场的原教旨主义盛行于社会学家和人类学家之间，哲学家罗杰·斯克鲁顿（Roger Scruton）与社会学家布丽吉特·伯杰（Brigitte Berger）的交流就证明了这一点。[6]谈及俄罗斯与东欧，斯克鲁顿认为，只要试图引入市场经济，就需要首先建立法律体系。伯杰突然插话说，要使法律得到认可，必须首先完成文化的转型。社会学家克劳迪奥·贝利斯（Claudio Veliz）支持伯杰的方法，宣称自由市场本身是一种文化制品：尽管自由市场在19世纪曾进行过长期的实验，但在拉美的推行遭受了失败。这基本上是一种实体主义者（substantivist）的观点。

如果有些经济学家仍然关注20世纪60年代在形式主义（formalism）和实体主义（substantivism）之间的争论，那么他们会承认，最终

6

---

[5] Mark C. Casson, *Economics of Business Culture: Game Theory, Transaction Costs and Economics Performance* (Oxford: Clarendon Press, 1991), p.22.

[6] "Symposium: The New World of the Gothic Fox: Culture and Economy in English and Spanish America," *Partisan Review* 62/2 (1995): 179–233.

的结果有利于形式主义，但是非经济学家的观点正好相反。[7]形式主义意味着，经济理论具有普遍的应用范围。一位严肃经济学家指出，引入文化差异是相对主义的一种表现，这会破坏分析的普遍性。[8]实体主义者所提出的问题是，每一种文化都会使自身的价值观最大化，因此不能利用经济学范式加以分析。他们将经济学家的利己主义和市场导向称为虚假的普遍主义和愚蠢的西方思维。一个更合理的判断可能是，既然经济学是对行为的抽象类型——选择——的分析，那么它的分析技术应该是文化中立的，并具有概念上的普遍性。如果有些经济学家没有考虑到在西方社会以外的其他地方存在形成成熟市场的法律障碍、宗教障碍和社会障碍，那么对于他们自身而非科学内容而言，其学说未免虚弱不堪。

7　　在实体主义者的教条中，有一种特殊的经济观点渗透在所有的文化之中。这种观点的极端持有者蔑称，将市场经济学拓展到西方以外的任何尝试都是为了利润而破坏其他文化（他们很少承认利润在激励承担社会所需要的风险中的作用）。所有的文化都体现了那些与生俱来、不可分割的权利，因而值得保护。将其他文化融入国际经济（全球化）中的想法是错误的，而认为不同文化没有分别是一种"种族主义者（racist）"的观点。人们经常使用"种族主义者"这个术语，不过，多数情况下是在滥用它。以上的观点相当于文化相对主义（cultural relativism），即认为所有文化都是独一无二的，也需要保持独一无二。

---

〔7〕 甚至更早的时候，在1941年，经济学家弗兰克·奈特（Frank Knight）与人类学家梅尔维尔·赫斯科维茨（Melville Herskovits）就曾经进行过交流，他们的交流内容在形式主义与实体主义之争中经常被引用，并被 M.J. 赫斯科维茨作为一个附录重印在《经济人类学》（*Economic Anthropology*, New York: W.W. Norton, 1963）一书中。

〔8〕 William Oliver Coleman, *Economics and Its Enemies* (Basingstoke, U.K.: Palgrave, 2002), 尤其 pp. 65–66, 84, and 250.

已退休的人类学家罗杰·桑德尔（Roger Sandall）是对这种立场最有说服力的反对者之一，他声称，当自己还是一位大学教师时，本不可能发表其到目前为止已经撰写的论著，因为这些论著一直与这个时代盛行的文化相对主义环境格格不入。[9]他用材料证明了，随意褒扬非西方文化有多么荒唐；从反面指出，在欧洲殖民主义者登上历史舞台很久以前，非西方文化孕育了惊人的腐败问题，甚至导致了大屠杀，对世界经济和科学进步没有做出多少贡献，并且在这种文化下的原始农业容易造成生态破坏。[10]桑德尔的论著似乎无足轻重，他就像是一位孤独的持有不同意见的人。但是，一些非洲本土作家的出现暗示出人们的观念已经发生了较大的变化。此前不少人认为，非洲大陆的问题可能是殖民主义的结局，而这些非洲作家逐渐改变了类似的看法。人们发现，有些非洲作家批判了他们自身所具有的一些缺点，例如冷漠无情、宿命论、过度享乐、避免冲突、依靠迷信的解释、缺乏个人价值的概念等。在 20 世纪的后三分之一时间里，听到这些话是不可想象的，如果不是非洲本土作家这样说，那么这些话将仍然有可能令人无法接受。丹尼尔·埃通加－曼格尔（Daniel Etounga-Manguelle）概括了新的自我批评的方法，推荐从其他文明学习，即学习东亚道路而非追求"非洲道路"。[11]

文化相对主义几乎没有解释过它自身的经济含义——由坚持文化分离而造成市场分割的成本（大都由穷人负担）。文化相对主义因此与下面所讨论的"文化固定性（cultural fixity）"联系在一起。

8

---

〔9〕 Roger Sandall, *The Culture Cult: Designer Tribalism and Other Essays* (Boulder, Col.: Westview Press, 2001).

〔10〕 最后一个观点与我自己的发现相一致。参见 Eric L. Jones, "The History of Natural Resource Exploitation in the Western World," *Research in Economic History*, Suppl.6 (1991): 235–252。

〔11〕 Daniel Etounga-Manguelle, "Does Africa Need a Cultural Adjustment Program?" in Lawrence E. Harrison and Samuel P. Huntington, eds., *Culture Matters: How Values Shape Human Progress* (New York: Basic Books, 2000), pp. 65–77.

文化是人造之物，所以人们可以创建和重塑文化，并且大多数文化都来自五湖四海，但文化相对主义者没有尽力去勇敢面对这个现实。他们并不担心，保护代表其立场的文化会有利于目前权力在握的人，却会抑制其他人选择的自由。我们可以对此进行显示性偏好（revealed preference）的检验，这意味着要问一问人们做什么，而非问他们说什么。显示性偏好表明，世界各地的人们都愿意吸纳异域文化，特别青睐所谓的全球文化或者西方文化。许多人甚至费尽周折也要移民到西方，因为在西方他们不仅可以分享物质成功，还可以分享类似于独立的法律和自由的媒体这样的好处。

一

人们可能认为，历史学家喜欢强调文化变迁，但令人费解的是，许多历史学家似乎同样赞同，文化是固定的，支配着生活的其他方面，经济生活也不例外。对此的一种可能解释是，历史学家往往是研究某一时期的专家，却很少研究较长时间跨度内的历史，如果他们能在比较长的时间内进行考察，那么变化就会显而易见。与其他人一样，历史学家也目睹了当今社会的文化多样性（cultural diversity），这有可能促使他们推测，经济会顺应文化偏好、文化能力和文化禁忌的特定内容，反之则不能成立。

如果考虑除了经济学以外的其他领域的专业学者，那么对"文化重要性"的认可是一以贯之的。肯定文化重要性的看法往往与对新古典经济学的攻击息息相关。正如不能区分市场自由主义和保守主义一样，很少有评论者能够对新古典经济学和其他经济学分支加以区分，所以这些看法几乎不能证明他们说过什么。这说明，对其他领域的学者而言，"新古典"不过是一个幌子，他们借此想要表达的是：自己反感市场竞争，厌恶经济学家关于所有行动都有成本的专业假定，不赞成企业和政府参与维持资本主义。经济学家用不屑于回答的沉默方式对此做出了激烈的反应。[12] 面对经济学家和非经济学家的所有偏见，有必要安抚双方的苦恼。但是，要采取的办法 可能就是避开文化议题。

有时文化真的似乎比较循规蹈矩，且在价格方面保持不变，以确保能通过经济学家的仔细审视——不过，我们本来就应该小心对待。阿尔弗雷德·马歇尔（Alfred Marshall）认为，人们容易忽视缓慢的变化。他敏锐地观察到，"朝生暮死的昆虫几乎不会注意它所栖息的植物的生长，短命的人几乎不会有比昆虫更好的办法去弄清习俗是否在悄悄地改变"[13]。然而，在其他情况下，与最实质性的人类问题有关的行为几乎有可能一夜改变。是什么解释了稳定性的周期，又是什么引发了转变？

发展经济学的领军人物之一、经济学家彼得·鲍尔（Peter Bauer）的直觉可能是正确的。在他的职业生涯中，他似乎极力避开文化相对主义，但是在晚期他逐渐承认了文化的重要性，因为他批评同行经济学家事实上根本没有考虑文化主题。在此，我以《从自足到交易及其他论文》来代表其成熟观点。[14] 在书中的不同地方，他暗示文化和道德思想对人类事务具有深厚的影响。他是在离题的话中暗示的，这意味着，不管有多少人想忽略文化的影响，他却认为文化的影响是显然的。的确，在一篇文章的结尾，他引用乔治·奥威尔（George Orwell）的话来强调文化的影响，指出重申这一明摆着的事情已经成为我们的第一要务。

---

〔12〕 Coleman, *Economics and Its Enemies*, p.7.

〔13〕 Alfred Marshall, *Principles of Economics* (London: Macmillan, 1961), p.532.

〔14〕 Peter Bauer, *From Subsistence to Exchange* (Princeton: Princeton University Press, 2000).

也许，鲍尔所认可的文化显著性的表现解释了为何他没有建立

11　明确的文化变迁模型。然而，尽管他的观察看似漫不经心，但实则表明了他全面看问题的决心。如果他的观察与其他经济学家相抵触或者在政治方面是错误的，那么对其批评者不利的是：他在文中暗示，不同种族的确在经济绩效方面有所不同，物质进步的最初思想来自西方，并且仅仅来自西方。传统宗教信仰的衰退已经侵蚀了内在一致的世界观，随后个人责任的减弱形成的信仰真空引发了集体犯罪。他断言，集体犯罪会对政策产生有害的影响，从而产生大量违背意愿、容易滋生腐败的援助项目。

鲍尔的观点在两个方面肯定是正确的。一方面，文化相对主义已经成为一种令人无法忍受的教条，先入为主地相信市场经济学不可能有普遍的适用性，不愿意下功夫弄清"每一种文化都是独一无二的"这个具有一般性的命题，所以避开文化相对主义是正确的选择。另一方面，有一些文化特征与价格激励背道而驰，或者竭力在新古典框架下为各种显而易见的异常现象进行辩护，但是大部分经济学同行忽视甚至否认了这些文化特征的存在，所以鲍尔感到，对这些同行亦步亦趋是教条主义的做法。他认为，罔顾描述性证据定义文化对理解文化于事无补，并且看上去好像是从文化中剔除了这些证据。但是，事实上，鲍尔似乎没有像其观点所表明的那样沿着中间路线一直走下去，因为他并没有去考察文化可能具有的确切影响。我们自己则要在这个方面进一步努力。正如马克·布洛克（Marc Bloch）

12　所说，通过对他们作品的批判我们坚持了自己对学术前辈的信仰。

二

直到 20 世纪 90 年代，相对主义者才受到了当头一击。对相对

主义的攻击来自三个方面。第一个方面是一些在欧洲的移民所从事的活动引发冲突的结果，例如女子披戴头巾，按照清真规矩宰杀动物提供肉食，切割女性生殖器等都与欧洲价值观格格不入。[15] 这些活动使自由主义者和女权主义者陷入困境。自由主义者和女权主义者要么必须捍卫这些穆斯林作为移民的文化权利，要么必须转而谴责他们违背了世俗国家的规则，漠视了妇女自治的权利，等等。法国的问题尤为突出，因为法国的移民规模庞大，并且世俗观念特别受到重视。结果就造成与法国知识分子长期坚持的立场相一致的世俗主义观点的固定化。

对相对主义的第二个方面的攻击来自非西方世界本身。这就是所谓亚洲价值观（Asian values）代言人的出现，他们通过调查西方的文化需要将西方的相对主义拒之门外。特别在 1994 年左右，他们主张，新儒家文化价值观（neo-Confucian cultural values）已经创造了东亚的经济奇迹。新儒家价值观尤其指喜欢储蓄、努力工作、重视教育、关心社会而非个人这些方面。[16] 随着西方人放弃了清教徒式的价值观，转而追求享乐主义和依赖福利国家，建立在经济成功基础之上的亚洲价值观必然会导致西方竞争力的丧失。[17]

虽然不能说围绕亚洲价值观的争论是落伍的，但在争论中确实没有说到的是，争论的本质体现了历史选择的结果。从动态角度考察，人们会想起类似的情况。在工业化时期和完成工业化后的很长时间内，高储蓄率、努力工作等等一直都体现着西方世界的特征。

13

〔15〕 在英国，官方没有谴责以清真和干净的方式宰杀动物。直到2003年，一家政府咨询机构，家畜福利委员会才公布了一份报告（BBC Radio 4, 10 Jun）。

〔16〕 Eric L. Jones, "Asia's Fate: A Response to the Singapore School," *National Interest 35* (Spring 1994): 18–28.

〔17〕 Deepak Lal, *Unintended Consequences: The Impact of Factor Endowments, Culture, and Politics on Long-Run Economic Performance* (Cambridge, Mass.: MIT Press, 1998).

它们是新教伦理（Protestant Ethic）的组成部分。随着西方世界收入的不断增加，欧洲经常去教堂的人相应减少，尽管美国的情况不是这样，西方价值观却已经开始在温床上消融。但是，人们期望亚洲国家仍能通过巧妙的手段避开类似的价值观转变。就在亚洲价值观学派声嘶力竭地兜售其观点时，这种美好的期望实际上已经因为亚洲的繁荣而落空。

因此，东亚快速的经济增长意味着，它所提供的文化相对主义的版本很快就会显得不合时宜。不无讽刺的是，尽管新加坡的一些上层人物一直对西方的衰落欢欣鼓舞和幸灾乐祸，新加坡却成为东亚第一个哀叹"富贵病（Affluenza）"蔓延的国家，富贵病威胁了新加坡新发迹的年轻人的职业道德。具有双重讽刺意味的是，富贵病比1997年爆发的亚洲金融危机更为持久，不过，危机的爆发确实抑制了人们对于亚洲价值观的过分热情。当安然公司（Enron）和其他美国企业的丑闻被公之于世时，东亚短暂地恢复了幸灾乐祸的心理，这揭示出在不为严肃分析所关注的背后暗藏着对西方的敌对情绪。这次幸灾乐祸似乎并没有持续多久。

对相对主义第三个方面的攻击在于，发展经济学的研究日趋式微。许多欠发达国家已经成功地实现了经济增长，这打消了经济学家研究该领域的一些积极性。而且，发展经济学家开出的机械的药方很少能成功地大规模消除贫困。在发展中国家之间出现了令人难堪的鸿沟，一边是采取市场导向发展道路获得成功的东亚，另一边是采取发展经济学家推荐的干预主义政策却遭受失败的不幸运的地区，例如次撒哈拉非洲。这开始迫使某些经济学家反过来思考，相比技术、投资等操纵变量，文化可能最终在更深层次上影响了增长。文化是不是一个足够的解释因素仍然有待观察；承认它可能至少是一种必要的解释因素却成为20世纪90年代的学术转向。

三

随着政治学家塞缪尔·亨廷顿（Samuel Huntington）的一篇题为《文明的冲突》（"The Clash of Civilizations", *Foreign Affairs* 1993）论文的发表，国际关系领域率先大胆地、象征性地宣告，确实可以摒弃文化相对主义。对外政策，至少美国的对外政策，那时已经不再关注文化或者宗教。[18] 相传有一个故事，当希拉里·克林顿（Hillary Clinton）准备出访巴基斯坦时，人们告知她的陪同顾问，总统的妻子需要戴上面纱。其中一位顾问问道："需要戴上面纱走多远？"人们给出了颇具讽刺性的回答："大约4个世纪。"这则轶事指出，部分美国精英生活在文化隔离之中，据说当时美国三分之一的国会议员都没有持有有效护照*。

考虑到美国比欧洲和日本等其他发达经济体更热衷于道德说教，人们可能不希望以这种方式批评宗教。然而，美国的社会科学家，甚至西方的普通人，都包容世俗化理论（secularization theory），并且视宗教为一种衰落的形式，一种无足轻重的迷信的表现。在美国处于支配地位的坚持无神论或不可知论的电视总监都是极为相似的，表现得就好像观众都认可他们的看法一样。他们不愿意承认宗教对于他们大多数同胞所具有的意义，更不会考虑宗教对于许多外国人的意义。如同斯大林一样，他们轻蔑地问，教皇有多少军队。几乎

---

〔18〕 这句话常常被引用，例如，参见 James Finn, ed., *Global Economics and Religion* (New Brunswick, N.J.: Transaction Books, 1982)；但是在20世纪90年代得到了更加广泛的评论，例如，参见 Douglas Johnston and Cynthia Sampson, eds., *Religion, the Missing Dimension of Statecraft* (New York: Oxford University Press, 1994)。

* 指他们没有考虑到文化差异，或者刻意忽视了文化差异，将美国的文化价值观凌驾于他国之上，从而使美国人在造访其他国家时遭遇文化鸿沟。虽然他们持有护照，但护照本身不能消除这种文化鸿沟，所以美国人与信奉其他价值观的人们在交流时存在困难。——译者注

没有什么疑问，一旦涉及理解宗教问题，就比如最明显的伊斯兰世界的问题，这种对宗教作用的普遍漠视会导致决策者无所适从。

宗教价值观是文化固有的内容，较之衣着打扮之类的事务要远为重要。文化相对主义者认为，文化不仅是重要的，而且是根本性的。因此，在文化相对主义者的观点与世俗化理论的统治地位之间的差距是不可弥合的。我们本来期望，人们会将宗教认可为文化的一部分，毕竟宗教具有巨大的影响。在20世纪的后半叶，情况却并非如此，关于社会世界的传统思想已然相互分离。人们认为，宗教是可以忽略的，并且其重要性在下降；然而，整体上的文化，或者至少某些不太确定的文化内容，被认为决定了全世界的经济差异。在政治领域而非经济领域，人们却承认，民族国家的政治学和世界舞台上诸民族间的相互作用是重要的，而文化问题与宗教问题只能靠边站。

因此，亨廷顿预言，未来的冲突将在笃信不同文化的民族集团之间展开，而非出现在由机会主义的政治联盟结成的集团之间，这就颠覆了标准的"现实主义者"的政治分析。他认为，这种类型的政治抱团比各种文明更为虚弱，也更缺乏稳定性。他的思想似乎预示了种族冲突的发生，但是他对文明的划分实际上建立在宗教虔诚之上（华夏文明则建立在儒家思想的道德哲学之上）。亨廷顿的观点遭到了强烈的抵制，这不仅是因为他在国际政治学的权杖之下颠覆了民族国家，还因为他威胁了整整一代致力于民族研究的政治学家们。

作为由亨廷顿所挑起的争论的结果，政策制定者甚至早在"9·11事件"发生以前就已觉悟，一些伊斯兰政权的目标决定了这些国家不可能轻易地接受美国式的民主。1996年，亨廷顿在《文明的冲突与世界秩序的重建》这本书中阐述了自己的思想，随后争论继续。在他看来，那时这种思想尽管不为世人所接受，却至少让人们习以为常了。[19] 然而，如果将许多事件联系在一起，那么即使不 能证明他的思想，多少也提供了一些支持。这场争论显然已经演变为一场极为公开的争论，因此只有部分内容属于学术性的，从而有助于经济学家、政治学家和外交事务专家转向文化解释。

这种转向的一个值得注意的标志要归功于麻省理工学院的经济学家彼得·特明（Peter Temin）在经济史学会的主席陈辞，该陈辞于 1997 年发表时使用了带有嘲弄性的标题《现在该谈论文化了吗？》[20]。特明对此的回答是肯定的。他认为，尽管盎格鲁－撒克逊文化（Anglo-Saxon culture）对于工业主义（industrialism）的起源和传播颇为重要，却并不代表未来的潮流。在他看来，能够代表未来潮流的是日本的集体主义文化（collective culture），虽然这种文化目前遇到了挫折，但在将来会产生经济优势。特明注意到，许多分析家认为，美国知识性产业的活力源自美国文化的多样性和个人主义。然而，他更愿意认为，生产软件的问题会逐渐类似于制造业生产的问题，并且在日本模式下能够得到更好的解决。在日本模式下，解决问题的方案不是通过单个雇员的隐性合同，而是根据他们在公司中的利益分配一定的股票期权。我们难以断定，特明的讨论究竟在多大程度上关乎制度，进而关乎政治选择或基于权力的选 18择；也难以断定，特明的讨论就不涉及在传承和缓慢变化意义下的文化模式。要做出准确的回答，需要进一步的讨论。

戴维·兰德斯（David Landes）在 1998 年出版了一部名为《国富国穷》[21] 的著作，《国富国穷》吸引了更多的读者。这部著作本是

〔19〕 Samuel Huntington, *The Clash of Civilizations and the Remaking of World Order* (New York: Simon & Schuster, 1996).

〔20〕 Peter Temin, "Is It Kosher to Talk about Culture?" *Journal of Economic History* 57/2 (1997): 267–287.

〔21〕 David Landes, *The Wealth and Poverty of Nations* (New York: W. W. Norton, 1998).

学术性的，却像亨廷顿的著作一样进入了公众视野。兰德斯甚至谈到，以韩国与土耳其、印度尼西亚与尼日利亚这两组国家为例，从它们各自的文化就可以预测每组国家中只有一个国家能够在战后实现经济成功。他宣称，文化"造成了全然不同的结果"，这句话成了名言，被广为引用。开始重申文化重要性的学者的数量意味着，这些学者本就持有相似的观点，但是一直在掩饰自己的主张，直到20世纪90年代后期才有了勇气表露自己的看法。一时之间，承认文化的作用在美国主流社会学家之间达成了共识，或者说流行开来。劳伦斯·哈里森（Lawrence Harrison）与塞缪尔·亨廷顿联合编写的一部著作证实了这种180度的大转弯，这部著作以哈佛大学的一个论文集为基础，大胆地以《文化重要性：价值观如何影响人类进步》作为它的标题。[22]

一些更年轻的经济学家和经济史家已经开始严肃地思考文化。我将列出五位在分析方面做出突出贡献的学者。格雷戈里·克拉克（Gregory Clark）早在1988年就为《历史方法》的一期专刊贡献了一篇文化方面的文章。[23]克拉克对西方世界在人均产出方面的增长怀有兴趣，这使他在考虑传统经济变量的时候仅仅将它们作为解释因素对待，并且"略为勉强地"（第161页）总结道，文化必然在西方世界人均产出增长方面起到了一定的作用。如同弗雷德里克·阿马萨·沃克一样，他指出，经济学家通常相信，只要假定在不同的人群之间存在不同的偏好或者价值观，那么就可以解释一切现象，但这实际上意味着什么也没有能够得到解释。因此，经济学

---

〔22〕 Lawrence Harrison and Samuel Huntington, eds., *Culture Matters: How Values Shape Human Progress* (New York: Basic Books, 2000).

〔23〕 Gregory Clark, "Economists in Search of Culture: The Unspeakable in Pursuit of the Inedible?" *Historical Methods* 21 (Fall 1988): 161–164.

家假定在不同人群之间存在一致的偏好而非不同的偏好。然而，克拉克的研究结果表明，在物质条件困乏的地区，人们不一定工作更加努力，这意味着文化准则与经济计算通常的预期相反。至少，文化准则在工人居住的国家方面出现了与经济预期相反的结果——当工人迁移到具有更高生产率的地区后，低生产率准则并没有与他们如影随形。

克拉克承认，如果人们确实在一些社会中比在另一些社会中工作更加勤奋，那么在不考虑物质激励的情况下，经济学家将感到难以适应他所说的"这样一个惊人的事实"（第163页）。但是令经济学家诧异的是，人们总是愿意对非物质激励做出反应。不管这个事实是否确实令人吃惊，我们总能看到，人们为了自己的宗教信仰粉身碎骨，或者因参与战争而魂飞魄散。回想一下，克拉克在1988年提出了自己的观点，但在当时的背景下可以料到，他的观点并未为许多人所接受。他设想，其他经济学家会认为，与其说运用文化准则是为了解释异常现象，倒不如说这样做是在（想方设法以某种方式）进行诡辩。

然而，大致在同一个时期，其他学者也逐渐认识到，"文化是重要的"。但是，他们的确没有明确使用这样的语言，并且没有将他们的作品介绍给广大公众。其中一位学者是阿夫纳·格赖夫（Avner Greif），他的研究主要涉及制度的不同影响。不过，他将其研究扩展到了在中世纪地中海地区集体主义社会与个体主义社会中实际信仰的差异。[24] 格赖夫将博弈论方法引入对该主题的研究之中。另一位学者是蒂默尔·库兰（Timur Kuran），库兰是一位研究伊斯兰经济

20

---

〔24〕 Avner Greif, "Cultural Beliefs and the Organization of Society: A Historical and Theoretical Reflection on Collectivist and Individualist Societies," *Journal of Political Economy* 102/5 (1994): 912–950.

的专家。[25]他考察了对许多世纪以来伊斯兰国家贫困问题所提出的各种解释，例如利用伊斯兰教为掌权者提供世界观的支持，宗教对创新产生的障碍，地方自治主义准则减少了创建资本主义制度的激励。在分析之后，库兰指出，所有这些都不足以解释为何外部力量不能成功地带来主要的变革，因为如果外部力量能够成功实施变革，那么它们将获得巨大利益。他对此做出的解释是文化使然：程式化的公共话语避免了个人受到质疑，甚至使个人不为他人所注意，最终造成了习惯性的社会无效率。

在讨论文化对经济生活的影响方面，第四位新加入者是《关于经济中的习俗》（1998）一书的作者埃克哈特·施利希特（Ekkehart Schlicht）。[26]即使并非完全相似，习俗通常与文化的意蕴也极为相似。这是我所读过的有关该主题的最具洞见的著作，也是有关方法论的最深刻的著作。施利希特证明，市场过程受到习俗的推动和影响；还证明，尽管习俗可能以马歇尔所指出的隐蔽方式随经济变迁加以调整，心理惯性却总是对经济活动的范围施加某种限制。虽然经济学家一直无法全面考察这些问题，但是个体调节、网络激励与约束相互作用，形成了所谓的文化，文化力量可能排斥经济力量，例如使人们在短期甚至中期没有动力改变价格。

21

最后一个例子是安德鲁·戈德利（Andrew Godley）撰写的一部全面的、严谨的和经验性的著作，这部著作分析了19世纪末至20世纪初伦敦与纽约的犹太精神。[27]在这两个城市，来自俄罗斯的犹太移民逐渐控制了介乎大规模生产与定制生产之间的纺织工业部门。

---

〔25〕尤其参见 Timur Kuran, "Islam and Underdevelopment: An Old Puzzle Revisited," *Journal of Institutional and Theoretical Economics* 153/1 (1997): 41–79。

〔26〕Ekkehart Schlicht, *On Custom in the Economy* (Oxford: Clarendon Press, 1998).

〔27〕Andrew Godley, *Jewish Immigrant Entrepreneurship in New York and London 1880—1914: Enterprise an Culture* (Basingstoke, U.K.: Palgrave, 2001).

戈德利注意到，这两个旗鼓相当的群体的经历提供了一种受控状态下的实验，能够揭示出每个城市的大文化在多大程度上影响了企业家精神的水平。为了完成实验，他进行了伦敦职业结构的实验数据搜集工作，并发现伦敦的企业家精神不如纽约。他对此提出的解释是，伦敦的工艺文化（craft culture）比纽约更为强大，从而阻碍了个体企业家的大量涌现。

类似于克拉克、格赖夫、库兰、施利希特和戈德利这些学者的作品表明了近期在文化研究中所达到的水平。不管前面已经提到的反对意见，也不管极著名的宗教复兴运动者所说的有些令人不快的言论，他们的研究都已经迫使人们严谨地将文化视为经济生活的一种决定因素。这五位学者并没有解决所有的问题。尽管每个人显然都试图解释一些内容，他们却没有因此给出一个唯一的定义；尽管 22在任何特定的时期他们中的每一位显然都在思考价值观和制度的类型，他们却在这些问题的讨论方面存在着一点分歧；并且，他们没有完全阐明文化变迁的机理。但是，与一些在 21 世纪初开始加入争论的学者一起，他们已经开始揭开目前确然模糊不清领域的真相。

四

如果要阐释文化与经济之间的关系，那么存在几种可能性。其中一种观点认为，文化是首要的，我称之为"文化固定性"；另一种观点认为，文化不存在或者不重要（"文化虚无性"）。这些在文献中都是可以找到的，但是要找到明确直白地阐述的任何观点则需要费些力气。然而，经济学家和人口统计学家朱利安·西蒙（Julian Simon）公开支持"虚无性"的立场，这是一种大胆的看法。他提出了以下鲜明的观点："在长期分析情形下，文化和价值观没有独立的生命……[但是] 在经济条件和生产力之间充当了中间变量，仅仅起着将收入效应传递给生产行为的作用。"[28] 因果关系只在一个方向存在。西蒙进一步指出，价值观对新的经济环境做出反应的滞后期大约是 25 年或者 30 年。

在此需要注意的是，西蒙含蓄地承认，对于确定时期的一代人来说文化终归是存在的。西蒙坚定地将文化视为经济的附带现象，所以他不承认反常事物的存在。但是不容否定，他承认，有些存在了二三十年的价值观并不适合于经济状况。按照他的看法，文化与经济可能总是不合拍。如果价值观赶上了经济状况，那么条件又会发生改变。在条件改变之后，价值观——例如想要的家庭规模——会再度出现摇摆。这是一个捉迷藏的游戏，在游戏中谁也无法捉住谁。

因此，文化是由经济创造的，但是不是由当代人创造的，而是由前代人的经济生活创造的。文化具有独立的意蕴，但终归是在流行的经济状况下产生的。虽然渴望公开自己的观点，但西蒙的表述仍然比较婉转。由于表述抽象，在每个分析周期的开始，文化相对于经济的重要性都被扭曲了。在此情况下，可能需要一代人修正这种扭曲的认识，甚至要通过内心冲突（cognitive dissonance）对价值观进行重新调整。没有人会天真地相信，人们能够快速地对价值观做出评估；也没有人会天真地相信，比方说，价值观会像其他历史遗产或者自然资源的初始禀赋一样对经济行为没有任何影响。经济不可能在什么都没有的条件下起步，而是应该有一个初始的

─────────────

〔28〕 Julian Simon, *The Effects of Income on Fertility* (Chapel Hill, N.C.: Carolina Population Center, 1974), p.105.

分布状况。

反对文化解释的一个理由根植于收入不平等。这种观点认为，因为不必担心失去什么，所以贫穷的年轻人会从事有竞争风险的活动或者有可能致命的暴力活动。相比将致命的暴力活动视为由难以解释的文化差异造成的传统观点，收入不平等的观点被认为更具优越性。[29] 如果一些人的人力资本构成了他们几乎全部的资源，那么有必要通过付钱要求他们节约人力资本吗？况且，仅仅根据收入分配进行解释的流行观点无法解释不同地区、不同时期和不同群体在承担风险的能力和从事暴力活动的水平方面的差异。例如，19世纪英国年轻男性农场工人喜欢从事极具风险性的运动。然而，他们从事的木剑比赛和踢胫骨大赛*都已成为昨日故事。不管怎样，来自贫困阶层的一批人最终都远离了这些运动，成为原始循道会**教徒（Primitive Methodists）或者再后来远离战斗的救世

24

---

〔29〕 2002 年 5 月，马丁·戴利（Martin Daly）与马戈·威尔逊（Margo Wilson）在柏林高等研究院的研讨会上陈述了一个报告。参见：Alex Kacelnik, "The Science of Risk," *Wissenschaftskolleg zu Berlin Jahrbuch*, 2001/2002, pp.363–364.

* 踢胫骨大赛是英国民间流行的一项运动。比赛进行时，选手抓住对方衣领，互相踢对方胫骨，直到其中一人倒下。参赛者只可用稻草垫着胫部，如果一方摔倒，另一方还可以把他扔出去，从而大胜对方。——译者注

** 循道宗（Methodism），又称卫斯理宗（Wesleyans）、监理宗，现代也称卫理宗、卫理公会，是基督教新教主要宗派之一，在 1738 年由英国人约翰·卫斯理（John Wesley，1703—1791）及其弟弟查理·卫斯理于伦敦创立。原为圣公会内的一派，后逐渐独立。该宗认为传统教会的活动方式已不足以应付新的社会问题，主张着重在下层群众中进行传教活动，宣称求得"内心的平安喜乐"便是幸福。因对组织制度以及是否准许妇女巡回布道发生分歧，分裂为 4 个团体：新循道会（Methodist New Connexion，1797），原始循道会（Primtive Methodists，1811），圣经基督徒会（Bible Christians，1857），自由联合循道会或联合美以美公会（United Methodist Churches，1815）。此外还有几个小团体。至 19 世纪末，出现联合趋势，共同商定每 10 年举行一次全体循道会会议，讨论共同问题，着重在工人中巡回布道。1907 年，新循道会、圣经基督徒会、自由联合循道会组成联合循道会（又译为"圣道公会"）。1932 年，卫斯理循道会、原始循道会与圣道公会合并为统一的英国循道公会。——译者注

军*教徒（Salvation Army）[30]。所以，不能用低收入同时解释承受巨大风险和保持极为谨慎的生活方式两种完全相反的行为。到了19世纪，暴力犯罪相比以往时代更低，尽管乡村贫困程度加剧，贫困人数却仍然出现了下降。一般化的阐释无法解释这些变化。并且，至今仍然无法恰当地识别文化差异，这并不意味着，只要预先否定文化差异的重要性，就不必再对其进行分析。

接下来我将提供另一个例子。在这个例子里，人类学上有思想的西方学者认为，一种历史悠久的文化的存在足以解释可观察到的行为——中国式企业行为和企业的特殊结构。大量文献描述了海外华人企业的"特色"，例如家庭成员和资产散布于极为不同的产业与国家，依赖个人关系而非公开市场，并且在交易和记账方面存在暗箱操作。主流经济学家会认为，照这样下去，华人企业必然面临一些风险。也有许多人不同意主流经济学家的看法，指出上述行为的极端表现及其趋势甚至存在于发达国家，但是发达国家的环境风险水平大大低于东南亚国家。

事实上，中国企业行为并非一贯如此。在清代，庭审制度运行

---

   * 救世军是一个于1865年由卜维廉、卜凯瑟琳夫妇在英国伦敦成立，以军队形式作为其架构和行政方针，并以基督教作为基本信仰的国际性宗教及慈善公益组织，以街头布道和慈善活动、社会服务著称。它有一个称呼是"以爱心代替枪炮的军队"。创始人为英国人威廉·布斯，布斯希望能够把基督教传给穷困潦倒的人，并通过了解穷人们物质及心灵之需要来给予帮助。从成立之初，即因其非传统的传教方式而受到正统教会的责难。在第一次世界大战中，救世军凭借在服务工作中做出的贡献消除了外界对他们的偏见。该组织作为世界基督教会一个成员的地位也得到了社会的承认。目前其国际总部位于英国伦敦，在全世界有几千个分部，分布在大约70多个国家，约有成员200多万人，其中以美国人较多。——译者注

  〔30〕可以比较喜欢购买猎物的铁匠与信奉"喧嚣派"的牧羊人对非法狩猎做出的截然相反的反应。参见：Richard Jefferies, *The Amateur Poacher* (Oxford: Oxford University Press, 1978), p. 194.（"喧嚣派〔Ranters〕"是一个英国的激进群体，于1649—1654年间声名远扬。有人将他们称为宗教的自由思想家。有时称其为"进取派"或者"高级教授"。"喧嚣派"是其对手的叫法，带有一种侮辱性。虽然人数较少，但是他们似乎已经对一般公众价值观的转变带来了明显的冲击。——译者注）

良好，并且习惯法广为流行。从清王朝大厦将倾到民国时期，再到日本侵略中国时的战火连绵[31]，中国风雨飘摇，饱经蹂躏，企业因此实际上放弃了对法庭的信任和对习惯法的坚守。股东力量受到了削弱，企业成为个人领地。在每个时期，企业家都强化了他们所认为的符合"中国人"习惯的做法，尽力避开不受信任的政府，即便这样会使他们失去从市场筹资的能力，他们显然也无暇顾及。所以，没有必要依靠一成不变的文化来解释中国式企业管理。在历史学和经济学背景下可以充分地解释中国企业的现象。

前述例子表明，我们走过的钢丝绳是多么危险，以及它如何不断左摇右摆，令人头晕目眩。文化不能解释一切，经济学也是如此。一些文化活动可以通过经济学术语加以解释，但是仍然有一些现象在当前还无法得到解释。行为方式可以从一个年龄段传递给另一个年龄段，是早年间可以学习的，并且可以在不适当的条件下加以复制。在这个意义上，文化类似于焦虑症。不这么认为就意味着，选择环境总是能够准确地"纠正"行为，从而使其快速地适应新环境。

五

如果能证明实际上是文化造成了差异，又该如何？每个社会都有其迷信之处：我的儿子住在墨尔本的一条街道，这条街道没有阿拉伯数字"13"；在伊利诺伊州，我发现，购买我房产的人极其不愿意将每月的 13 日作为完成交易的日期。怀疑论者可能以为，这是

---

〔31〕 Parks M. Coble, *Chinese Capitalists in Japan's New Order: The Occupied Lower Yangzi, 1937—1945* (Berkeley: University of California Press, 2003).

没有意义的，很少有资源会以迷信的方式加以利用，不同社会的情况往往是不同的或者相互抵触的。例如，在不同国家或者地区，人们会认为黑猫或喜鹊代表幸运或倒霉。如果不存在大型的、统一的市场来检验各种思想，那么在不同地方就会出现武断的随机联系，从而留下各种谚语。也许，正因如此，谚语常常相互矛盾。

　　然而，在人口统计文献中有一些报告讨论了在亚洲肯定不具有经济意义的传统行为，其中最为显著的例子当属中国、印度和其他国家重男轻女（son preference）和性别比例明显失调的现象。[32]其他例子涉及根据黄道吉日准则（zodiacal criteria）选择日期的概念。[33]至于进一步的影响，我只想谈一谈查尔斯·霍里奥卡（Charles Horioka）对日本较高的个人储蓄率的调查，在调查中他条分缕析了包括"传统"在内的许多假定的解释，传统近似于人们对文化的常见界定。霍里奥卡所报告的最严谨的检验是一项在1986年从事的研究，该项研究发现，美国的日裔储蓄率比其他少数民族高出5%。既然所有族群面临的制度安排是一样的，那么他认为，只有通过文化才能加以解释。[34]在另一项研究里，根据日本人对传统食品的消费将日本诸县的储蓄行为定义为传统的或者非传统的。研究结果同样表明，"传统是对日本高储蓄率的一种解释（即使是次要的）"（第272页）。如果不考虑影响相对较小的问题，这些研

　　[32]　Amartya Sen, "More Than 100 Million Women Are Missing," *New York Review of Books*, 20 Dec 1990. 尼古拉斯·埃贝哈特考察了出生时不平衡的性别比例对中国未来稳定性的严重威胁 (Nicholas Eberhart, "Some Strategic Implications of Asian/Eurasian Demographic Trends," Harvard Center for Population and Development Studies Working Paper 14 # 8, Nov 2004)。

　　[33]　Daniel M. Goodkind, "Creating New Traditions in Modern Chinese Populations: Aiming for Birth in the Year of the Dragon," *Population & Development Review* 17/4 (1991): 663–686.

　　[34]　Charles Yuji Horioka, "Why Is Japan's Household Saving Rate So High?" *Journal of the Japanese and International Economies* 4 (1990): 49–92, reprinted in H. Smith, ed., *The Economic Development of Northeast Asia* (Cheltenham, U.K.: Edward Elgar, 2002), pp. 265–308.

究似乎确认了一种最低限度的立场，即文化确实对经济行为具有某种影响。

考虑到许多（尽管并非全部）移民对移入的新社群的道德观念的适应性，我们也就明白，文化可以改变。假定年轻时个人被他们在母国浸淫已久的文化所同化，然后问他们在何种条件下会改变其文化。移民可能发现，新的主体文化异于他们已经被培养起来的文化；但是，除了调整自己的行为来适应新的文化以外，移民别无他法。采用不熟悉的习惯会导致自己内心冲突，解决这个问题的最好途径就是调整自己的价值观，以适应新的环境。这种反应的总和会引起全社会的改变。另一方面，当置身于异国社会中时，少数人可能固执己见，墨守过去的行为规范。为何大多数人都能适应新的环境，少数群体和个体却要坚持与新环境格格不入的陈规旧习？这个问题的答案并非显而易见，大概需要对他们的状况或者心理进行细致的分析。

人们发现，年轻人比老年人更易改变，因为老年人已经被先前的价值体系牢牢地同化了。另一方面，可能存在一个早期印刻阶段（early imprinting period）。受到宣教的年轻人会发现自己深陷人生早期被灌输的准则而不拔。当希特勒（Hitler）上台执政时，一些德国战犯才十几岁，盟军却很难改造他们；老年人更容易退回到以前的观念。[35] 所以，文化价值观会受到年龄阶段的影响，并依赖于印刻实际发生时的事件，这些情况使问题更为复杂。由于群体的构成和历史不同，群体观念可能有较大的不同，所以试图给出一般化的群体观念可能是不现实的。人们对各国国民的刻板印象尤其值得怀

───────────

〔35〕 Henry Faulk, *Group Captives: The Re-Education of German Prisoners-of-War in Britain, 1945—1948* (London: Chatto & Windus, 1977).

疑，因为每一个国家内部的价值观远远不是统一的。

所有这些表明，我们可以考虑一种进化机制。如果对变化没有强大的激励，或者没有强大的抑制因素反对坚守根深蒂固的习惯，那么变化可能比较缓慢。年龄大的女性移民足不出户，因此几乎不会改变；但是，她们的孩子们会在校园里以惊人的速度改变，不过，在他们回到家中后，又会恢复父母认为可以接受的行为举止。如果没有特殊原因舍去一些真正古老的文化特征，那么它们会作为遗产幸存于世。例如，在表达方式的市场处于隔离状态的情况下，方言会以慢慢改变的形式证明其持久性。另一方面，年轻人及其向更高社会阶层的流动性使他们的语言具有很强的可塑性。甚至，在医生的诊所或者当母亲窘迫地试图在超市讨价还价时，年幼的移民儿童可以为父母充当翻译。另一个例子能说明变化与停滞之间的矛盾。对于天性保守（innate conservatism）的中国农民而言，中国传统文化并没有在他们身上沿袭下去。在这里，无论"天性保守"是什么意思，它都意味着在长期几乎不存在对变化的激励。[36]毫无疑问，当条件允许时，中国人可以用令人震惊的速度改变他们的行为。在20世纪70年代末中国做出了实行改革开放的历史性决策，对此人们不能视而不见。

更多的时候，文化变迁是难以觉察的。对于我们在小心探索的
这些问题，马歇尔也持有谨慎的态度，所以我们要牢记，在研究中不能躐等躁进。置身其中的人会欺骗自己，文化变迁没有发生，文化与贴在墙上的苍蝇一样岿然不动。同时并存的行为事实上可能是不协调的。如果没有理由改变，惯例会延续下去，但是其幸存的外表可能掩饰内在的变化。老名字会比它们最初承载的作用存在的时

---

〔36〕 Richard Wilhelm, *Chinese Economic Psychology* (New York: Garland, 1982), p.45.

间更久；标签错误、翻译错误和记录偏差都可能造成变化的假象。长期以来经济学家忽视文化变迁的一个原因在于观察文化变迁的困难。

第二章　流动的文化与黏滞的文化

　　文化吸引我们注意的原因至少有两个。首先，虽然目前有少数经济学家极为重视文化研究，但是在不计其数的学术讨论背景中，有关该主题的调查似乎就没有过。其次，无论发达国家还是发展中国家，所持有的文化主张都是为限制个人自由进行辩护。掌权者和文化权威希望头脑正常的人们能够同意他们关于如何生活、如何崇拜、与哪些人交往、关注什么和阅读什么的主张，但是其所作所为就好像他们仅仅是在提醒我们不要忘记自身的传承与担当一样。事实上，文化的两种用途都应得到比以往更明确的认可和更审慎的考察。

　　由此带来的论题广泛多样，几乎无所不包，从世界性宗教到某一亚群体所选择的行为准则、礼仪和服饰都可被纳入其中。这里所说的亚群体既可以是整个国家、区域性共同体、类似于科学家或者艺术家的职业群体，也可以是隔壁邻居，甚至可以是类人猿。所有这一切都富有吸引力，但是并不便于处理。一旦将种族纳入文化之中，就会带来令人厌恶的误导性。

那么，我们应如何解决这个问题？首先我们要考察它的性质，最重要的是要弄清它在多大程度上是固定的而非可变的。大量的文献都将文化视为无法改变的，作者难以对他人视为不同的类别进行仔细分辨。一方面，如果要做一名"切割工"，就意味着要没完没了地寻找理由去解释差异。另一方面，如果要做一名"装卸工"，就有可能错误地将文化标签视为理所当然，从而给人留下不讲事实根据、冥顽不化的印象。举例来说，我们通常会谈论阿拉伯语和伊斯兰教。但是，阿拉伯语有 20 多种，这且不说，伊斯兰教也如同许多其他宗教一样是相对同质化的，本身包含了许多不同的派别，其中既有沙特阿拉伯信奉的持清教主义（puritanism）观点的瓦哈比教派（Wahabi sect），也有混杂了印度教和爪哇岛民间信仰的相对宽松的教派。尽管总是重申某一观点没有意思，但是我们很少能够对任何文化的主流趋势避而不谈，这里的主流趋势指的就是，任何文化都在持续地变动。术语"文化研究（cultural studies）"再度成为讨论话题。为"一并考虑"起见，我们应该牢记，任何文化都存在变异，而且变动总是在发生。

直接观察是不可靠的，且没有看上去那么有用，在缺乏指导思想的情况下更是如此。历史学家可能不同意这个观点，但是正如罗德尼·斯塔克（Rodney Stark）在一部名著中所说，他们没有受过如何区分思想与实例的训练。[1]他们很少接触明确阐述的思想体系，因而认为，单个的反例足以否决一种理论。由于不了解思想，人类学家和其他领域的一些学者在运用来自经济学的思想时似乎力不从心，

33

〔1〕 Rodney Stark, *The Rise of Christianity: A Sociologist Reconsiders History* (Princeton: Princeton University Press, 1996), p.22.

对市场概念化产生了市场阻力。无论如何，使用原始观察数据经常面临抽样问题。一个人在该领域所碰到的现象可能掩盖或者扭曲了统计事实。例如，当知悉日本是一个老龄化社会时，我走上街头寻找证据，但所找到的证据永远也不会支持老龄化的存在。成群结队的幼儿园学生远比老年人更为常见，因为老年人无疑会待在家中。日本的两万百岁老人不大可能四处走动。

个人观察可能是有益的，至少对有准备的人来说是这样。通常，我十分赞成利用个人阅历，也赞成研究社会自然史。但是观察更有助于提供个例，而非创建一般法则。极力追求浮名会导致"眼见为虚"，在这种情况下，走马观花就代替了深度思考。隐藏的特征可能比表面的特征更重要，逼真性也可能胜过真实性。很多人从未亲身到过某一个国家或者参与过某一特殊事件，但是其描述却令人感觉他们曾经身临其境一般。斯蒂芬·克兰（Stephen Crane）的"心理现实主义杰作"《红色英勇勋章》（*The Red Badge of Courage*）是一个典型的例子。[2] 克兰没有参加过美国内战，但是在读罢该书后退伍军人们发誓，他们曾经追随过克兰。阿瑟·韦利（Arthur Waley）被誉为中国古典诗歌的最好译者，但是他婉言拒绝了访问中国，因为他想维护其在诗歌发生地的个人形象。正如韦利所说，置身于所介绍的对象之外可能是最好的选择。锡德·史密斯（Sid Simith）已经写了两本有关中国的广为流行的小说。他曾经说过选择，一个人在英国国家图书馆所了解的东西可能比到访中国获悉的更多。[3] 我对此深以为然。最好的门票是一张图书馆门票，因为在书中可以找到在实际中不容易看出的东西，而且图书提供了比我们自己能够想象到的多得多的思想。

〔2〕 关于这个例子及其他例子，参见 Eric L. Jones, "Through the Garbage Can, Darkly," *National Interest*, Fall 1996, pp.100–101。

〔3〕 *BBC Radio 4 Books Programme*, 12 Jan 2003.

在围绕文化变量的争论中，我首要的立场是站在经济学家的一方。这意味着，我承认，文化在大多数情况下不过是经济的产物。如果一个人能够从足够长的时期来观察，那么他会发现，几乎每一种关于社会的固有假设都是可以改变的，所以我对此的立场是较为坚定的。在一些社会或者一定时期人们对某些激励做出反应的方式至今在其他地方或者其他时代仍被认为是无法想象的。吉卜林（Kipling）是怎么说的？——在克拉珀姆（Clapham）被认为是犯罪的事情在马达班（Martaban）却是符合道德的。亨利·梅因爵士（Sir Henry Maine）指出，尽管斯巴达和威尼斯的贵族相距遥远，但是，当向独立家庭（法律上界定为由婚姻组建的）课税时，他们都做出了转向一妻多夫制（polyandry）的反应，因为兄弟们通过分享妻子可以减少纳税。习俗有可能做出更大的反应吗？[4]

一

文化似乎是黏滞的，但是有可能流动。在当代世界，影响宗教的压力与张力使这个领域具有了某种特殊性，可以通过宗教很好地观察事情如何变化，如何保持原样，或者如何在变化的同时似乎保持原样。不可否认，在信仰体系（文化）与有关机构（教堂）之间进行区分是比较困难的。神职人员有意识的选择很少与人云亦云的流行观点保持一致。两者都会随着时间改变，并可能出现显著的分歧。

一个世纪以前保守的英国国教（Anglicanism）现在围绕女牧

---

〔4〕 引自 Johan Goundsblom, Eric Jones, and Stephen Mennell, *The Course of Human History: Economic Growth, Social Process, and Civilization* (Armonk, N.Y.: M. E. Sharpe, 1996), p.95。

师、同性恋牧师、离婚服务和政治激进主义展开了激烈争论，这一定会让我年轻时的教士在九泉之下不得安宁。为了防止离婚者在教堂再婚，教会一度使离婚者的生活非常凄惨，但是目前对教徒的竞争已然加剧，那些曾经被援引的清规戒律事实上也是可以协商的。变动和争吵必然令许多人很痛苦，因为他们曾经认为，英国国教服务的秩序和声音都令人非常舒服。所以，可能毫不奇怪，大多数工人阶层教徒已经弃教堂而去。另一方面，基督徒礼拜时冠冕堂皇而复杂多端的语言令年轻人退避三舍，这也使英国国教受到谴责。兰卡斯特大学（Lancaster University）的两位宗教专家预测，趋势似乎表明，大约到 2025 年，那些宣称只存在一种发散的灵性的宗教信徒将超过英国基督徒的数量。[5]

36 在西方国家，有可能发现一种朝着基督徒曾经视为不光彩的或者糟糕的行为转变的趋势。然而，英国国教教徒在个人性行为方面大体上较之社会上的人们改变得更为缓慢，因此可以料想，行为转变要为各个阶层所认可尚需时日。减少带有潜在破坏性的变化，这可能是教堂的社会目的，也可能是潜在功能之一。不过，尽管专制的教堂可以在短期内控制住信徒，并约束他们的行为，宗教活动最终却要遵循流行趣味。如果早年间向人们灌输，有些事是错误的，那么在做这类事情的时候，人们就会产生内心冲突。为了减轻内心压力，人们需要调整价值观，以适应新的行为。在某些情况下，神职人员通过对教义做出新颖的阐释，他们可能因先行一步而把握住主动权，他们的会众，至少老会员会接受新的阐释，但是由年轻人所左右的社会准则显著地影响了会众如何行动和信仰如何变化。

---

〔5〕 *Times*, 4 Nov 2004, 参见 Linda Woodhead and Paul Heelas, *The Spiritual Revolution: Why Religion Is Giving Way to Spirituality* (Oxford: Blackwell, 2004)。

另一方面，传统的英国国教在欠发达国家的信众不断增长，其势力因而得以加强。尽管美国主教派教徒（Episcopalians）支持对同性恋主教的任命，英国国教教徒只是不太坚决地拒绝其任命，来自欠发达国家的信徒对此却表示反对。传统主义者声称，如果基督教不拒绝接受同性恋，那么它与伊斯兰教相比将失去吸引力。值此背景下，改革派极力主张，正如反对者坚守对同一问题的旧的阐释那样，教堂有义务重塑其持有现代的、进步的社会态度的形象，认真研究《圣经》，为其立场寻找新鲜的理由。不同教徒之间的斗争表明，社会环境确实改变了人们的态度。即使在从前被视为金科玉律的真理，现在也不一定得到信守。发生在基督教内部的纷扰帮助我们认识到，文化是适应性的，会对大型社会团体的社会准则、经济准则和政治准则的转变做出反应。类似的不同程度的可塑性似乎证实了经济学的无孔不入。每当新鲜的刺激改变了一种结果，经济计算就会处于支配地位，从而使社会永恒的观念受到削弱。

罗马天主教（Roman Catholicism）已经在非洲受到了特殊的挑战。非洲传统要求天主教适应夫兄弟婚（leviratic marriage），即允许一个人与其兄弟的遗孀发生性关系。天主教曾宣布，所有人都有权利在不放弃自己风俗习惯的前提下改奉基督教，因此，如果不批准这个要求，那么天主教就违背了其宣称的主张。[6]为了迎合当

〔6〕 Michael C. Kirwen, *African Widows* (Maryknoll, N.Y.: Orbis Books, 1979). 东非社会规定，一个人有义务照顾其兄弟的遗孀，作为承担照顾责任的回报，他可以与其兄弟的遗孀发生性关系，不管怎样，这代表了死去丈夫的寡妇的替代婚姻。（对于没有兄弟的家族而言，不太清楚谁负责照顾寡妇。）柯温（Kirwen）不赞成个人主义的西方宗教体系，也不赞成没有人情味但又全覆盖的国家福利制度。其态度简单明了地证实了文化变迁的压力——但是，变迁所涉及的内容仍然由作者考虑——首先，变迁内容反映在作者副标题（"在四个非洲农村社区中改变西方基督教义以适应照顾寡妇的夫兄弟婚习俗问题的一个经验研究"）所使用的含蓄措辞上；其次，反映在标题页背面的一处评论里，在该评论中，美国天主教传教会声称，出版该书的目的是要促进"国际对话"。

前现实，修改外部信仰体系可能就是大势所趋。也许，我们可以使用术语"非洲寡妇综合征（African widow's syndrome）"来描述这种趋势。可是，影响文化的矛盾是显而易见的，因为某些群体会以其他方式对这种类型的挑战做出反应。强调神赐能力的五旬节教友（Pentecostals）*在欠发达世界的成功在部分程度上冲击了类似夫兄弟婚这样的习俗。五旬节派（Pentecostalism）强化了基督教更为顽固和更加超自然的形式，而发达国家的教派已经舍弃了这种形式。[7]非洲和亚洲的教派整体上可能意识到了严格遵守教义的潜在好处，认为一夫一妻制婚姻（monogamous marriage）可以防止传统惯例不幸造成的艾滋病的蔓延。[8]

那么，基督教及其教义是否存在不容商量的属性？虽然有时英国国教主教喜欢质疑基督的神圣性，但是普通人可能不会对基督表示怀疑。有些不信奉国教的宗派可能仍然不肯屈服，但是，至少在英国国教中，对于神职人员和有教堂圣职授予权的人**所持有的个人观点，基督教徒已经倾向于表现出一种断断续续的、夹杂着争议却又实实在在的容忍态度。英国国教对成为一个广泛的教会引以为

---

　　*　五旬节派属于基督教新教派别，在19世纪末20世纪初出现。据《圣经·使徒行传》载，"圣灵"将于五旬节暨复活节后第七个星期日降临。《圣经》记载，在公元33年的五旬节，早期基督徒接受了来自天上的圣灵，很多人拥有了常人看来非同一般的能力，例如说外语、说方言、治病等。该派因主张信徒应坚持在五旬节接受圣灵的传统而得名，特别强调说方言。主要流行于美国，北欧一些国家也有此派。神召会、使徒信心会、圣洁会等亦属此派。——译者注

　　〔7〕　Peter Schwartz, *Inevitable Surprise* (London: Simon & Schuster/Free Press, 2003), pp.144–145.

　　〔8〕　休·罗素（Hugh Russell）基于赞比亚的情况在《旁观者》（*Spectator*, 1 Mar 2003）上的一篇文章中描述了三种高度风险的旨在增加男性乐趣的异性性行为惯例，并指出男同性恋是极少的。这种骑墙态度显然会使非洲社会与"先进的"西方国家争执不下，进而引发是否调整基督教政策的争论。

　　**　有教堂圣职授予权的人（A Patron of the Living）"拥有"该教堂或者该堂区的任命权。在过去，他有权力任命所在堂区的大多数教会官员和大多数实际的堂区牧师，这些职位一般给予了其家族的年轻成员。现在，该职位仅仅是一个头衔，只有少数有圣职授予权的人能够决定其堂区未来的牧师。——译者注

豪，这样一来就回避了维持社会秩序的问题，包容了众多存在分歧的观点，但也可能使外人认为，英国国教是虚伪的或者混乱的。要不如何解释在一些堂区教堂里淫荡的裸体画像？又如何解释目前来自各种几乎不能兼容的信仰的祈祷者齐集一堂的祷告？

因为存在这样的矛盾，要想让人们普遍崇拜《圣经》故事几乎是不可能的；聪明人往往会对《圣经》故事的寓意做出足够充分的再解释。如果任何宗教或者宗派要保持独立性，那么它可能需要拥有内在一致且不同于竞争对手的信仰、观点、仪式和道德实践。但是因为变化随时可能发生，要想找出这些核心命题日益困难。这种情况正好印证了我们的观点：信仰体系确实会随时间而变；即使人们短期因抗拒心理而暴跳如雷，类似于"非洲寡妇综合征"的事情通常最终也会烟消云散。然而，以这种方式支持可变性不应该使我们认为，文化仅仅是柴郡猫（Cheshire cat）*的咧嘴一笑，毕竟，在每一个特定时期文化关系确实会起作用。也许，"保守主义"从不意味着只是做出滞后的反应。从方法论的角度看，文化为适应新准则进行调整的滞后性要求我们历史性地看待这个主题。该主题迫切需要一个移动画面而非一组静止画面。文化快照掩盖了文化长期表现出的易变性。

关于伊斯兰教，官方争论是较少模棱两可的。真正争论的范围是有限的，有人会说，在以基督教纪年的公元 10 世纪，因遭受注解之门的抨击争论已经不复存在。即便如此，一直持续不断的逊尼派－什叶派（Sunni-Shia）之争及其他内部争论，后来融入爪哇伊斯兰教的印度元素，这些似乎都已经打破了封闭性。因为印度教乐

39

---

* 柴郡猫是英国作家刘易斯·卡罗尔（Lewis Carroll，1832—1898）创作的童话《爱丽丝漫游奇境记》中的虚构角色，其形象是一只咧着嘴笑的猫，拥有能凭空出现或消失的能力，甚至在它消失以后，它的笑容还挂在半空中。——译者注

于吸收各种习俗，所以它自身从相反的方向处理了一致性的问题。如果我们将问题延伸到信奉万物有灵的宗教，那么可以看出，它们确实本质上在崇拜形式方面要随意得多。它们将许多种自然现象都称为神圣的。无论山脉、河流、树木，还是动物，一切皆有灵。但是在此需要深究一番。万物有灵论可能总体上是随意的，不过，在任何一个社会，在任何一个地点或者在任何一个时间，崇拜的对象却是人们极其熟悉并大力维护的。崇拜并非那么虚无缥缈或者可有可无，因此崇拜的对象也不能被马上替换。我们不得不承认，在任何时候文化特征都是真实的。

40

二

然而，持有绝对稳定性的立场如同持有总体易变性的立场一样令人不太满意。有关文化永恒的任何命题都意味着，它们从某个初始时刻开始就一直被未加改变地传承下去。几乎没有权威这样表示过，或者确实准备以这样的方式描述文化史，当然实际上也做不到。如果进一步认为，文化体现了共享它们的人们所拥有的不可剥夺的权利，那么这种观点就十分超前了。固定性把世界人口划分为极为明确的不同群体，这就好像一系列现代国家和种族早就存在一般。有些国家不过是由划定的殖民地边界和其他确切的历史事件创造的混合体。固定性的概念忽略了适应性的证据，也忽略了似乎自古有之的习俗的转变。一旦人们进行深入思考，就会明白其中的道理。任何行为只要源自人类建构，最终都不会永远不变。当然，信奉正统基督教的人相信，神的力量已经扎根于他们的信仰和由此产生的文本之中。其他人则认为，这样的说法就像是编造出的神话。许多次激烈冲突的症结就在于此。

　　尽管面临着周围群体的政治压力、宗教偏执或者商业侵蚀，一些旧的模式却一直坚持或者（一个重要的警告）保持彼此的不同——可以想一想，阿米什人（Amish）*已经拒绝了那么多美国时尚。阿米什人的例子证明了整个文化主题多变的性质。如同许多流传更广的模式一样，阿米什人的文化模式也确实幸存了很长时间。容易被忽略的是，有的模式可能已经被掏空了，构成该模式的特征已经为其他特征所取代。因此，尽管仍然存在的内容远非柴郡猫的咧嘴一笑，实际上却已经面目全非了。但是，并不能十分肯定地说，阿米什人的追求不在于物质层面，或者与物质层面无关。更不能因为一些习俗能够提供相对于大型社会群体的竞争优势，或者充当他们所面临风险的保障，就说他们在坚持这些独特的习俗。这一切都无助于解释，为何有那么多的阿米什形式和信仰能够流传至今；毕竟，他们本可以采用一种更为舒适的生活方式，并通过保险市场获得保护。

　　阿米什人可能看起来比较守旧，他们维持着价值观的稳定性，穿着过气的衣服，坚持使用马匹和双轮单马马车，不愿意像被他们称为异教徒的周围人群那样追求物质享受，尽管如此，他们仍然没有绝对地忠诚于他们祖先从18世纪的莱茵兰地区（Rhineland）带来的生活方式。他们自身的差异体现在采用现代化设备的程度不同，但是其总体趋势一直是接受大量出售品。阿米什人与"异教徒"邻居的唯一差异在于前者接受的时间要晚得多。他们已经找到办法绕开所面临的禁区，通过代理使用遭禁的设备。因为电力遭禁，他们

---

　　* 阿米什是美国和加拿大安大略省的一群基督新教再洗礼派门诺会信徒，以拒绝汽车及电力等现代设施、过着简朴的生活而闻名。阿米什是德裔瑞士移民后裔组成的传统、严密的宗教组织，过着与世隔绝的生活。他们不从军，不接受社会福利或任何形式的政府帮助，许多人也不购买保险。大多数阿米什人在家说一种独特的高地德语方言，该方言又称为宾夕法尼亚德语；而所谓的"瑞士阿米什人"则说一种阿勒曼尼语的方言（他们叫它"瑞士语"）。——译者注

改用气动工具或者液压工具来燃烧丙烷气；因为汽车遭禁，他们就让其非阿米什人的邻居将其产品带往市场；因为在室内使用电话遭禁，他们就将电话安装在牲口棚内；因为使用电子邮件遭禁，他们就让邻居给他们送信。[9]阿米什社区整体上保留了过去的遗风，但是其特点在于对现代化的滞后接纳，而非固定不变。这就使其至少在部分程度上可以由一般的变迁扩散模型来解释。[10]然而，阿米什社会的滞后性是由宗教信仰和社会共识而非独立的宗族力量带来的，这个事实使我们可以重新考虑文化的影响，也确实有必要考虑文化的影响。

　　要使阿米什社区接受汽车，首先需要一些年轻人通过购买汽车来跨越社区规则。如果不正面提出类似这样的问题，就没有正式的方式来决定在未来是否可以允许买车。显然，如同阿米什社会的保守派有可能做出的悲哀的预期一样，对其他规则的逐步放松已经为接受汽车播下了种子，这可能在下一代以前就能实现。而且，在阿米什人周围社区通信的发展拉大了阿米什人与信奉其他宗教的邻居们的社会距离，因此，为了减少不协调，阿米什人遵循外部发展轨迹的压力加大。更小的文化距离应该更易被接受，即便如此，还是要提一下，尽管有些人（例如以前一直搭载他们的出租车司机）因为阿米什人使用汽车一定会失去利益，周围社区实际上却没有普遍对阿米什人施加压力。另一些人，例如汽车销售员，一定会从中受益。据报道，汽车销售员对阿米什人的变化欣喜若狂。某些更年轻的阿米什人对由文化差距带来的不协调感受最深，因此可以说，是

　　〔9〕 *Financial Times*, 4 Oct 1999. 在犹太教的安息日安排异教徒从事原本禁止的家务活是另一个例子。

　　〔10〕 约翰·A.霍斯泰特勒（John A. Hostetler）在《阿米什社会》（*Amish Society*, Baltimore: Johns Hopkins University Press, 1980）第356—360页详细讨论了阿米什社区关于是否接受汽车的决策。

他们最先打破了旧俗。

无论什么力量促使了文化变迁，一个社会的价值观不会都马上做出反应。在最大化行为与历史价值观之间的不一致性一定会扭曲行为；要不阿米什人就会与邻居以同样的速度使用汽车了。社会行为不是乏味的果冻，而是果冻里的水果布丁。经济推理也许能够消化这个道理，但是不一定能马上消化它。需要给出一点时间来使逻辑——经济学的消化液——能够起作用。历史是由一连串犹豫不决的事件组成的。如果将文化差异理解为滞后时间的全部范围，那么可以认为，它确实影响了交易成本和资源配置。简而言之，文化确实可以衡量经济意义。

三

不同的人群有不同的行为模式，因此当他们交往时就有调整成本。这在课堂上是比较明显的。一些学生习惯于机械学习，并且厌烦智力挑战。这不仅仅是一个亚洲现象。横贯欧亚，从南欧到日本，许多学生认为，只要离开教室时笔记本能够记得满满当当的，他们的钱就花得值了，他们所喜欢的是能够在当前带来市场价值的内容。他们不喜欢被要求进行辩论或分析，因为如果进行辩论或者分析，他们会将其与一些主观的观点混为一谈。学校已经制定了一些做法来解决他们不喜欢参与课堂讨论的问题，但是这需要时间；工作重心应该放在使他们理解课堂材料上。[11]

中国学生特别不喜欢自由的课堂讨论，尽管如此，非常有意思

---

〔11〕 例如，Alvin Hwang et al., "The Silent Chinese: The Influence of Face and Kiasuism on Student Feedback-Seeking Behaviors," *Journal of Management Education* 28/1 (Feb 2002): 70–98.

的是，他们中的许多人正开始参与其中。以前，参与度低下是司空见惯的——例如，卡瓦纳（Kavanagh）在 20 世纪 50 年代教授印度尼西亚的华裔学生时曾有过"梦魇般"的经历[12]。卡瓦纳对印度尼西亚的亚裔学生，尤其是华裔学生不喜欢在课堂提问的解释是，"他们关于大学的概念源自 18 世纪的荷兰模式，在荷兰模式里，教师就像是上帝，学生安静地记下教师的言论，离开教室后再用心去体会教师的话"（第 167 页），然而，这种解释削弱了基本的文化属性。由荷兰殖民者在印度尼西亚所教导的方法当然不能解释对机械学习的偏爱为何在整个东亚地区那么盛行。同时，荷兰教授曾经以这种方式授课的事实可能表明，即使在西方的教室，独立思考的学习方法也往往出现较晚。

45　　中国目前正在逐步扩大开放，繁荣发展，在某些方面渐渐地融入国际社会。当然，存在着收敛的极限。即使在西方，课堂讨论的方式也是不同的；一些美国学生实在比较啰嗦。他们早在幼儿园时期就已经被一种特别的方式社会化了。因此，我们不但看到了国家差异及其他差异的变迁和收敛，而且看到了这些差异的不一致性、持久性或者再创造性。

　　鼓励亚洲人在课堂上建立自我意识，进而逐渐适应新的教学方式诚然有其意义，但是较之更有意义的可能是：考察下为何一些学生在离开家后的确没有什么困难就能适应新的生活。对于这些不同反应的原委，人们所知甚少。相比戴着有色眼镜看问题、机械地比照自己的文化背景或者着眼于有争议的话题而言，寻找不同反应的原委并对其加以利用将是更有益的事情。在我看来，自身的能力、原本就熟悉授课语言和积极的态度都极为适合于解释不同的反应。

---

〔12〕　P.J. Kavanagh, *The Perfect Stranger*（London: HarperCollins, 1991），pp.167–168.

即使引用一些令人不熟悉的文化典故，也很少会影响中心问题。引经据典通常是为了增强修辞，或者只是为了改变节奏。有心的学生通常能够从上下文中明白典故的含义，所以教师没有必要因为要与来自不同文化的同学进行交流而死记硬背一些参考资料。无论如何，问题并不仅仅在于不同国家的文化差异。例如，来自英语背景的工程师可能就如亚洲学生一样关注结构，可能就如亚洲学生一样无法忍受世界上如此之多的模糊性，并且当提到莎士比亚、《圣经》、伟大的画家或者经典作曲家时，他们可能就如亚洲学生一样无法理解。然而，需要再次指出，并非每个人都有这些不足，有趣之处在于为 46什么一些人能够比其他人做出更好的反应。

现在有一些咨询公司致力于使移居国外者能适应国外的新环境；英国商业旅行者甚至可以购买关于如何与小气的澳大利亚人打交道的建议。商学院的图书馆充斥着指导西方人如何不触动非西方人文化敏感性的图书，有的图书穿越了广泛的国家，有的图书仅涉及一个国家（通常是日本）。政府把大把的钱用于这样的建议，因为他们认为，这会提升出口动力，但是他们甚至不明白，出口并不总是意味着资源的最优利用。

适应新环境的咨询业采用了一种"不提战争"的方法；许多建议解决的是诸如礼仪注意事项和如何与外国人谈判这样的次要问题。可笑的是，指导书可能已经不合时宜。他们确实很少换位思考，因此也就很少建议非西方人放弃他们的特殊习惯，但是当非西方人不得不在西方环境中生活时，他们最终的选择通常就是放弃自身原有的习惯。类似建议的潜在假设是，非西方人无法适应西方的生活，并且对西方一无所知。我记得一位新几内亚会计和一位在新几内亚的西方妇女的故事。那位会计曾说过："我猜想，他们会以为我们都是这里的食人族。那么，就让他们滚吧。"而那位妇女提起，一个当地人相信她是一个亡灵附体的人，但是在一周后又告诉她："我现在想起了你是谁。你是多莉·帕顿（Dolly Parton）。"[13]

礼仪的提醒者并非不受欢迎，因为在不知情的情况下冒犯具有不同信仰的人非常容易。相比其他人，生意人甚至更可能发现自己受到冒犯的指责，因为这类指责有可能是讨价还价的策略。问题在于，文化在礼仪方面真的有那么重要吗？研究一下什么影响了潜在价值观和行为的变化肯定更有意义。

四

尽管经常可以找到易变性的证据，某种程度的稳定性——不过是短暂的稳定性——却确实存在。经济学家不会感到奇怪的是，稳定性只能是有条件的。无论一种文化可能显得多么稳定，它实际上永远都处于不均衡之中。文化从来不像它们表面上那样坚若磐石；大陆漂移总是在起作用。如果这个比喻意味着一个漫长的地质时期，那么请记住，地震的发生表明了惰性系统可能转变得多么突然。

许多务实的非经济学家会反对把稳定性当成有条件的。他们认为，文化是历史性的，受到侵蚀是比较慢的，所以文化变迁是不重要的，甚至在禁止后的某些反应阶段会出现逆转。他们会说，文化就如它们所外显的那样历史悠久、富有黏性和难以应对，除了在个人决策或者社会决策方面是首要的力量以外什么也不是。实际上，他们会宣称，我们应该将文化视为固定的。但是，即使这样的现实主义者也不能十分确信，文化有时不会急剧地改变。有一个突出的

〔13〕 Edward Marriott, *The Lost Tribe: A Search through the Jungles of Papua New Guinea* (London: Picador, 1997), pp. 19, 53.

例子是，凯末尔·阿塔图尔克（Kemal Atatürk）在某种程度上成功地将以前的土耳其帝国转变为一个世俗政权。为了领会在给定条件下起作用的力量、文化能够在多大程度上适应给定的条件或者在减轻给定压力的情况下文化可能取得怎样的成功，我们需要动态模型。48

这个任务就是分析一个系统。如同沃尔特·白芝浩（Walter Bagehot）对朗伯德街的看法一样，该系统通常是没有活力的，但是有时是令人激动的。几乎没有现成的一般法则可用于弄清以下问题：文化的哪些方面最有可能改变，而哪些方面有可能持续；什么导致了改变，又是什么解释了停滞；哪些个体可能容易适应，而哪些个体可能不容易适应。某种困难源自缺乏严格的定义。除了误用文化来指涉艺术以外，人们交叠地使用诸如文化、文明和习俗这样的表达，因此，文化就有了多重含义。人们对此几乎没有办法。选择单一用法听起来比使用多重含义更科学，但是如果有人使用了一个有限的定义，那么他将不得不舍弃大量不符合该定义的文献，同时也就舍弃了该主题特有的故事和众多可能比较有趣的观察。思之再三，灵活性还是优于贫乏性。

如果以前很少相遇的行为和符号碰到了一起，那么不同的市场会合并在一起，彼此的竞争也会展开，本书就讨论了在此情况下的文化融合问题；同时，本书考察了因市场独立造成的文化分裂的后果。对于一些读者而言，可能需要明确这里所使用的术语"市场"的含义。非经济学家会将市场与具体的机构联系在一起，他们时常认为，不应该支持类似股票市场或者任何与金钱交易有关的市场。这里所谈的"市场"并不仅仅指商品或者服务被出售或者交易的场所（市场），而是指在各种信仰、各种思想和不同形式的行为之间的任何竞争状态，或者指拥有或践行这些信仰、思想和行为的人们之间发生相互作用的场所。掌握这个更一般的"市场"含义是有必49

要的。

　　许多受到尊重的文化差异似乎与对不太重要的初始选择的解释没有什么分别：它们要么是幸存下来的，要么是重新发现的，这是因为，人们更愿意支持有所了解的事情而非不了解的事情，并且能够从加入团体中得到安慰。无辜的旁观者经常被视为对手，尽管如此，我更愿意将这看成是由社会紧张而非内在心理所造成的。街头党之间的竞争即为明证。可以再举一个例子，英格兰村民过去确实常与邻村人战斗，并尽力驱逐陌生人。这是有据可查的，并且直到第一次世界大战以前——也就是我父亲那一辈的童年时期——仍然在汉普郡（Hampshire）白垩地区（chalkland）延续——他们相互掷石头。但是，需要指出的是，在拿破仑时代，仅仅由于对资源的残酷竞争，战斗就已司空见惯了。[14]有时，为了保护政治领导人和文化生产者的利益，在不同人口之间的差异得以保留。差异自我维持着——它们是"被动"保留的——不管怎么说，人们没有充足的理由偏离沿袭下来的习惯。因此，在不同的市场还没有遭遇以前，仅仅出于偏爱或者缺乏竞争就往往会使差异得以保留。

　　如果能够自由选择，那么大多数人可能愿意生活在一个具有相对（但是从来不会完全）统一的消费文化的现代市场经济中，可以比较笼统地将这种生活称为美国式生活。通过使用同一种语言他们能够高兴地与尽可能多的人进行交流，如果能够弄清交流的含义，那么他们就有机会获得最大可能的人类知识存量。在英语语言所支配的发达世界里，尽管反美主义和文化保护主义在媒体上铺天盖地，大多数人却已经在以这种世界性的方式行事。在欠发达世界里，显示性偏好——对制造品和流行文化的消费，选择英语作为第二语言，

---

〔14〕　参见 K. D. M. Snell, "The Culture of Local Xenophobia," *Social History* 28/1 (2003): 1–30.

移民的流动和想要成为移民的人们的流动——表明了有多少其他人愿意加入美国式生活中。因为年轻人抓住了这些可能性，所以代际冲突往往加剧。尽管如此，在另一方面，绝望的年轻人甚至会接受反现代化的思想体系。无论如何，都不应该真的将这个现代性的版本等同于美国化：现代化较之美国化更为宽泛。

虽然统一文化和实现单一通用语会减少贫困、疾病和苦难，因而值得努力，但是也存在与此相反的力量，这意味着，现实中不必害怕单调乏味的统一性。即便人们在其他方面为全球准则所影响，他们却倾向于制造差异、追求另类和抬举敌人。由此而来的多样性虽然看似比较流行，但并非那么令人满意。我高兴地发现了牛津大学一位英语教授的观点："如果文化多样性属于那种能够使生命有价值的东西，那么它也会使许多生命得到血淋淋的教训。要求庆祝这样的多样性目前完完全全是出于理论家和政治家之口的陈词滥调；但是，只有当人们将文化差异视为理所当然，而非轻蔑地承认时，文化差异才不会再成为冲突的来源。"[15]

现实中不可能出现一种无差异化的世界文化。一些制造品可能已经由相关国际机构标准化了，但国际机构为此也费了不少劲。而且，国内官僚机构和国际官僚机构都无法提供任何真正的标准化服务，更不要说大学的管理者了，每一个曾经在多个国家居住和工作过的人都会因此遭遇麻烦。通常，那些负有此类职责的人因为收入较高而无法承受自己不作为带来的后果。新鲜的文化态度和制度实践更可能借助于个人关系或者一般的信息扩散进行传播，而非借助于官方渠道进行传播。可以认为，世界正成为一个单一的市场，而文化仅仅是一个假想的工具，人们通过文化能够注意到在纷纷扰扰

51

---

〔15〕 Terry Eagleton, *The Gatekeeper: A Memoir* (London: Allen Lane/Penguin Press, 2001), p.34.

的人类行为背后存在着一个长期的、缓慢的并且只能比较模糊的统一过程。当前还无法描绘出任何可行的前景。存在着朝向统一的重要趋势，但是要警惕，如果人类社会因此变得毫无特点，那么这个趋势就意味着想象力的失败。在社会自身的性质方面，可以引用吉尔伯特·怀特（Gilbert White）的话，"这个领域产生了最多也最有争议性的类型"。

第三章　文化陋习

人类学纪录包括了各种令人震惊的习俗，许多习俗会令外地人感到匪夷所思。似乎没有什么东西不曾被某个群体在某个地方实践过。然而，无论其他民族的习俗可能表现得多么奇怪，它们通常都可以得到有意义的阐释。人们假定，它们能满足实际需要或者至少曾经满足过实际需要。据说问题在于，"我们凭什么将自己凌驾于我们的祖先、部落民族和其他人之上？"——这就是说，其他地方或者其他时代的人们可能并不比我们更愚蠢或者更古怪，他们有可能获得同样的信息，他们的行为可能具有类似的动机，只不过陌生的服饰令人看不透他们的动机。可以认为，外乡人与我们自己的祖先在不同的约束下行事。但是，我们是否真的在相似条件下以同样的方式行事则是未知的。事实也许如此，但是很少有人将其明明白白地讲出。

同样，往往很难说习俗是如何开始的。凭借记录当地受访者口述内容的为数不多的办法，早期欧洲探险家可能已经逐渐相信，习俗真的如同当地人所说的那样古老。酋长和巫师都希望能够代表他们所主持的习俗，他们终其一生都相信，这些习俗是正确的、适当的和神圣的；如果人们将他们视为掌握所在社会基本知识的智囊人物，那么他们自身的地位就能得到支持。正如萨克（Sack）所说，口头史的目标就是"在变革来临时维持稳定性的幻觉"。[1]只是这样一来，就没有人能够说清，那些久经时间考验的最"传统的"习俗在过去和现在到底是怎样的。受到尊重并不一定保证它们是值得尊重的。有些习俗可能起源于那个由殖民者到来所造成的混乱时期，尽管如此，殖民化（colonization）并非是社会动荡不安的唯一原因。[2]可以设想，古老的习俗可能已经随着时间的推移发生了改变，其中一些习俗会因其诱因的变化而变来变去。

具有当代形式的"古老的"西方传统，有时只能追溯到 19 世纪。例如英国五朔节花柱（maypole）、莫里斯舞（morris dances）和假面哑剧（mummers' plays）都是在怀旧热的背景下复兴的。关于习俗的一个有趣的早期例子来自威尔特郡（Wiltshire）的米尔村（Mere），这个习俗可以让人们马上承认其历史悠久。在 1565 年，村民们安排了一位"布谷鸟国王（Cuckoo King）"来主持他们的年度教区宴会。[3]这个习俗于 1573 年中止，并在 1576 年得以复兴。然而，次年人们称，这个习俗奉行的是"古老的传统"。12 年时间和 9 次活动已经足以将布谷鸟国王节打上岁月印记。庆幸的是，16 世纪的威尔特郡是一个文化教育尚可的社会，因此堂区委员保留了有关

54

---

〔1〕 P. L. Sack, " The Triumph of Colonialism" in P. L. Sack, ed., *Problems of Choice: Land in Papua New Guinea's Future* (Canberra, Australia: ANU Press, 1974), p.201.

〔2〕 Robert B. Edgerton, *Sick Societies: Challenging the Myth of Primitive Harmony* (New York: Free Press, 1992), p.3.

〔3〕 Ronald Hutton, *The Pagan Religions of the Ancient British Isles*（Oxford: Blackwell, 1991）, p. 325.

记录，这些记录揭示了布谷鸟国王节到底有多么古老。

更一般的意义在于，基督教的节日都是人为选择的。[4]圣诞节的例子比较突出。到底在哪一天庆祝基督诞生并没有历史明证，直到基督时代已经过去了3—4个世纪才选择了12月25日作为基督的诞辰日。众所周知，不同国家对圣诞节节期有不同的选择，并赋予其意义，但是最初做出这样选择的方式较少为人所知。教会注意到，异教徒在12月25日以一种节日的方式点燃蜡烛庆祝太阳的诞生，并且"基督徒喜欢这个节日"。虽然圣诞节脱胎于非常古老的叙利亚教的习俗，但是异教徒在12月25日的仪式并没有那么古老，它只是由奥勒良（Aurelian）皇帝在公元274年确立的，然后，在公元323年通过罗马皇帝君士坦丁（Constantine）传播给基督教。甚至从此以后，基督教徒有时还会被告诫，他们应该庆祝的是基督的诞生，而非太阳的诞生。

通常认为，历法习俗起源于乡村，因而容易受到城市工业社会的侵蚀。人们认为，历法习俗已经未加改变地幸存了许多世纪。但是事实上，许多历法习俗在工业城镇颇为流行，并且已经因响应环境变迁而多次改变。到了18世纪末，圣诞节已经在英国变成一个相当稀松平常的节日；对于上班族而言，它仅仅是一个无聊的休息日。《泰晤士报》*在1790—1835年间有20年都不曾提及圣诞节。之后，诸如狄更斯（Dickens）这样的作家重新强调了圣诞节作为宗教节日

55

---

〔4〕 Ronald Hutton, *The Stations of the Sun: A History of the Ritual Year in Britain* (Oxford: Oxford University Press, 1996), p.1. 我感谢这部作品为下文历法习俗内容所提供的大部分素材。

* 对于"The Times"，中文可将其直译为"时报"。之所以采用"泰晤士报"的译法，是约定俗成的缘故。《泰晤士报》的中文名称是根据与"The Times"读音相近但毫无关联的流经伦敦的泰晤士河（River Thames）的名称而来的误译。《泰晤士报》是世界上第一份以"Times"命名的报纸，但因现在世界各地还有许多名为"Times"的报纸，如《纽约时报》（*The New York Times*）、《洛杉矶时报》（*Los Angeles Times*）等，为了辨别起见，英语使用者时常把《泰晤士报》称为《伦敦时报》（*The London Times*）。——译者注

和假日的重要性，他们承认自己对于家庭单元所受到的工业化的危害忧心忡忡。现代圣诞节的其他配件就是对通常由商业世界所设计产品的采用或者对其所提供创意的接受；例如，一位伦敦商人在1846年发明了圣诞拉炮。1854年，英国假借圣诞老人的名义从美国进口了圣诞老人的世俗形象。美国的圣诞老人形象是根据圣尼古拉斯（Saint Nicholas）发展而来的，而圣尼古拉斯的形象又是由新阿姆斯特丹*的荷兰殖民者在17世纪引入美国的。正如罗纳德·赫顿（Ronald Hutton）在其丰富的汇编作品《太阳的位置》中告诉我们的，在1879年，由于没有注意到美国的习俗，英国新民俗学会正"激动地尝试揭示新信仰的起源"。

尽管英国年的自然规律为历法习俗带来了一些模式，并推动了季节转换时的象征仪式，但这些模式和仪式却在不断地改变着。它们随着变化中的社会群体的需要而起起落落。在近代早期，本地社区取代了教堂成为最重要的习俗参与单位；继而，在过去的150年中，家庭又取代了社区。只有一个模糊的例子可以用于证明，某一阶段的仪式已经维系了很久。

文化惯例和信仰往往根植于自然界之中。它们使用、误用或参照了动物特征、植物特征或者地貌特征。它们的起源无足轻重，都来自大自然的慷慨。全世界不计其数的物种和自然形成物都已被选为崇拜对象、巫术原型或仪式装饰。既然有几乎取之不尽的生态拼图可以选择，那么也就不必对不同的人会选择不同的图腾物种感到奇怪了。这很容易使人想到，接地气的人所拥有的习俗是可以与环境相适应的，并且必定在某些方面是有益的。如果市场小而散，并且在社会成员之间几乎没有交流，那么一项崇拜的效力或一种特殊

---

* 纽约市的旧称。——译者注

类型的行为就很少会经受系统性的检验。信仰的盛行可能是因为他们最初具有某种物质优势，而非因为他们能够更好地解释生命现象。[5]当不同的信仰系统相遇时，它们在政治层面而非科学层面进行竞争，所以怀疑论者会为此付出代价。

在最近的几十年里，质疑他人选择的适当性、正义性或健康性还不是很普遍。在极端情况下，这会导致认可诸如荣誉谋杀（honor killing）*或者女性生殖器切割[6]之类的事情。从事荣誉杀害之类行为的理由在于，这类行为是其他宗族成员的继承和权利。但是，并非只有少数关于高贵的野蛮人**的神话会有这种既残忍又居高临下的论调——这也是一种陈词滥调，因为它没有想到，当事人原本可以按照不太有伤害性的惯例行事。他们因其祖先做出的冷酷选择而犯下罪过。

57

---

〔5〕 罗德尼·斯塔克（Rodney Stark）在《基督教的兴起》一书中给出了富有说服力的描写。参见 Rodney Stark, *The Rise of Christianity* (Princeton: Princeton University Press, 1996)。

* "荣誉谋杀"也称为"荣誉杀害"，是指男性成员以"捍卫家庭荣誉"为由，杀害被他们认为与男子有"不正当关系"的女性家庭成员，在伊朗、阿富汗、土耳其、巴基斯坦等地区，社会默许家族男性成员以暴力对待拒绝接受婚姻安排、保持未经亲属同意的关系、发生婚外性关系、遭遇性侵、衣着不得体、发生同性恋的女性亲人。——译者注

〔6〕 女性生殖器切割通常被称为"女性割礼"，包括出于文化、宗教或其他非治疗性理由，部分或全部切除女性外生殖器或对女性生殖器官进行其他伤害的所有程序。作为一种传统仪式，"女性割礼"大部分在婴儿期到15岁这段时间内对女童加以实施，以此来象征女性在婚前贞操尚存。这种做法在大部分非洲国家盛行，并无任何已知的健康效益，恰恰相反，它在生理、心理以及性卫生和生活幸福等方面带来一系列短期和长期风险：可能会导致女性大出血、泌尿系统疾病、细菌感染和不孕不育，以及增加分娩时婴儿夭折的风险。

** 高贵的野蛮人，在英语中的第一次出现是在约翰·德莱顿的英雄诗剧《征服格拉纳达》中。在剧中，一名伪装为西班牙穆斯林的基督教亲王，自称为高贵野蛮人。而在传播善良的、高贵的野蛮人这一观念方面，卢梭也许比其他人做得更多，他使这一观念流行开来，并为欧洲人所熟悉。卢梭所描绘的野蛮人形象是这样的：漂泊于森林中的野蛮人，没有工农业，没有语言、没有住所、没有战争、彼此间也没有任何联系，他对于同类既无所需求，也无加害意图，甚至也许从来不辨认他同类中的任何人。后来用"高贵的野蛮人"指物质贫乏但是道德高尚的人。尽管卢梭主义所想象的原始人道德高尚，但实际上其设想也不完全正确，原始人依然有自己的原始宗教和禁忌，也有一些"野蛮"方式。——译者注

包括萨满教巫师或祭司阶级在内的精英阶层的权力和地位与早期所选择的主题、图腾和仪式纠葛在一起。习俗得到了中肯的解释，但是人们对于习俗的起源甚或它们的意图已无从知晓。彼得·康拉德（Peter Conrad）指出，葡萄牙探险者对戴在西非人脖颈上的护身符十分好奇。这类护身符是巫师给的，据说可以辟邪；它们与意为"人造东西"的单词"fetish"巧合。"如果能够像发明和制作玩具那样赋予这些符号以明确的含义，那么人们又如何能够相信它们？内在精神特有的含蓄性彻头彻尾地表明了它的虚构特点……根据定义，'fetish'就是不值得崇拜的虚幻之物。"[7]

　　当地的强人与萨满教巫师假借祖先的意愿保留了他们的权威，这使人们得以看到人类过去永恒性的一面。然而，私人创新——尽管这在由熟人构成的村庄里可能比较少见——偶尔可以快速地参与其中。汤姆·哈里森（Tom Harrisson）是一位田野考察者，在婆罗洲（Borneo）有过亲身经历；他也是一位不寻常的人类学家，因为其坚称，久远的文化具有可变性。哈里森注意到了葩榔（*palang*）*或龟头栓（penis bolt）**的快速传播，并俏皮地评论道："这意味着，正如在此揭示的众多新思想的情况一样，对于一种模式而言，即使每个人都逐渐承认它是基本的且几乎不可改变的，它事实上也往往是容易改变的。变化可能来得极为迅速，甚至几乎令人难以

58

---

　　〔7〕　Peter Conrad, *Where I Fell to Earth* (London: Chatto & Windus, 1990), p. 194. 对于葡萄牙人而言，他们自己的基督教符号代表了基督教上帝，但是并不假装能够容忍他。

　　*　*palang*，音译为葩榔，代表了婆罗洲原住民的一种性习俗，就是把一根金属或骨质的杆水平刺入阴茎。人们认为，这种习俗是在模仿苏门答腊犀牛的生殖器。数百年前，婆罗洲的男人们就以此来增加性乐趣。——译者注

　　**　见"*palang*"的注释。根据葩榔的方法可以看出，其类似于门栓的做法。并且，作者在这里使用了"bolt"，所以在此可将其译为"龟头栓"或"阴茎栓"。——译者注

察觉。"[8]

哈里森对婆罗洲的进一步评论尤其值得一提。他观察到，总是有可能使信奉万物有灵的民族相信，必要性较之预兆和禁忌之类的顾虑更重要。装装样子表示对类似事物的尊重几乎与只说不做没有分别。与其说它意味着一种根深蒂固的信仰，倒不如说它是万物有灵论者在他们的微型社会中维持与他人关系的一种方式。这意味着，当发现机会时，他们有可能加以修订。信奉万物有灵的社会并非无法摆脱他们的生活方式，只是不常受到挑战而已。哈里森写道："许多观察者，甚至训练有素的人类学家，都不只是在 [较浅的] 层次上受到了蒙蔽，因为这种宗教感情或者社会神学感情已经渗入人们内心深处，并化为实际行动。相比较而言，宗教感情或者社会神学感情在仪式活动、农业庆祝活动、长屋 *（long-house）建筑等方面只有表面上的、当然极为重要的影响。"[9] 自从第二次世界大战以来，整个部落"已经证明了这一点……在沙捞越和现属印度尼西亚领土的广大地区，人们在几年内放弃了由历史悠久因而必然根深蒂固的信仰构成的全部体系，大规模地改信罗马天主教、卫理公会和基督复临安息日会（Seventh Day Adventists）。"

对贫困社区选择的担忧仍然会出现在经济发展理论所讨论的主题中。经济发展理论认为，即使农民的最低生活水平较差，且当作物歉收时几乎没有应对措施，他们也不愿意尝试哪怕最有前景的新

59

---

[8] Tom Harrisson, *World Within: A Borneo Story*（Singapore: Oxford University Press, 1984），p. 62.

　*　长屋是排成长龙的建筑物，因下面有无数根坚固的高架木桩支起而离地几英尺。房屋通常用树皮和草叶搭建而成。但现今许多部落采用的材料是用途更广泛却不够精美的铁皮。长屋本来是一种古老的住宅建筑形式，曾广泛存在于中国乃至东南亚以及大洋洲等地。——译者注

[9] Tom Harrisson, *World Within: A Borneo Story* (Singapore: Oxford University Press, 1984), p.252.

方法。面对不确定性时，他们不愿意冒那种以现有技术生产时会出现的歉收的风险。然而，鉴于许多民间惯例和民间信仰的次优性（suboptimal nature），这种约束最优化（constrained optimality）的假设几乎不会成立。[10]正如哈尔皮克（C. R. Hallpike）所述："在有限期望与缺乏竞争的条件下，几乎所有的东西都会在小群体和生存技术中起作用。"[11]他补充道："基于可归于血亲和姻亲原理、性别原理、年龄原理和仪式地位原理等的有限数量的制度起到了所有那些在更复杂的社会中千差万别的'作用'。"

一

哈尔皮克的观点是异端的。数代经济学家与达尔文主义者都将传统惯例视为刻意选择的结果。为了使他们的论证能够符合经济学或进化生物学的理性方法论，两个学科找到了共同的起源，即将达尔文（Darwin）与卡尔·马克思（Karl Marx）的思想追溯至托马斯·马尔萨斯（Thomas Malthus）。理性行为者被认为受到一只看不见的手（an invisible hand）的引导，追求最大化物质结果。原始人和部落民族生活的环境比较恶劣，可以想象，这种恶劣的环境一定会减少他们的反常行为。此类方法至少具有胜过授受主义

---

〔10〕 据说，巫术的作用是要减少持久的不确定性。可以参见 Patrick Chabal and Jean Pascal Daloz, *Africa Works: Disorder as Political Instrument* (Oxford: International African Institute/James Currey, 1999)。沙巴尔与达洛（Chabal and Daloz）指出，甚至一些在西方受过教育的非洲人也会诉诸巫术。在不确定性之下，特殊的保险意味着安全而非没有价值。然而，根据哈里森的观点，有趣的是要明白，这种信仰有多么根深蒂固，并且在多大程度上只是回归到了群体准则上。在发达世界中，迷信行为一样司空见惯，但是，当面临危险的重要抉择时，人们更容易将迷信抛之九霄云外。这表明，即使在欠发达国家，当务实的人或者受过教育的人与有现代头脑的同伴相处时，他们也会因为担心丢脸逐渐放弃迷信。关于最优性的论述也可参见 Kaushik Basu et al., "The Growth and Decay of Custom," *Explorations in Economic History* 24 (1987):pp.1–21。

〔11〕 C. R. Hallpike, *The Principles of Social Evolution* (Oxford: Clarendon Press, 1986), p. 122.

（instructionism）的优点。授受主义认为，人们之所以采取某种行为，是因为他们认识到了这种行为的好处。而在自然选择论者或者适应主义理论看来，人们的行为未必是刻意为之的。继而言之，不管人们是否理解某种行为的优点，只要这种行为可以避免人们在竞争中被淘汰出局，那么人们就会坚持这种行为。采取这种行为只是为了适应环境压力。

按照哈尔皮克的观点，自然选择论者和适应主义理论都没有能够解释许多几乎不存在竞争的行为。由生物学和经济学抽象出来的共同假设认为，严酷的选择环境几乎无所不在。然而，这个假设是错误的。同样，尽管有的文献支持累积性的进步，其观点却是有偏差的。一些更好的技术做法往往因为要支持较差技术做法的缘故而被放弃。[12]"锁定（lock-in）"概念提出，目前甚至较差的初始选择也可能阻碍人们采用更好的技术。人们设想的在"QWERTY"式键盘与"DVORZAK"式键盘之间的竞争即为此类情形的一例。不管这个案例的是非曲直，主流的观点已经认为，更好的技术并不一定能够流行。[13]

达尔文式的解释在其他领域是比较常见的。学者们都努力寻找为同行所忽略的行为背后的动机。在文化唯物论（cultural materialism）领域，对自身所不熟悉行为背后动机的探索是一种学术狩猎，只要努力总是可以捕获猎物。猎物不一定符合已有的发 61

〔12〕 Gary Bryan Magee, *A Study of the Abandonment of Superior Technologies and the Reversibility of Technological Change* (B. Ec. Honors dissertation, Department of Economic History, La Trobe University, 1990).

〔13〕 Paul A. David, "Understanding the Economics of QWERTY: The Necessity of History," in William N. Parker, ed., *Economic History and the Modern Economist* (Oxford: Blackwell, 1986), pp.30–49; and S. J. Liebowitz and Stephen E. Margolis, "The Fable of the Keys," *Journal of Law and Economics* 33/1 (1990): 1–25.

现；所有可以明确的就是，有多少种解释是合理的。[14]功能主义者
（Functionalist）的观点往往简明扼要又一针见血，忽然之间就令万事
万物得到合理的解释。但是，他们所谈的是潜在的功能，因而只是一
些美妙的假设。他们无法证明，任何特定的解释是唯一可以想到的。

有种观点认为，反常行为在过去可能已经减少了。如果不考虑
活人献祭（human sacrifice）、荣誉谋杀或者女性割礼，那么这种观
点似乎就是合理的。但是在活人献祭等情况存在时，哪怕最微不足
道的再协商都有可能增进人类福利的总和。陋习（inferior practices
或 mediocre practices）最容易存在于小型市场或者孤立的市场中。
在几乎无法利用可比较信息的地方，人们可能永远也不知道，可行
的替代方案是存在的，这就导致人们可能永远也不会争论现有惯例
的社会无效性。我们不得不指出，民间惯例通常都不会遭遇强劲的
竞争性选择，因此哈尔皮克才会谈到"陋习幸存"的持久性。[15]

显然，如果精英的地位或者全社会的生存真的受到了威胁，那
么可以设想，人们会放弃那些令人厌恶的习俗——也就是说，那些
习俗会被淘汰出局。然而，封闭人群已不只是在相互之间产生了极
大的伤害，也对其居住地造成了危害。因为认为"陋习"是一种礼
节，所以他们一直从事着此类活动，几乎没有迹象表明他们有意改
变自己所带来的伤害。[16]公元1000年欧洲人到来以前，热带太平洋
群岛的占领者导致了2000多种鸟类的灭绝，使全世界鸟类数量减少

62

---

〔14〕 埃克哈特·施利希特（Ekkehart Schlicht）在《论经济中的习俗》（*On Custom in the
Economy*, Oxford: Clarendon Press, 1998）第68页指出："无论任何可以设想的功能，都有相对廉
价的方法来处理它。"

〔15〕 C. R. Hallpike, *Principles*, p. 142.

〔16〕 Eric L. Jones, "The History of Natural Resource Exploitation in the Western World,"
Research in Economic History, Suppl.6 (1991): 235–252; and Eric L. Jones, "Environment: Historical
Overview," in Joel Mokyr, ed., *The Oxford Encyclopedia of Economic History* (New York: Oxford
University Press, 2003), pp.215–219.

了大约 20%。[17] 欧洲冒险者曾相信塔希提岛（Tahiti）是一个天堂，但是在塔希提岛，大型鱼类和海龟较为稀缺，不足以满足精英阶层和普通人的需要。的确，为了保障大批神职和演艺阶层的需要，塔希提岛受到了管制。[18] 人们假定，在面临生态威胁时有害的习俗会得到革除。但是，复活节岛（Easter Island）的例子证明这个假定并不成立，因为在复活节岛遭受几乎致命的生态破坏时，人们并没有迷途知返。

63

二

也可以从其他领域考察惯例本身是否源自竞争压力。竞争是否强大到足以解释食物禁忌的模式？与通常的意见相反，答案是否定的。正如弗雷德里克·齐蒙斯（Frederick J. Simoons）经典的著作（第二版）所表明的，食物禁忌的分布几乎没有任何逻辑可言。在该书中，首先讨论了最为人所熟知的食物禁忌，即中东地区禁食猪肉的习俗。[19] 齐蒙斯考虑了希伯来食物法的各种解释：这些解释是武断的，且只能被耶和华理解。最终的解释源自不同逻辑的糅合，指向了卫生问题，这也是大多数人能够想到的理由。

齐蒙斯指出，与此相反，在《圣经》中没有关于卫生解释的支持，也没有关于温度的支持，因此在希伯来人中食物中毒的风险要

---

〔17〕 Jones, "Environment," p.216.贾里德·戴蒙德（Jared Diamond）认为，环境破坏是一个前沿性课题，是由对陌生环境快速殖民化和运用破坏性的新技术打破均衡所造成的后果。见：Jared Diamond, *The Rise and Fall of the Third Chimpanzee* (London: Vintage, 1992), p.301。他指出，长期存在的小型平等社会会承认其在保护环境方面的自身利益。但是，有鉴于妇女的状况，几乎没有证据表明太平洋群岛社会的环境破坏减轻了，或者小型社会是平等的。

〔18〕 G. R. Lewthwaite, "Man and the Sea in Early Tahiti: A Maritime Economy through European Eyes," *Pacific Viewpoint* 7 (1966): 33; David Howarth, *Tahiti: A Paradise Lost* (New York: Viking Press, 1984), p. 35.

〔19〕 Frederick J. Simoons, *Eat Not This Flesh: Food Avoidances from Prehistory to the Present*, 2d ed. (Madison: University of Wisconsin Press, 1994)

高于许多吃猪肉的地区。他进一步补充道，从理性上说，可以通过

64 其他方式，例如仅在夏季禁食猪肉、禁止在宴会中快速食用猪肉或者禁止腌制猪肉，来解决对健康的威胁。[20] 而且，除了禁食猪肉外，希伯来人还禁食兔肉，但是兔子显然是一种干净的动物。

借由牛肉、鸡肉、鸡蛋、马肉、骆驼肉、狗肉甚至鱼肉，齐蒙斯毫不费力地证明了食物禁忌的意图看似多么令人困惑，又多么丰富多样。关于马肉，他提供的部分解释是，基督教教义拒绝异教徒献祭的马肉，当然，也不能食用马肉。时至今日，至少在英国，虔诚的基督徒仍然不屑于吃马肉，认为马肉就如人们吃剩的残羹冷炙，但是这并非他们可能使用的一个理由。如果他们中有 5% 的人能记起耳闻的史前葬礼中的马头骨，那么我会感到奇怪；但是如果他们能够将其与齐蒙斯所说的相联系，那么我就感到震惊了。遗憾的是，他们并未这样做。相反，他们认为，马肉是粗糙而又低档的食品，吃马肉会使别人认为自己贫困潦倒，吃马肉是他们不想要的法国人

65 所保留的习惯。

考虑到英国人对法国人烹饪技术的敬佩，最后一条带有沙文主义的看法是颇有讽刺性的。一旦联想起艰难困苦时期，就更容易理解其中之义。[21] 我的父亲在第一次世界大战结束时遇到过马肉，而在 20 世纪 40 年代英国定量配给的最为严峻时期，我曾经吃过一两次马肉。马肉是难以下咽的，因此我往往将其与那个时期的其他苦难（例如不得不吃鲸鱼肉和杖鱼）联系在一起。然而，对马肉的厌

---

〔20〕 在我所赖以成长的英式环境中，只有当该月出现 "r" 时才可以吃猪肉。

〔21〕 这大体解释了为何在 20 世纪 30 年代的大萧条时期靠近利兹市场的危房中会出现一家马肉店。按照法律，这家马肉店的前墙被漆成了亮红色，以使人们能够将其与普通的肉店区分开来。参见 Keith Waterhouse, *City Lights* (London: Hodder & Stoughton, 1994), p.59。然而，甚至在声名狼藉的 19 世纪初的安多弗济贫院中，穷人已经不屑于吃马肉。

恶不可能阻止有见识的人将马肉作为高档饭店特色的尝试。[22] 用马肉烹饪和招待客人可能是有吸引力的——在 20 世纪 40 年代的英国，随着"外出就餐"的出现事情有了转机，当时开始以人们从未听闻的方式准备和处理食物。目前对马肉的抵制力量会更小，因为几乎没人能记住定量配给的那个时代。此外，由于难以买到马肉，在现代厨房里，烹制马肉不再具有可能性。

反对食用马肉的理由可能存在，但是很少与口感相联系，更多的理由是食用马肉对于马而言有些残忍。动物爱好者喜欢对动物做出科学上未经证实的判断，这正如反对狩猎的游说团体支持优待狐狸而非野鸡或者鱼类一样。在西方国家存在禁食猫、狗和其他被假定讨人喜欢的动物的忌讳，但是这些禁忌主要不是从食品特点出发的。它们代表的是某种偏见，澳大利亚超市不出售袋鼠肉就反映了游说团体所带来的压力。事实上，袋鼠肉富含营养，且吃袋鼠肉能够为农业带来好处（袋鼠肉是一种低脂肪的肉品，袋鼠是一种主要的农业有害动物，因此需要捕杀袋鼠）。

没有人能够根据蛋白质的高价格解释澳大利亚的情形：拥有丰富食材的墨尔本维多利亚市场销售鳄鱼肉块、袋鼠、鸸鹋（emu）和巫蛴螬（witchity grubs），这些东西价格虽高，却构成了对澳大利亚人素来喜欢享用的丰富的羊肉和牛肉的补充。澳洲菜，确切地说，应叫"地中海亚洲菜（Mediterrasian）"，充分体现了菜系跨国融合 66 的特点。在这方面，如同其他移民社会一样，澳大利亚是一个以创意迸发和各种元素盛行著称的国度。它完全证明了，随着族群融合和市场融合，新口味的引入有可能形成新的菜品——这是很有可能

---

〔22〕 迈克尔·格林（Michael Green）在 20 世纪 50 年代初曾经在伦敦吃过马肉。他将马肉描述为："除了少脂肪外，吃起来十分好吃，且相当甜美。"参见 *Nobody Hurt in Small Earthquake* (London: Bantam Books, 1991), p.166。

的。在一个一体化的世界中，食物禁忌正受到新体验提供者的挑战，这是由具有较高可支配收入的人群所驱动的，他们总在寻求新体验。当今世界，全球化引发菜系的混合，混合的结果是把过去避讳的食物变成了"美食家"的体验。这反映出古老的传统事实上有多么不堪一击，在无障碍的人类偏好面前它们显得多么渺小，以及当选择不再局限于传统产品时它们多么容易被革除。

齐蒙斯得出的结论是，存在着复杂的、相互作用的饮食观念，不同饮食观念的综合可以"处理对于文化史家来说较为困难甚至无解的问题"（第 322 页）。他的材料表明，许多此类问题源于饮食习惯历史证据缺口，或者源于在确定许多报告真实代表性有多大方面的困难。但是，随着新的机会涌现，食物禁忌显然有趋于减弱的趋势。

三

现在考虑在古代的小型社会中更宽泛的习俗与信仰的类型。这方面经常被引用的是罗伯特·埃杰顿（Robert Edgerton）所著的《病态社会：挑战原始和谐的神话》。[23]埃杰顿谴责了对小型社会的浪漫化，并假定它们有一定的理性。他在第一页写道："全世界的人类一直未能从其信仰中得到完好的服务。"他列举了巫术信仰，复仇偏好，男性霸权，营养与卫生的传统习惯，对待儿童、奴隶、杀婴、

---

〔23〕 参见本章脚注〔2〕。具有相似精神的作品是劳伦斯·H.基利（Lawrence H. Keeley）所著《文明之前的战争：和平野蛮人的神话》（*War before Civilization: The myth of the Peaceful Savage*, New York: Oxford University Press, 1996）。马修·巴茨沃思（Matthew Buttsworth）的《伊甸园与人类的堕落：激进生态史的谬论》（"Eden and the Fall: The Fallacies of Radical Ecological History," Ph. D. dissertation, Murdoch University, 1998）值得关注。巴茨沃思在博士论文中使用人类医疗活动的类型来证明在科学知识匮乏情况下文化信仰的随意性。这些作者与文化相对论者关于原始社会和部落社会优点的浪漫处理进行斗争——至少在一些反发展的表述方面，浪漫化处理看起来是十分可疑的，就如举起哈哈镜从一个不好的角度映照西方社会。

活人献祭、酷刑、生殖器、强奸、杀人、世仇、自杀和环境污染的惯例。他说，所有这些"在有时候[原文如此]并不一定是有害的"。他将有害或者不良反应定义为产生了较大比例的不满意的个体，出现了较多的有身体疾病或心理疾病的人，或者任何足以毁灭一个社会的严重事情。

埃杰顿的目标是他称为"适应者"的学校。他认为，民间惯例，甚至食人恶习，都是由进化所主导的，并且会传递给早期没有意识到要解决问题的人们（"无所不知的上帝"）。他进一步证明了，最优结果是没有保证的。适应性较弱的社会造成了环境破坏、反叛、战争、专制独裁统治、巫术信仰与禁忌、缠足、太监、女性割礼（female circumcision）、关于世界末日的错误预言，以及其他永远流传的恶习。面对这些问题，我们更愿意采用标准的经济史方法，考察在现代发达世界里惊人的生活好处是如何实现的。不管美好的眼下是多么脆弱，它似乎居然脱胎于人们希望逃脱的丑陋的过去。 68

问题并不在于发达世界的大规模社会已经使自身摆脱了所有的缺陷。导致不良反应的决策随处可见，而且疯狂的看法存在于每个人群之中；关于数不清的美国人被外星人绑架的报道只不过是其他国家报纸的消遣。然而，大家容易理解，纠正这些瑕疵的机会比之封闭社会要大得多，因为在封闭社会中知识竞争受到了限制，并且异议遭到了压制。关于医疗实践的对比是特别明显的。人们很容易搜集民间"验方"大全，但是许多验方有害无益，有些验方恶心得令人直倒胃口，没有什么验方是证明有效的。在一些地区，人们长期以来一直相信，对每一种疾病和每一种有毒的植物，上帝都已经在地球上设计了治疗方法。例如，在靠近大荨麻的地方有酸模，把酸模的叶子涂抹在刺痛位置可以缓解疼痛。酸模叶子可能确实含有某种野生抗组胺剂，但是在荨麻丛中不可能永远准备好酸模。

民间疗法使用当地可找到的植物或动物入药，在缺乏适当检验的情况下着急的病人会依法而行。尽管一些疾病事实上是自愈的，但是病人仍会误将其作为成功的案例。草药治疗的副效应是无法检查的，记录是很少得到保存的，甚至在发达世界也很少发表病历，直到最近都没有建立起具有一致性的规则。可能一部分草药方确实含有适当的有效成分:使用洋地黄治疗心脏病源于18世纪的威廉·威瑟林（William Withering），他从出身低微的人们那里获悉了这个药方，但是巧合的是，他发现药方的时期正是药理学取代草药学的时期。只有随着现代医药的出现，一些传统疗法才逐渐被废弃。例如过去治疗患了疝气的儿童曾经采用的一个方法是，在树上打一个孔，然后使患儿通过这个孔，现在已经没人采用这种方法了。但是，直到2004年英国政府才决定出台草药方的法规。

在现代药典里难以找到像偏远地区所指望的那样荒诞不经的药方，如若不然，就会出现类似于道义平衡*谬论一样的东西。无论现代医药错在何处，其缺点都在于难以获得而非愚昧无知或治疗不当，毕竟科学是在自我调整中前进的。现在国际社会在共同致力于理解和抑制疾病，在先进国家的研究团队是由世界各国的人组成的。显然，需要耗费时日使社会由历史悠久的药方转向经过科学证实的药方。在此过程中，不统一性会持续存在，这就像伊萨克·牛顿（Isaac Newton）或者在曾经清醒的西方国家发生的新纪元疗法（New Age practices）的扩散一样。牛顿曾经阐明了上帝时钟（the clockwork of the heavens）的原理，但却花费多年时间试图破解魔鬼数字（the Number of the Beast）；在新纪元疗法中，人们的预期甚

---

* 由荷兰法学家格劳秀斯（Hugo Grotius）在17世纪提出。他指出一国可以合法运用武力惩治有道德过失的另一国；但同时认为，为伸张道义而破坏秩序是以害易害，应该避免。——译者注

至比其实际收入增长更快。[24]

同时，欠发达地区正在采用先进的医疗技术，而传统西方医学已经放弃或者从未使用的古老疗法仍在发挥作用。尽管经济增长支持了现代医学，却也使人们更容易负担古老疗法的费用——而且提供了超声波技术，从而实现了农民曾经需要的生育男孩的选择性流产。东亚对作为催情药（aphrodisiacs）的部分动物的需求可能在增长，这威胁了几个濒危物种。似乎没有证据表明，这些自然出现的结果是人们有意为之的；如果有人非要这么认为，那也没有什么办法。

此外，功能主义解释所涉及的一个不同的议题是"甲骨占卜（Scapulimancy）"。这是狩猎部落，尤其爱斯基摩人（Eskimos）从事的活动。要完成甲骨占卜，首先需要将大型动物的肩胛骨投入火中焚烧，然后巫师会解读裂纹*，进而指导猎人按照所预示的方位出发。由于与猎人具有共同的占卜信仰，巫师不必承担占卜失败的后果。这个解释背后的思想是，人们都是可怜的随机数发生器，因而会坚持去他们过去斩获颇丰的地方狩猎，但是反复去同一个地方狩猎可能是徒劳的。相比不断重复过去，随机化可能会提供更为长期的生存价值。这是一个好的思想。不幸的是，正如埃杰顿所指出的，猎人很少使用占卜。[25]

---

〔24〕 较高的可支配收入已经激发了西方国家对未经验证的替代药物、膳食补充剂和新纪元疗法的消费热情。在一些从没有见过某些疾病的年轻夫妇中间存在着一种对传统医药的不信任感，因为传统医药不让孩子接种疫苗，明显违背了公众利益。对于半瓶子咣当的庸医来说，这些年轻夫妇是看客，他们当然可以找到传统医学失败的例子作为佐证。这大量出现的误诊或失常似乎可以证明，大市场并不能消除无效活动；对此的反应一定是，我们的确拥有某种科学成就，但是大多数人也确实应该接受科学发现所带来的结果。

* 以中国商代占卜为例。可以选择牛肩胛骨（龟甲也比较常见）作为占卜工具，在肩胛骨上钻凿出小孔，将一根细木棍前端烧成炭火，以此烧灼钻眼，牛肩胛骨表面因受热不均会出现裂纹，然后巫师会根据裂纹的长短、粗细、曲直、隐显等来判断事情的吉凶。——译者注

〔25〕 Edgerton, *Sick Societies*, pp.54-55.

要证明小市场的无效率方法已经让位于更有效的方法，法律可
71 以提供最后一个例子。[26]尤其在确定罪行的犯罪实施者方面发生了
转变。早期方法依赖于司法机关的原始力量和智力低下。由于缺乏
关于证据的法规和判例的条文，没有专业的执业律师，没有警察机
关，没有法院调查的技术，供词往往是通过对嫌犯（有时确实是罪
犯）的严刑拷打获得的。当把这种方法拿来识别女巫时，无论受害
人沉下去还是浮上来*都要受到谴责。[27]此时无效率的惯例当然有其
作用——识别罪犯。问题在于，这些方法未必能够找到真正的罪犯。
要把这样的做法抛诸于九霄云外将是一个漫长而又充满不确定性的
过程。有 75 个国家还没有实现这个过程，它们仍然存在严刑拷打的
行为。至少，我们认为，严刑拷打的目的应在于让罪犯坦白或招供，
而不仅是为了惩罚罪犯或者为了带来痛苦的乐趣。

一些国家，包括一些英国的前殖民地，已经退回到政治化的法
律。有的国家，例如纳粹德国，其法律体系是有意政治化的。在面
临持续的严刑拷打和司法腐败的情况下，主张庞大的、相互联系的
国家会自动消除恶习因此可能是错误的。有良好信息市场的开放国
家与相似国家之间保持着紧密联系，在寻求改变的主要方向时它们
是被追随的对象。合法性是全世界不断增长的中产阶级所渴求的消
费品。即使曾经独立的法律体系出现了崩坏，或者变得走形，它也
比根本未曾有过这样一种体系更好。无论正义的形式怎样变化，它

---

〔26〕 Richard A. Posner, *The Economics of Justice* (Cambridge, Mass.: Harvard University Press, 1981), pp.119–227.

* 当时宗教法庭审理女巫时，往往将女巫丢入河中。如果身体浮上来，则女巫有罪；如果身体沉下去，则女巫无罪。换而言之，只要经过宗教审批，几乎无人可以幸免于难。——译者注

〔27〕 在 17 世纪的英格兰，理性主义者的数量不断增长，他们愿意阻止最为严重的暴行。对于捏造的巫术案件的曝光，可以参见 J. A. Sharpe, *Bewitching of Anne Gunter* (London: Routledge, 2000)。

们的内容总是可以得以恢复。

　　如果有更大的文化市场，世界真的会更加美好吗？根据戴蒙德的看法，现代世界中成功的文化是因为在经济和军事领域的成功而被选择的。[28] 它们的惯例能够服务于那个时代，但是——在此戴蒙德转而攻击美国社会——它在未来凶多吉少。根据他的看法，青春期混乱、毒品滥用、老年人待遇较差和总体不公平应属美国的灾难。西方世界容易成为温和批评的目标，对其过于乐观的观点会出问题。但是，我们在此就没有偏向道德天平上的另一种错误吗？从历史来看，药物滥用不仅是西方的特征，也一直是东方的特征。西方社会率先缩减悬殊的收入不公，而收入不公在古代世界和欠发达经济体中是比较常见的。[29] 西方社会没有保留奴隶制度。自1945年以来的多次战争已经导致较第二次世界大战更多的人丧命，战争乌云至今笼罩刚果，但是西方社会未发生过战争。凭借多元文化和通过多种渠道施加权力与影响，西方社会拥有较之竞争对手更有效的工具来纠正错误。用贝托尔特·布莱希特（Bertolt Brecht）的话来说，能够消灭人民并重新开始的并不是西方政府。

四

　　宗教进一步提供了信仰与惯例易变性的证据。单是万物有灵论作为证据就绰绰有余。在中世纪的基督教中，宗教热情有些倒退，今天美国的驯蛇教堂也是如此。维多利亚时代的一位神学家宣称

---

〔28〕 戴蒙德的《第三种黑猩猩》（*Third Chimpangee*）第一版出版于1991年，可见在该书写作的时期苏联还没有解体，因此该书的反西方主义就更令人困惑不解。

〔29〕 对于早期财富和收入分配的证据，可以参见 Raymond W. Goldsmith, *Premodern Financial Systems: A Historical Comparative Study* (Cambridge: Cambridge University Press, 1987)。

可以在古代的每个大国里找到蛇崇拜（snake worship）的踪迹，并将蛇崇拜解释为对伊甸园事件*的回忆。[30]他说，橡树也受到了尊崇**，进而充满智慧地补充（第449页）道，这"并不会有助于国民效用，因为人们从来不会砍伐橡树"。

在生僻的神学文献中可以找到每一种能够想象得到的观点，这说明统一宗教主张的困难性。维多利亚时代的神学家在他们的哥特式学院和乡间住宅中写下的晦涩的命题奠定了迷信的理论基础，这一影响至今尚存。在游记和大量民俗文献中有无数这方面的例子。存留的迷信行为表现在往许愿池（wishing wells）中扔硬币和把破布散在灌木丛中；而土耳其人相信，卡车上悬挂串珠可以防止恶魔眼（the evil eye）***。在过去关于阴曹地府（chthonian）的迷信中确实有大量蛇崇拜的元素。时至今日，黑森林地区（the Black Forest）仍残存蛇崇拜的习俗，居民家里留蛇，以求好运和控制害虫。

英国教会的书对于异教徒徽章的存在，或者无论什么基督教仪式中认为不正当的形象，即便不是故意遮掩，也是基本忽略的。可以发现，数以千计的中世纪雕刻的头像都戴了树叶，但是旅游指南

74

---

    * 伊甸园之蛇是撒旦的化身，诱惑亚当和夏娃偷食了禁果。而撒旦在撒旦教里被尊为伟大的神，黑暗知识的赐予者。因此，蛇就受到了崇拜。——译者注

    〔30〕 John Bathurst Deane, *The Worship of the Serpent Traced throughout the World* (London: J. G. & F. Rivington, 1833).

    ** 崇拜橡树或橡树之神似乎是欧洲所有雅利安人的习俗。希腊人和意大利人都把橡树同他们最高的神宙斯或朱庇特联系在一起。橡树受到崇拜是因为橡树在森林里最易遭受雷击（其木质似乎更易导电），而雷电则被视为源自上天之迹，被雷电烧焦的橡树因此就与天神建立了联系。——译者注

    *** 在土耳其民间，人们认为，最容易受"嫉妒的眼神"伤害的是小孩、美女和那些脱颖而出的人，因为小孩弱小，美貌和成功容易招人眼红。土耳其人崇信，由嫉妒而生的邪眼会产生诅咒，带来厄运、疾病和死亡，如果戴上串珠而成的"恶魔之眼"就可以"以毒攻毒"，消除可能发生的灾难。"恶魔之眼"在土耳其是比较常见的一种防止嫉妒力量的蓝色眼状护身符，一般由比较容易破碎的材质（如玻璃）制作。——译者注

中很少会提及于此。[31]一些"绿人（Green Men)"*是无关痛痒的，另一些则是丑陋而又吓人的"野人（Wild Men)"。位于威尔特郡萨顿本杰区（Sutton Benger）的绿人被称为中世纪西欧艺术杰作之一。在一群德文郡（Devon）教堂中分布着不少三兔共耳（three hares joined at the ears）的雕刻品，人们推测这些雕刻品象征着丰饶，在欧亚大陆和中国都能发现三兔共耳的雕刻品。[32]德文郡的雕刻品有些是中世纪的，有些是19世纪的复制品。他们往往与绿人一起出现。世界各地，包括印度和缅甸，都有绿人。至于为什么在世界各地很容易发现这些图形和为什么刻画一些事物而非其他事物，大概与自从穴居时代人们一直使用某些动物作为象征有关。

尽管清教主义在17世纪和维多利亚时代的新教会中赢得了双重胜利，但是除了圣经中没有根据的奇特雕刻以外，在新教教堂中还可以发现关于性爱细节的刻画。无论这些性爱描写的目的是让人兴奋还是让人警醒，令人吃惊的是，在一些至少几个世纪以来一直强烈标榜自己信奉清教主义的教堂中居然有那么多赤裸裸的性画面。只有拥有充满殷勤的艺术家模型的工作室的艺术家才能在乔治亚纪念碑上雕刻出半裸的天使。在维多利亚时代，经典的女神被请出了教堂，用于装点墓地中的古墓，但是人们有时无法容忍这样做。这充分表明了即使在清教主义最盛行的时期人们的态度也是多么矛盾。

一些早期的雕刻品扭曲了其要表现的主题，因而似乎是有意反色情的。希拉纳吉*（Sheela-na-gig）堪称生动表现女性生殖器

[31] Mike Harding, *A Little Book of the Green Man* (London: Aurum Press, 1998).

* 英国教堂到处都有绿人，他们被塑造成一张人脸的模样，脸上长出茂密的灌木丛。有一种说法是，绿人是死去的亚当，亚当去世后，他的儿子将种子种到亚当的嘴里，种子长大后就成为绿人的形状。——译者注

[32] 南希·费伦（Nancy Phelan）在《时间的疾行》（*The Swift Foot of Time*, Melbourne: Quartet Books, 1983）中提供了20世纪中期德文郡异教徒信仰与基督教并存的第一手证据。

的代表，在母亲联合会*（the Mothers' Union）的会议上提及，这种雕刻是比较过分的。[33]事实上，存在着比人们曾经认为的多得多的此类雕刻。其中一个雕刻靠近威尔特郡奥克西（Oaksey）教堂的门，稍微不同于那种在男厕涂鸦的色情形象。在格洛斯特郡（Gloucestershire）的萨珀顿（Sapperton）教堂，詹姆斯一世时期的长凳两端的小雕像雕刻着美洲印第安人（奥里诺科河？）造型的祖露乳房的妇女。在牛津郡（Oxfordshire）伯福德镇（Burford）17世纪的纪念碑和巴斯修道院（Bath Abbey）18世纪的牌匾上都有祖胸露乳的妇女。一旦一个人的注意力集中到绿人和其他异常事物上，在造访英国教堂时就很难不注意它们，（根据网上资料判断）在法国和西班牙的教堂则不存在此类问题。这些遗迹与英国国教禁欲的立场格格不入，表明了官方文献如何误导文化态度。

76　　根据英国女王伊莉莎白一世时期的一位权威的看法，这些形象反映了对生殖能力狂热崇拜的残余影响，而在像印度教这样过分规矩的宗教中很少会出现类似形象。[34]事情似乎并非真的如此。现代学者已经拒绝了异教徒信奉的古宗教潜伏在基督教中的这种理论，

---

　　*　"Sheela-na-gig"这个名字首次发表在皇家爱尔兰学院1840—1844年的诉讼中，作为当地的一个雕刻的名字曾经出现在爱尔兰罗氏镇的一座教堂山墙上，1840年一位爱尔兰官员也记录了这个名字。希拉纳吉是来自远古时期的凯尔特符号，在爱尔兰和英国较为常见，表现的是一个张开双脚将私密处展开给观赏者的女人。对此的一种解释是，这个雕像是对性滥交的谴责。——译者注

　　**　母亲联合会是一个国际性的基督教慈善团体，寻求对全世界的家庭进行支持。它的成员并非全然由母亲构成，甚至也不全是由妇女构成，有许多夫妻、寡妇、单身汉和祖父母都参与了它的工作。它的主要目标是支持一夫一妻制的婚姻和家庭生活，特别是帮助这类家庭渡过难关。——译者注

　　[33]　Jerome Burne, "Highly Selective Sex," *Financial Times Magazine*, 13 Sep 2003, 这是Catherine Blackledge, *The Story of V* 的一篇书评。

　　[34]　A. L. Rowse, *The Case Books of Simon Forman* (London: Picador Pan Books, 1976), pp. 267–268.

赫顿在其关于英国异教信仰的皇皇巨著中对此进行了总结。[35]从异教到基督教的连续性是例外的。除了采用过去一直提供的服务以外，基督教教堂还提供了与之平行的服务。异教徒在组织意义上变成了基督教中的魔鬼，但是赫顿承认，异教遗留了关于迷信、文化和艺术形象、后世文化中的民间仪式等丰厚的遗产。

令人十分震惊的是，尽管从表面看清教徒和维多利亚时代的人们毁坏了那么多宗教形象，并极力反对谈论性和性快感，然而这些东西仍然能够幸免于难。表面看起来，传统思想的牧师和会众几乎确实不能再在他们自己的教堂中看到那些形象。当然，基督社会仍然使用异教神命名一周的每一天，并且从没有想过使用圣徒或使徒的名字替换这些星期的名字。基督教因为在容纳异教信仰方面的残酷而臭名昭著，然而它对模糊性的容忍度远远超过了人们所料。这可能是因为早期基督教在英国取得了彻头彻尾的胜利，所以不必担心有组织的异教，所以自诞生之日起它的民间形式从来就不是在神学上连贯的。通常认为，西方思想是尖酸刻薄的，并且不能像日本那样支持多宗教信仰。这在官方层面可能是事实，但是毕竟教堂里的证据仍然暗含着多宗教的、日本式的模糊性。因此，文化可能具有巨大的弹性。

"存在很多迷信，"古德温（Goodwin）写道，"宗教之间没有分别。穆斯林和基督教徒往往在纪念他们所选择的同一圣人之墓方面具有共通之处。"[36]最显著的——尽管在人类动物园中有其他的例子——是新赫布里底群岛（New Hebrides）的长老会教区（Presbyterian community）陷入了对一种爱丁堡公爵石头（Duke

77

---

〔35〕 Hutton, *Pagan religions*, 见上文注〔3〕。

〔36〕 Godfrey Goodwin, *The Private World of Ottoman Woman* (London: SaqiBooks, 1997), p.66.

of Edinburgh stone）的崇拜，送了一个巨大的阴茎葫芦（penis gourd）给白金汉宫，开拓了一个机场供公爵的飞机降落，预留了三名赤裸乳房的少女作为他的妻子，以代替他留下的大概有些陈旧的模式。[37]

尽管文化创新非常容易为人所接受，但是人们仍倾向于以他们赖以成长的文化作为其文化特征：把嫩枝弯向哪里，它就会沿着那个方向生长。如果预期落空，他们做出的反应可能是病态的。2003年一名库尔德穆斯林在英国被指控谋害了他的 16 岁的女儿。由于他的女儿交了一个信奉基督教的男朋友，这个穆斯林便以荣誉谋杀的方式刺死了他的女儿。[38] 警方认为，2003 年至少有 12 例这样的谋杀，并估计世界范围内至少有 5‰ 的比例属于此类谋杀。没有人能够预测与仇恨相关的犯罪数量，也没有人能够预测年轻人在文化变迁的压力下因受排斥而自杀的数量。英国社会及其移民社区已经非常害怕遇到这样的少数派行为。只有到了 2004 年，对女性割礼的罚金才增加了，最终内政大臣将其称为一种淫秽行为。自 1985 年，女性割礼就被宣布为非法行为，但是从来没有人对其提出指控。

因此，宗教领域的文化冲突就如任何其他领域一样显而易见，世界各种宗教在相互交流中充斥着暴力凸显了彼此的不信任。前述的故事在宗教纷争中只是沧海一粟，宗教纷争在极端情况下会使对手赶尽杀绝和竭力控制存在多种信仰的宗教圣地。在这方面人们容易想到耶路撒冷拉锯战和阿约提亚 * 的寺庙之争。神学家反驳说，这些冲突与所披露的真相没有关系，比不上所披露的罗马天主教神父的恋童癖或者英国国教对女牧师和同性恋主教所采用的扭曲

---

〔37〕 Alexander Frater, *Chasing the Monsoon* (London: Penguin, 1991), p.213.
〔38〕 BBC Radio 4, 29 and 30 Sep 2003. 女播音员毫不掩饰她的惊讶和对谋杀者的愤怒。

立场。从形式而言可以认为，宗教既然在种族纷争、国家纷争和政治纷争中纠缠不清，当然也应因为这些纷争受到责难。不过，在组织角度、种族角度和精神角度之间需要进行区分。教会是宗教的组织者，全都热衷于冲突。圣公会的等级制度已经像亚当·斯密（Adam Smith）所预言的那样起着作用：提高了学者和阐释神学的人的地位，促使少数知识分子参与不太复杂的职位，更多的教徒参与各种宗派和教派。[39]斯密认为，正规的宗教会使它自己陷入循环的困境之中。

79　纵然能够获得可比较的信息，一种信仰也不能在世界流行的原因在于，它难以建立起人们对这种宗教的信心。当信奉基督教的殖民者告诉美洲印第安人所有的人类都是上帝之子时，印第安人答复道，非常奇怪的是只有白种人才这样说。[40]在目前这样一个人口流动的世界里，即便与西方不相容的系统与西方具有更近的相似性，也未必会导致其对西方价值观的接受，这似乎违背了自由派媒体所预期的结果。但是，应该更加注意发生在库尔德女孩身上的那种不幸。尽管她与她的父亲都居住在英国，她的"西方化"仍然让她的父亲很不满。一个更大的、更有包容性的社会已经为她提供了超越她从小被灌输的那些选择。她显然是一个思维清晰的年轻人，并且已经抓住了她的机会。由于从小就在单一信仰系统中成长，所以即便并非全部，大多数的长辈也会发现自己难以冷静地评估新的选择，难以改变他们的生活方式，或者无法容忍他们所掌控的其他人改变。

　＊　原文是"Ayodh"，但疑似为"Ayodhya"，即印度北方邦的著名宗教圣地。这里有穆斯林16世纪建造的清真寺，但是1992年印度教徒声称要在这里建设传说中的罗摩神庙。双方发生了暴力冲突，约3000人在冲突中丧命。——译者注

　〔39〕Adam Smith, *The Wealth of Nations* (London: J. M. Dent, 1910), 2:270–296.

　〔40〕Forrest G. Wood, *The Arrogance of Faith: Christianity and Race in America from the Colonial Era to the Twentieth Century* (New York: Alfred A. Knopf, 1990), pp. 23–24.

悲剧的是，这位年轻女孩的父亲无法忍受她的改变。关于文化适应的研究表明了代际适应性经常出现的差异性，但没有解释为什么一些人的信仰比另一些人的更具有适应性。

五

基督教并不是仅仅依靠一直走运的仁慈的传教士来布道，相反它试图改变强大的统治者的信仰，并且用心适应异教徒对其节日和宗教圣地的信仰。消灭以前的宗教信仰和竞争的宗教同样起着重要作用。根据理查德·莫里斯（Richard Morris）的观点，基督教围绕古代的东地中海和南地中海，攻击了异教徒所忠于的庙宇、犹太会堂以及这些场所的崇拜者；砸烂了神殿，砍倒了圣树，并且用教堂取代了庙宇。[41]

然而，平民的故事反映的是平易近人的异教象征之一，异教提供了相似的但是更好的慰藉。基督教提供了一种新的身份，团队合作的机会，以及在古典时代晚期罗马帝国缺乏安全感的城镇中的一种明确的生活方式。在基督教产生以前的乡下，农民信奉异教（pagan）和古人。"pagan"来自"*paganus*"，系指乡下人。乡村的宗教是安抚性的，适用于依赖天气、依赖动物的健康与繁殖能力的人。[42]民间宗教是以年为周期、反复更新的，而基督教节日与季节更替同步。因此，在巴斯和威尔士等地的异教徒水崇拜就可能为教堂所取代。莫里斯，提出这些看法的谨慎的学者，也追溯了一些教堂遗址与基督教以前的圣殿的连续性。在欧洲大陆存在关于这方面

---

〔41〕 Richard Morris, *Churches in the Landscape* (London: J. M. Dent, 1989), chapter 2.

〔42〕 Richard Morris, *Churches in the Landscape* (London: J. M. Dent, 1989), chapter 2.

的进一步的证据。

异教信仰（Paganism）不是一种结构化的宗教。用莫里斯的话说，异教信仰是"由迷信、趋势、习俗和相对简单的安抚仪式结成的蜘蛛网"（第 62 页）。它是包含禁忌、历法事件和涉及对动物进行仪式性切割的残酷做法的松散组合。与其说它是宗教性的，倒不如说它是社会性的。异教信仰关注宗谱（genealogy），因为宗谱可以使一个部落能够追溯它的被神化了的祖先。这"可能接近于对整个问题的总结"，异教信仰"与其说是一个神学体系，倒不如说是一个关系体系"。从神学角度看，基督教相对于异教而言标志着一种进步，正如全世界其他宗教一样，基督教提供了一套更加一致的哲学。尽管基督教提供了基督徒行为法典、礼拜仪式、基督教堂与天主教堂的全套礼服，可是直到 19 世纪异教信仰和惯例还与它共存。这是因为人们一直想获得上古之神的保佑而非惹怒他们吗？还是因为，在宗教改革时期人们明白，当把只有牧师认为的能够维持神圣秘密的圣坛屏拆除时，他们将面临自己不习惯的一些仪式？

六

如果没有新的力量淘汰习俗，黏性的习俗是不容易被取代的。在某种程度上进化过程在起作用。正如理查德·威廉（Richard Wilhelm）所述，只要把历史稍微拉长一点就会明白，"中国的保守主义并非一种僵化症，而是对维持数千年不变的状况适应的结果。"[43] 改变环境的是新的前景，或者有人会说，是信息随着选择增加而降低的价格。随着移民、征服、贸易和通讯技术的进展，环境改变了。它扩大了

---

[43] Richard Wilhelm, *Chinese Economic Psychology* (New York: Garland, 1982), p.45.

随机模仿者可以罗列的清单。文化传播的数学研究表明，尽管非随机性曾经在达尔文进化论站稳脚跟后流行过一段时间，文化变迁却是通过随机模仿而非达尔文进化的方法发生的。[44]

莫里斯·奥尔特曼（Morris Altman）已经确立了允许无效文化生存的条件。[45]奥尔特曼的观点较之哈尔皮克更进一步，并且他的研究适合作为本章的结尾。他把文化因素作为一个附加变量引入了生产函数，而新古典理论很少考虑文化因素。他的独特的贡献在于证明了，即使在竞争条件下，那些具有不会带来经济增长的文化价值观的企业或社会仍然可能幸存。奥尔特曼利用目前在产业经济学中较常见的概念来处理企业（或社会）要么是 X 效率要么是 X 无效率的问题。在后一种情形里，它们在相对较好的条件下所生产的少于可能生产的数量。引起低于完全的韦伯式工作伦理的文化准则带来了 X 无效率。标准理论不会讨论这个问题，因为它假定，在任何交换经济中，所有代理人都被迫通过竞争实现财富最大化。然而，奥尔特曼指出，X 无效率源自对具有较低竞争力的文化准则的实际偏好，在这种情况下，较低的劳动成本将补偿较低的劳动生产率。这意味着劳动力，事实上社会，将自愿接受较低的物质生活标准，而它本可以像竞争者那样采用全面的韦伯式工作伦理来实现较高的物质生活标准。

保留具有较低竞争力的文化准则的决策并非没有成本；经济学中不会出现这样的情况。机会成本是较低的物质生活标准。然而，如果它愿意支付这个价格，那么一个具有低于完全竞争力的文化进而引起较低生产率的社会是可以幸存的。但是，如果关于机会成本

83

---

[44] *Economist*, 22 May 2004.

[45] Morris Altman, "Culture, Human Agency, and Economic Theory: Culture as a Determinant of Material Welfare," *Journal of Socio-Economics* 30 (2001): 379–391.

74 | 文化融合

的信息是可以广泛获知的，那么可以预期，愿意保留旧文化传统的社会数量可能下降。这是历史课程所揭示的。越来越多的社会已经实现了文化现代化。它们已经放弃了不管是否丰富多彩的代价高昂的传统，这些传统是由它们过去的贫困所产生的包袱。然而，一些落后性得以幸存。

　　幸运的是，我们没有生活在一个完全落伍的世界中。我们可以在文化竞争、农业竞争或工业竞争之间进行比较。农业或工业的历史充满了熊彼特式竞争性破坏的风暴、区域再分配和衰退地区的出现，都对比较优势转移做出了反应。如果不是这样，且保护主义者不让路，我们的主要工作将仍然包括蜡烛和硬衬布的制造，可能包括燧石斧的制造。当然，保护主义者的呼喊是不会停止的，我们发现自己仍然在支持落后部门，其中欧盟和美国补贴农作物成长是一个突出的例子。但是，自由贸易并不总是不利的，物质福利已经随着时间在成功增长。

　　一个相似的过程已经成为文化市场的特点，不过其中的变化可能是缓慢的。尽管文化市场一直努力保护教堂、艺术、新闻记者、广播员和一般的文化生产者，但是新鲜事物一再破门而入。本地生产者有时会进口同类产品，因为他们认为，这样会使他们能够在竞争性市场中先发制人。正如亚当·斯密所说，他们的劳动分工可能受到市场范围的限制，然而信息市场的扩大能够以相反的方式起作用。信息市场的扩大可能通过鼓励系统综合和减少错误信仰来减少文化劳动力的分工。它可以统一像现代科学与医学这样的思想系统，其代价是带来了无根据的推测和随意治疗的结果。在新的扩大系统内专业的范围可能扩大，但是随着市场一体化，陋习富于变化的多样性将趋于消失。

第四章　融合的方式

纵观史前时期和信史时代，不同社会之间、不同信仰体系之间和不同语言之间日益增长的趋势是相互联系、相互借鉴和偶然出现融合。各种文化的平均规模——共享信仰和惯例的群体——一直不断增长，但是增长并不具有连续性。随着相互作用程度的加深，信息变得更加廉价，从而可以为更多的人所获取。由于信息价格下降，有更多的信息为人们所消费。马克·卡森在其一篇未发表的文章中写道："在某些情况下，可以根据信息成本下降这一简单假设来解释历史中最重要的'程式化事实'*。"如同以下简要的考察所表明的，随着时间推移，可以借助于许多不同方式和相继出现的新技术削减

---

　　*　1958 年，尼古拉斯·卡尔多在他的一篇论文中论述了"程式化事实"这一概念，提出了六种事实。这六种事实包括:（1）总产出和人均产出以一种前所未有的递增率持续增长;（2）资本－劳动比率持续增长;（3）资本利润率保持不变，明显高于实际利率，至少在大多数比较发达的资本主义国家是如此;（4）保持稳定的资本系数;（5）产出中的投资份额与收入中的利润份额高度相关;（6）不同国家的劳动生产率的长期增长率和总产出长期增长率存在差异。它们是卡尔多通过观察资本主义经济中的经济增长过程而获得的。——译者注

信息成本。这样一来通常的结果是：在语言、宗教和其他领域出现新的综合，相应的地方文化多样性减少。

20 世纪末为形成单一全球信息市场带来了稍微更近的可能性，而单一全球信息市场可以提供统一的文化选择。两次世界大战及其带来的萧条中断了全球一体化的趋势，但是信息技术、航空飞行、集装箱运货船的综合运用，以及各国市场的自由化恢复了这一趋势。尽管全球接近一半人口仍然居住在农村，并从未使用过电话，但移动电话的普及正在迅速改变他们的隔绝状态。然而，单一世界的愿景在政治上还是不切实际的。它仍然不太难以解释；尽管用最简短的话说，一体化趋势是明朗的，但它仍然停留在假设层面。即使是现代冲突的阴暗面也证实了文化的日益重叠和受到威胁的政治阶层在抵御竞争和入侵方面高涨的热情。

在现有文化中，美国版本目前已不是最突出的。美国最具特色的是其文化的混合主义。每种文化都会借鉴其他文化，但美国文化是一种开放的多元混合文化类型。来自世界许多其他国家的人们选择定居美国，他们共同合作生产了美国的文化产品。因此，美国的文化生产者广泛采用了世界各地的主题，同时运用了全球最有活力的文化制成品包装手段和零售手段。美国商业社会从未停滞不前，因为它不停地将丰富的元素糅进新的图书、新的艺术作品和新卖座的好莱坞电影里。大多数国家都有学者、评论员和发言人，他们倾向于认为，自己的社会是独特的，因此不应该也不能按照共有的特征来理解他们的社会。但是，只有在执世界文化牛耳的美国，这才不致成为诡辩之词。乔治·斯坦纳（George Steiner）曾经将美国文化斥为一种在大部分领域缺乏原创性的"博物馆文化"——他排除了爵士乐和舞蹈——但是，在不断进行的对多样性融合的过程中，美国其实是富于原创性的。

尽管现在大家共用同一个信息与思想库在技术上是行得通的，但世界上较为贫穷国家的大量人民迄今为止只能间接接触到西方的生活方式。然而，好莱坞和已改进的通讯技术意味着，外部世界足以注意到他们憎恨自己的真实生存状况或者自身生活的相对贫困，同时可以发现他们对这些问题既困惑又恼怒。较贫穷国家的精英们似乎要么努力吸收美国的创新成果，要么为限制美国进入作斗争，要么试图阻止他们的人民听到任何有关美国生活方式的正面消息。他们试图限制全球文化的渗透，将其视为美帝国主义、盎格鲁－撒克逊资本主义、国际标准英语、基督教或者后基督教价值观的表达。他们担心文化富营养化（cultural eutrophication）的问题，在此情况下西方文化的繁荣会压倒他们较为贫瘠的社会所提供的东西。为了防止人们接触它所限制的特定作品，可以利用一种相反的文化，此时抗拒达到高潮。在阿富汗的抵制性案例中，为了将西方的腐蚀拒之门外，塔利班（Taliban）通过海关站对电影录像带设置了壁垒。

一

大约 5 万年以前，起源于非洲温暖地带的人类就已在遥远的新几内亚和澳大利亚开枝散叶。过了 2 万年后，人类开始在欧洲较寒冷的地带定居。仅仅又经历了 1 万年，人类抵达了西伯利亚；在此之后不到 9000 年，人类抵达了美洲。仅在距今 3600—1000 年前，有人定居波利尼西亚。这些不过是人类活动的大致年代，因此有时候会受到猛烈抨击；考古学家不断地将人类活动的年代往后追溯，目前已报告发现了更早的印度尼西亚小矮人*，这个人种几乎不符合

---

    * 2005 年 10 月 13 日，澳大利亚新英格兰大学的考古学教授麦克·莫伍德领导的考古小组在《自然》杂志发表的文章说，他们在同一个洞穴里发现了很多"小矮人"骨头，其中包括一个很小的成年人下颚骨，它们距今已有 1.5 万年。后续发现的遗骨证实，在距今 7.4 万年前至 1.2 万年前，这里长期存在一个矮子人群。但是，也有人类学家提出了质疑，认为它们不过是侏儒病患者。——译者注

对人类通常的描述。这些细节对于我们所计划的目标而言并不重要。在伟大的早期扩张中，人类的行为方式与其他大型哺乳动物进入新领地时一样。进入新领地后，族群散播，并在文化上彼此逐渐有些不同。我们的主要兴趣在于他们再次相遇时将发生什么。

一种显而易见的联系模式就是贸易，贸易在最初是人们自发组织的。它的起源之一就是因希罗多德（Herodotus）而著名的"沉默贸易（silent trade）"。焦虑的人们悄悄走出去，检查参与交易的另一方所摆放的货物，带走他们需要的，并留下自己的出售物品作为回报。运输的高成本阻碍了较远距离的货物交换。据说陆运价格通常要比水路运输贵 15 倍。商品市场只是缓慢地扩展其范围，早期交易的对象是小巧的、贵重的、轻便的饰品——爱德华·吉本（Edward Gibbon）称其为"华而不实"——那时被交易的对象还有工匠和在出于政治考虑的婚姻中差不多被作为抵押品的高贵女人。贸易会出现严重倒退，但每当政局稳定时在日常货物领域的长途运输会再度兴起。最常提起的受益者是一位伯里克利时期的雅典人。他可能吃到的食物和使用的家具是从遥远的黑海、波斯和迦太基运来的。一旦运输成本变得足够低，贸易范围就会从这些制成品扩展到单位价值较小、相对笨重的未加工的原材料。随着物质产品市场扩大，陌生人和信息也纷至沓来。随着进口货物增加和人员往来，对曾经陌生的社会习惯的学习成本也降低了。

工业化以前的人们就已经可以漂洋过海。波利尼西亚人（Polynesians）学会了如何从洋流规律获得比现代人能想象得到的更多的航海线索。[1] 在这方面密克罗尼西亚人（Micronesians）有很大进步，发明了信息脱离人的身体以后的储存方法。这种方法是波利

89

---

[1] Harold Gatty, *Nature Is Your Guide* (London: Collins, 1958), p.159.

尼西亚人无法做到的，如此一来，信息不会随着其创造者肉体和精神的死亡而消失，而是可以被储藏起来并传给千秋后代。这些信息体现为海洋表面图的形式：用椰子树叶柄做成三维模型，用弯曲的叶柄代表海浪，并用贝壳代表岛屿周围主要洋流的交汇点。

　　尽管这让人惊讶，但从信息检索的角度看它只是万里长征走完了第一步。在考察了世界各地博物馆里的地图后，哈罗德·加蒂（Harold Gatty）发现，同一区域的地图差异较大。用树枝做的地图也不易复制。这些早期的航行家往往会和自己的祖国失去联系，从而按照他们发现的新大陆的生态潜力改变文化习惯。他们阐释了自己获得的信息，却没有对信息进行核实；而且，不管怎样，他们探险的距离都不及库克船长（Captain Cook）的一半远。欧洲人的大发现确实开创了一个在史无前例的范围内建立和维持联系的全球相互关联的新阶段。只有在探险成果以书籍形式传播的库克时代，有关遥远地域的可靠信息大体上才能为人们所用。

　　探险和贸易从此把绝对地方主义挤进角落里。绝对地方主义仅存在于缺乏能够支配一切的政治权威的地方。迈克尔·克赖顿（Michael Crichton）描述了他在 20 世纪 80 年代初所发现的巴尔蒂斯坦（Baltistan）的隔绝状态：那里的村庄，有时候只有 24 个木屋，彼此相距仅五英里，但是它们有很大的不同。[2] 在一年中的大部分时间这些村庄被厚厚的积雪隔开，就如相隔了几百英里。它们有截然不同的讲话模式和建筑风格。在巴布亚新几内亚，克赖顿发现，由于人们被群山隔绝，所以相邻地方的风俗都迥然不同，据推测那里有 7000 种语言或者方言。尽管一种混杂语言已经成为通用语，但整个新几内亚高地的社会凝聚力形成缓慢。高大的土墙像马奇诺防

---

〔2〕 Michael Crichton, *Travels* (London: Macmillan, 1988), pp. 203–204.

线一般横亘大地，由此产生了一种永远不信任的氛围。据推测，整个世界就是这样形成的，有的地方形成于几千年前，有的地方仅仅形成于昨日。新几内亚对于整个世界的早期历史到底是一个多好的模型并不完全清晰，但这种类比是有启发性的。甚至在西欧较偏远的地方也可以找到具有类似地方特点的微弱证明：在20世纪60年代，简·莫里斯（Jan Morris）发现，同一种鸟在撒丁岛上相邻的9个村庄有9种不同的名称。[3]我们也许会发现，这种地方观念是有趣的（旅游文献经常在这方面大肆渲染）或者令人恐惧的（地方政客经常如此宣传），但不可否认的是它阻碍了人们之间的对话。91

　　太平洋可能一直是一个与外界联系非常脆弱的世界，但从近代早期大西洋的边界就开始紧密地联结在一起，那时的证据就不再是推测性的而是有文献记录的。详细记载新大陆产品、植物、动物的信件如雪片般从美洲殖民地（Colonial America）飞回英国。信息传播的标志是，身着巴黎最新时装的活动关节木偶不仅在欧洲的首都流通，还被出售到了远在马萨诸塞州的波士顿市。[4]足以令人惊讶的是，一些早期的美洲殖民者重返了在英国的家园，至少有一个萨默塞特（Somerset）家族维持此习惯达几十年。[5]在18世纪，对于那些既想窥探位于乡村的先进农业的秘密又想享受城市上流社会生活的人而言，完成重返英国的旅程是作为一种盎格鲁－撒克逊式大

---

〔3〕 Jan Morris, *Fifty Years of Europe* (London: Penguin, 1997), p.200. 这种鸟可能是白鹡鸰（学名 *Motacilla alba*）。鸟科学需要使用可以普遍理解的科学名称。即使在同一国家语言中对同一种鸟使用不同的名称也会妨碍人们的准确理解和相互交流。许多国家都存在对鸟类的地方叫法和方言叫法，不过这种情况在趋于减少，从而使人们可以更容易地评价和比较对鸟类的记录。

〔4〕 Eric L. Jones, *The European Miracle*, 3d ed. (Cambridge: Cambridge University Press, 2003), pp.113–114.

〔5〕 Eric L. Jones, "The European Background," in S. L. Engerman and Robert E. Gallman, *The Cambridge Economic History of the United States* (Cambridge: Cambridge University Press, 1996), p.104.

旅行的必修功课。英国革命造成了大西洋两岸意外的短暂性中断，
92 但是在革命过后大西洋的鸿雁往来更加频繁。[6]到了 19 世纪，来自
较远的澳大利亚的殖民者也重回故土，购买纯种牲畜，游逛伦敦的
画廊和红灯区。[7]

二

语言的历史阐释了统一的进程。对于语言文字早期命运的最为
大胆的构想是由演化生物学家贾里德·戴蒙德提出的。[8]主流语言
学家反驳说，我们对语言的历史了解太少，所以不能将语言的历史
与戴蒙德所提出的可能确实伟大的论题相联系。但是戴蒙德通过对
如下土地占有的描述充满想象力地把握住了语言史的本质机制：人
类迁徙的地理范围在数千年里不断扩展，然而总有小规模族群离开
大部队并定居下来，同时更富于冒险性的族群则超过他们到达陌生
的疆域。[9]定居者和他们的后代与其他社会群体接触很少，因此每
个地区都发展出它自己的语言。在古老的人类居住地，随着中央集
权的帝国扩张，帝国的语言逐渐处于支配地位，诸多多样性因此消
失。语言甚至被整合成更少的分支，但是当中央帝国政权瓦解和相
互隔绝的族群之间出现用于贸易的混杂语言时会有相反的情况。人
93 类最近时期的定居地区，新几内亚和美洲，现在保留了大约一半幸

---

〔6〕 Eric L. Jones, ed., *Agriculture and Economic Growth in England 1650—1815* (London: Methuen, 1967), p.48.

〔7〕 对于澳大利亚情况现成的知识介绍，详见 Geoff Raby, *Making Rural Australia* (Melbourne: Oxford University Press, 1996)。

〔8〕 Jared Diamond, *The Rise and Fall of the Third Chimpanzee* (London: Vintage, 1992).

〔9〕 例如，参见 R. M. W. Dixon, *The Rise and Fall of Languages* (Cambridge: Cambridge University Press, 1997)。

存的语言。

传统观点认为世界上语言的种类在减少，这种看法虽然方向正确，却是建立在并不可靠的估计基础上的。普遍的共识是，在公元2100年以前，现存的共计6000种语言中有一半会消失。这令人怀疑，因为关于如何定义语言存量缺乏一致认识，同时对语言消亡率的估算差异极大。[10]一位名叫罗伯特·狄克逊（Robert Dixon）的权威学者说，世界上有4000而非6000种语言。本世纪预期消亡的语言范围在300—5400种之间，这个范围如此之大以至于变得毫无意义。部分烦恼之处在于，无论操本族语的人多么少，都会有人以保护每一种语言为借口支持其母语。这看起来是荒谬的，就如将语言消亡等同于生物物种灭绝一样。[11]

印欧语系已经占据优势，其中最广泛使用的贸易用语是英语。就目前情况看，讲英语的人一度超过了讲其他单一语言的人，且以英语为第二语言的人现在在数量上已超过母语为英语的人。欧盟的通用语言据说是"糟糕的英语"。戴蒙德演化论的推断意味着，英语最终也可能化解为几种不同的语言。拉丁语便是一个典型。随着罗马帝国的衰落，它失去了政治支持，并逐渐演化成罗曼语族（the group of Romance languages）。一方面，人们假定，如果没有罗马帝国势力的支持，拉丁语无法幸存。另一方面，由于在世界贸易中的使用英语可能确实会幸存下来，不过，这并不意味着英语的支配地位是有保证的。[12]在语言领域，离心力和向心力总是同时起作用的。经济繁荣、政治昌盛、施政有方和减少的传播成本可能有利于

〔10〕 Eric L. Jones, "The Case for a Shared World Language," in Mark Casson and Andrew Godley, eds., *Cultural Factors in Economic Growth* (Berlin: Springer-Verlag, 2000), pp. 226–227.

〔11〕 David Crystal, "Things Left Unsaid: The Death of Languages," *Australian Financial Review*, 14 Jan 2000.

〔12〕 Barbara Wallraff, "What Global Language?" *Atlantic Monthly*, Nov 2000, pp.52–66.

统一语言，但也可能使本土语言焕发活力。英语的进一步发展将受到其他语言的阻碍——比如东亚的普通话。然而，即使个别笔触有争议，更大的图景也是清晰的：英语占据主导地位，并将比以往任何时候更多的人们联系在一起。

三

宗教是另一个能够证实统一进程的长期性和曲折性的议题。就欧洲而言，基督教的胜利并非必然，因为伊斯兰教、犹太教甚至拜日教（Mithraism）都同处于市场中。我们必须借助于古希腊—罗马城邦社会所做出选择的初始考虑来充分认识基督教价值观的优势。在基督教传入以前的城市是一片贫穷、人满为患、民族冲突、瘟疫、枪击、暴乱和极端残忍的混乱局面。基督教有能力通过将穷人团结在一起并规定严格的行为标准来解决这些问题。它也许不会解决所有的问题，却在一定程度上有助于缓和这些问题。在此没有证据表明，城市生活的极端困境导致了基督教的出现，只不过，就如罗德
95 尼·斯塔克所说的，"基督教解决这些长期性问题的卓越能力不久就凸显出来，并在其最终的胜利中起到了重要作用。"[13] 这场胜利赋予西方世界一个宗教组织，从而使宗教活动有了值得注意的但从来都不绝对的标准化程式。考虑到众多分散的居住地和杂乱的民间活动，即便有限的标准化也是一项丰功伟绩。教会附带地帮助恢复了欧洲知识的有序传播；否则，欧洲的知识传播就会随罗马帝国的衰落而中止。

在传教的同时，基督教也将罗马帝国晚期盛行的地中海文化的

---

〔13〕 Rodney Stark, *The Rises of Christianity* (Princeton: Princeton University Press, 1996), p.162.

主要元素扩散开来。这些元素包括城市生活方式、贸易、罗马法律和财产权利、书面的拉丁语、古希腊—罗马文学、饮食、服装等。[14] 所有这些元素为人们所完全接受经历了几个世纪，并且往往需要使它们融入早期信仰和宗教圣地中；经过最初咄咄逼人的势力扩张后，和解成为教皇格雷戈里一世（Pope Gregory I，公元590—604年在位）治下教会明确的政策。这有利于减少因要求太多彻底的大规模转变所产生的阻力。在佛教和伊斯兰教传播的地方几乎同时进行着这个过程，但是伊斯兰教做出了更大的努力来清除以前文化的痕迹。

四

哈罗德·英尼斯（Harold Innis）1950年所著的《帝国与传播》是关于信息与通信系统历史的开创性著作，但是并没有太引人注意。 96
直到50年后丹尼尔·黑德里克（Daniel Headrick）出版了《信息何时充分发展》，英尼斯的观点才为人们所接受。[15] 同时，这一主题常常渗透在轮船史、铁路史、航空史、电话史等相关历史的讨论之中，或者偶尔出现在对类似邮局这样的机构历史的描述中。然而，信息处理和传播的加速并不是直接通过这样或那样的技术变革所提高的速度和达到的范围来衡量的。

---

[14] Richard Fletcher, *The Barbarian Conversion: From Paganism to Christianity* (New York: Holt, 1998).

[15] H. A. Innis, *Empire and Communications* (Oxford: Clarendon Press, 1950); Daniel R. Headrick, *When Information Comes of Age: Technologies of Knowledge in the Age of Reason and Revolution, 1700—1850* (New York: Oxford University Press, 2000). 关于信息系统的另一位重要的分类者是马克·卡森；我在正文中引用了他1995年的手稿《信息成本的历史意义》，这篇文章认为，信息成本对于许多社会的历史而言都是重要的。也可参见 Dagmar Lorenz, "How the World Became Smaller," *History Today*, Nov 1996, pp. 45–50。

可以容易地找到不同时期通讯速度的生动轶事：1757 年 6 月发生在印度的普拉西战役（the battle of Plassey）的消息直到 1758 年 2 月才通过一条绕好望角航行的轮船带到英国，而 1821 年拿破仑在圣赫勒拿岛上去世的消息两个月后便传到了伦敦。[16] 尽管华盛顿去世的消息传到纽约市花了 7 天的时间，但 68% 的美国民众在 30 分钟内便得知了肯尼迪总统遭暗杀的消息。[17] 但这些毕竟是轶事，它们虽然显示出了传播速度，却没有直接解释下降的信息成本。虽然我们可以整理速度记录或绘出关于运河、汽船、铁路甚至个人机车的小片段，但是这些归根到底仅仅是以连续的物理形式存在的运输服务截面，要想找到一张关于递减成本的总体画面是困难的。[18] 技术偏见类似于农业上的"奖励精华的谬论（prize marrow fallacy）"，它为最大的或者外表最完美的产品颁奖而不是为经济效率或者社会成果颁奖。

黑德里克在组织信息、转化信息、显示信息、储存信息和交流信息的主题下分析了作为一系列过程的信息系统。他确认了在 17 世纪末和 18 世纪发生于西方的一场信息系统革命，这场革命涌现出了像植物学领域的林奈（Linnaeus）和词典编纂领域的约翰逊（Johnson）这样伟大的数据搜集者和分类者。他们的成就要领

〔16〕 Don Gifford, *The Farther Shore: A Natural History of Perception* (London: Faber & Faber, 1990), p. 114; Donald Read, *The Power of News: The History of Reuters 1849—1989* (Oxford: Oxford University Press, 1992), p.7.

〔17〕 Theodore Steinberg, *Nature Incorporated: Industrialization and the Waters of New England* (Cambridge: Cambridge University Press, 1991), p. 125 n.89.

〔18〕 连续情形下运输速度的代表性曲线是可以获得的，例如参考巴里·B. 休斯（Barry B. Hughes）所著《世界未来》（*World Futures*, Baltimore: Johns Hopkins University Press, 1987）第 147 页图 8.1。里德（Read）《路透社》（*Reuters*）第 405 页提供了 1847—2000 年来自电报中的电子服务图。

先于 19 世纪邮政和电报系统数据处理的机械化很多年。[19] 标准化的发展史进一步使人理解了信息市场的统一过程。[20] 世界上大多数地区采用共同的日历使贸易和相互联系能够有秩序进行。[21] 协调时钟时间是为了满足铁路旅行的急切需要。加拿大的每一个城镇都根据太阳正好位于头顶的时间设置了它的钟表时间，但是这导致了火车穿越加拿大时时间的混乱。因此，1879 年有人提议设置 24 个时区，1883 年全北美的铁路系统采纳了这个提议。同样在 1883 年，为了将反复调整时间的麻烦降到最低程度，罗马和华盛顿会议确立格林治本初子午线、格林治标准时间以及国际日期变更线为国际标准。

在信息传播速度、信息处理方式和存储设施（例如图书馆）的规模方面产生了一次又一次的飞跃。[22] 甚至在收音机和电视机影响不同数量级的观众以前，公众集会的频率和规模就已经增长了。报 99 道的及时性不断提高——从 19 世纪 40 年代像论文一样的新闻杂志在 1870 年后被按分钟报道事件的出版物所取代，吉福德（Gifford）因此赞成把 19 世纪中期作为一个转折点。[23] 但是，黑德里克很坦率地认为，没有一个时代能够标志着在口头文化的短暂性与数据传输、

〔19〕 另外的材料参见 Lisa Bud-Frierman, ed., *Information Acumen: The Understanding and Use of Knowledge in Business* (London: Routledge, 1994); Shosanna Zuboff, *In the Age of the Smart Machine* (Oxford: Heinemann, 1988)。也可以参见 Michael Porter and Victor Millar, "How Information Gives You Competitive Advantage," *Harvard Business Review*, Jul-Aug 1985, pp. 149–160。与过去进行的因果比较极其流行，这类比较的目的几乎总是为了渲染一系列发明的技术优势。从 1945 年再经历 25 年后，百科全书中充斥着类似的内容。之后，随着技术优越论归于沉寂，相关报道也出现了暂停。只不过，到了 20 世纪 80 年代和 90 年代，随着关于电子方法的新的优越论抬头，相关报道又水涨船高。

〔20〕 一个有趣的观点认为，西方世界的兴起是因为标准化的语言媒介巧遇了非标准化的信息。参见 Ulrich Blum and Leonard Dudley, "Standardised Latin and Medieval Economic Growth," *European Review of Economic History 7* (2003): pp.213–238。

〔21〕 Jones, *The European Miracle*, p.111.

〔22〕 对于 19 世纪欧洲图书馆和美国图书馆增长规模的数字，可以参考 Carlo Cipolla, *Literacy and Development in the West* (Harmondsworth, U.K.: Penguin, 1969), p.110.

〔23〕 Gifford, *Farther Shore*, p.51.

数据整理和数据储存方面的现代电子发展之间取得了决定性的突破。

这并不是说物质设施过去或现在在联结市场方面是不重要的；那会是一个过于极端的观点。内陆运河和铁路的建设和像巴拿马运河或苏伊士运河这样的通航海船的运河建设都是第一次世界大战之前的英雄壮举。在类似枢纽方面的投资如今已达到了较高水平。目前，高速铁路、海底隧道、新公路、石油和天然气管道以及类似的项目数不胜数，其中许多项目都是国际性的而不是仅限于一个国家的。全世界正在酝酿更长的连通方式。更雄心勃勃的建议，比如架起穿越白令海峡的大桥或者打通摩洛哥与西班牙之间的海底隧道，是否可行仍需拭目以待。对类似进展的赞誉之词主要存在于从 19 世纪到 20 世纪上半叶的书中。在今天只有工程专业的学生似乎仍对它们充满热忱。换言之，搜索引擎打败了运河。当今时代有关技术的文章总是吹嘘电子通信，并将计算机科学家的成就抬高到土木工程师之上。

100　　**五**

计算机的先驱是印刷机。然而，需要谨慎对待英语印刷的历史，英国人倾向于欧洲的经验，但是欧洲人实际上是落伍者。中国、朝鲜和日本早在数世纪以前就使用了活字印刷术。作为后来者的欧洲之所以最终超越这些国家，与其说是因为其带有点模仿性质的技术能力，倒不如说是因为在 15 世纪出现了一个规模更大的阅读群体。在印刷术出现以前，对手抄复本不断增长的需求就已经显示出了信号。意大利的这种需求在印刷术出现前 25 年时正好处于顶峰状态。

印刷术减少了手写材料的成本，但只有普遍提高的识字能力才能使其在全社会显得较为重要。直到很久以后，对劳动更复杂的要求似乎才使人们想要推动识字能力的普及，并且经济增长使人们能够负担掌握识字能力的成本。[24]"识字能力（literacy）"这个术语有着不尽一致的定义，并且在高层都在散播着过分自信的数字。[25]甚至现代对识字水平的比较也常常有分歧，无法确定识字水平（levels of literacy）指的是阅读水平还是写作水平，或者兼而有之，即使确定了识字水平的概念，也不知道在什么年龄采用怎样的标准。根据我们可以获得的表面数据判断，大约在公元1000年，只有1%或者2%的欧洲人是识字的。[26]到了1850年，识字率已经增至50%，不过可能其中一半人只能勉强阅读。到了1930年，这个数字被认为已经攀升至90%；到了1990年，西方政府常常声称，他们98%或者99%的人口都是识字的，甚至最雄心勃勃的政府会声称他们100%的人口都是识字的。那么有人会想，为什么他们要在成人识字项目上投入如此之多。该领域的专家认为，在许多发达国家实际上只有约85%的人口是在功能意义上识字的——在大不列颠只有80%。世界上其他国家的数据不是很明确，不过毫无疑问的是，在大部分非西方国家识字率更低。

功能性文盲（functional illiteracy）指甚至无法阅读简单指令或是安全通告。无可否认，信息能通过像微型识字班（tiny literate class）这样的媒介得以扩散。中国历史上已有此类经验，其中有关新农业技术的思想通过被称为农书（Nongshu）*的著作为地方官吏

---

〔24〕 R. S. Schofield, "Dimensions of Illiteracy, 1750—1850," *Explorations in Economic History* 10 (1973): 454.

〔25〕 例如联合国教科文组织所出版的数字就不大可能，也不一致。参见 Eric L. Jones, "Cultural Nostalgia," *International Studies Review* 1/3 (1999): 133–134。

〔26〕 Cipolla, *Literary and Development*, passim.

* 据《中国农学书录》记载，中国古代农书共有500多种，流传至今的有300多种。在这300多种农书中，《齐民要术》《农桑辑要》《王祯农书》《农政全书》和《授时通考》内容最丰富，影响最大，被合称为"五大农书"。——译者注

所知晓，并通过地方官传给了当地农民。[27]在农业方面，中国有比大多数前现代社会更大的优势。但是，中国并没有保持住对西方或日本的优势，这两个国家劳作的农民通常都会识字，所以知识和警示信息都能快速传播。

六

从 19 世纪末到 20 世纪初，电话问世。尽管在现代人看来这没什么，但在当时这是一项惊人的突破。在最近的 1966 年，在欧洲和北美洲之间只有 138 个对话能同时进行；纽约的花旗银行为了接通电话，雇用年轻人轮班拨号。[28]只有到了 20 世纪最后几十年，才真正见证了"电信密度（teledensity）"的大幅提高。最后一个没有电话系统的地区是新西兰管辖下的托克劳群岛，那里只有 1600 人。迟至 1996 年，它才签署了安装合同。那时正在查漏补缺，因此陆上通信线的铺设暴增，但是之后就被卫星通信所取代。

毫无疑问，继手写体活字的发明或者印刷体图书的生产之后，电话、广播和电信已经产生了比其他发明更广泛的影响力。[29]到 1990 年全世界有超过 20 亿部收音机和超过 10 亿台电视机。在那一年，这些设备中 45% 都在非西方国家，相比之下，在 1965 年只有 20% 的设备在非西方国家。在乡村孤立状态几乎持续到今天的印度和中国，收音机、电视机和移动电话的普及意味着，庞大的人口忽然也是平生第一次获得了了解市场价格、土地所有权数据、国家文

---

〔27〕 Gang Deng, *Development versus Stagnation* (Westport, Conn.: Greenwood Press, 1993).

〔28〕 Robert Frank and Philip Cook, *The Winner-Take-All Society* (New York: Free Press, 1995), p.48.

〔29〕 Eric L. and Sylvia B. Jones, "The Book Industry," *Oxford Encyclopedia of Economic History* (New York: Oxford University Press, 2003).

化和全球文化的机会。电视展示的不过是体育赛事和肥皂剧，但是从中透出的生活方式的诱惑力令人难以抵挡。

不管是对距离消失的夸张报道还是这类消息传播的夸张速度，现代技术都促使通信的价格出现了惊人的下降。[30] 从未有过如此丰富的信息，尤其对于处在经济发展早期阶段的国家而言更是如此。长远的影响是未知的。政府担心他们会失去控制；担心不能满足不受约束的期望时人们会做出的反应；担心当农民工由封闭社会进入在古老知识里找不到指南的新处境时会引发的震荡。当英国在1997年结束对香港的统治时，离开广东工厂的工人完全想象不到这么大的事件竟然可以平静地发生。过去的经验告诉他们，政权交替时会发生冲突，应为此做好准备，因此他们便租了汽车返回了自己的村庄。然而，展示给世界的革命性变化已然准备就绪，因此至少学生的反应已经变得更有预见性。中国曾具有怀疑精神的年轻人现在是时尚的旅行者。[31] 仅一代人就使他们实现了现代化。正如营销人员

〔30〕 如果笼罩在这些变化的氛围中，想要保持淡定是比较困难的。虽然让人觉得热情洋溢，但是弗朗西斯·凯恩克罗斯（Frances Cairncross）像其他人一样成功地在《距离的消失：通信革命如何改变我们的生活》（The Death of Distance: How the Communications Revolution Will Change Our Lives, Boston: Harvard Business School Press, 1997）一书中提供了一种公正的评价。在许多针对"全球村庄"诞生的评论中，克洛德·穆瓦齐（Claude Moisy）的《全球信息村庄的神话》（"myths of the Global Information Village," Foreign Policy 107 [Summer 1997]: 78–87）也许是有代表性的。他观察到，消费者所关注的新闻事实上正变得更加地方化，这个趋势显然自"9.11"事件以后就在延续，在2003年的伊拉克战争以后表现尤甚。也可参见 Garrick Utley, "The Shrinking of Foreign News: From Broadcast to Narrowcast," Foreign Affairs 76/2 (Mar-Apr 1997): 2–10。

〔31〕 这与西方的旅游体验并不是很相似，因为当前这代中国学生的父母曾经因"文化大革命"——这不同于西方文明除1939—1945年以外所遭受的任何限制——被限制在他们自己的国家。当然，旅行不可能像深入交谈那样开阔人们的眼界：它对许多西方度假者的态度有极小的影响，对战后从海外返回的祖父母辈和曾祖父母辈几乎没有影响。旅游将巩固而不是损害文化的固有模式。较长久地待在某个地方会形成自卫性的沙文主义，甚至对于大学生也是如此。迅速转向对大众表示同情和理解是不能指望的。然而，大多人如果在较长的时间里经历新鲜的体验会拓宽自身的视野。

所敏锐观察到的，这种转变正对生活方式和购物习惯带来显著的影响；随着乡村逐渐分享经济繁荣和接触丰富的信息，这种转变会扩散到乡村地区。

文化和信息如同无形的行李伴随着商品和服务、迁徙和征服。它们直接和间接地通过电影、书籍和广播扩散开来。很少有社会可以阻止来自外界的所有渗透。

七

106世界从未形成单一的思想市场。很久以前，主要文明和世界宗教在相互有效隔离的状态中稳定下来。它们的系统从来不是完全孤立的，但是通常能够抵御主要的外部侵略行为。对普通人而言，信息成本太过高昂，以至于无法详细了解其他系统的情况。如果很少为具有宗教热情的人所征服，或者很少为受意识形态驱使者所占领，那么会有太多的惯性，也会有太多的特权阶层，因此就不能期望大规模地接纳新事物。甚至在今天，许多政府仍然阻止外国信息流入，并利用技术策略来保护他们声称的本国利益，但是人们常常怀疑，这些做法其实是为了很好地迎合统治精英的利益。

世界性的思想市场真的要脱胎而出吗？就如当代政治动荡证实的那样，这还有很长的一段路要走。但鉴于西方文化的潜能和他们的贸易范围，世界性思想市场的想法并不荒谬。另一方面，由于回旋空间被压缩，非西方文明会变得更加有对抗性。难道这不是"好战的伊斯兰"盛行起来的一个原因吗？蒂默尔·库兰已经指出，科学技术最终几乎不会给世界带来变化。[32] 他的观点可能与传统观点

---

〔32〕　Timur Kuran, "The Unthinkable and the Unthought," *Rationality and Society* 5 (1993): 501.

大相径庭，但人们无法将其拒之门外。问题在于，我们已经没有能力吸收和处理所听到的全部信息了。在一个信息过载的社会，人们可能确实更多地依赖于当地的社会认同而非冷静的推理。他们可能退回到对周围世界的传统解释中，并继续捍卫这种现状。传统的统治集团将得到加强。因此就难以证明更多的信息必然导致文化的混合，更不要说西方形式的文化融合。历史的先例，甚至许多当代的经验都不能保证这将是未来的样子。然而，总的来看它们都指向了那个方向。

第五章　隐秘的制度 *

　　"隐花植物"是一类不开花的植物，由 18 世纪瑞典的植物学家卡尔·林奈命名。林奈预期，它们隐藏的繁殖方式终将真相大白。我们不妨借用这个术语来描述许多欧洲早期制度中神秘的力量，而不必纠结于其植物学的意义。在 18 世纪 30 年代，林奈成为瑞典皇家科学院的首任院长，瑞典皇家科学院的职责涉及了"经济学、贸易、手工艺和制造技术"等领域。[1] 如果关注社会科学而非自然科学，他本可以发现那个时代各种制度的前景。他原本有可能预测到，还处于婴儿期的各种欧洲制度有朝一日会超越它们的发源地，走上扩张的道路。其他地方的制度似乎大都前景渺茫；他们常常自我封闭，显然没有想过普及众生和保持公正。[2]

---

　　* 　原文标题为 "Institutions as Cryptogams"。"Cryptogams" 是一种隐花植物，因为其繁殖方式具有隐蔽性，在此可将标题引申为"隐秘的制度"之意。——译者注

　　[1]　Wilfrid Blunt, *The Compleat Naturalist: A Life of Linnaeus* (London:1971), p. 134.

　　[2]　例如，参见 Peter Munz, "The Two Worlds of Anne Salmond in Postmodern Fancy Dress," *New Zealand Journal of History* 28/1 (1994):60–75.

制度与文化部分交叠，它们的交叠反映在实际用途和学术用途两个方面。制度与文化有时相互混合，但在它们的大部分范围内差异是显而易见的。文化主要包括规则和惯例，这些都可以通过父母和周围的社会以相对非正式的方式习得。制度往往是人为的，甚至带有政治性，其组成部分包括企业、工会、建筑协会、银行、成文法体系，以及其他有组织的网络或者成套的正式规则、具体规定。虽然文化往往可以起到约束作用，但其约束作用是相对松散的；制度则更多地通过规则约束在起作用。

因此，文化与制度的交叠之处既是真实存在的，又是方法论使然。首先，在一个领袖、统治者或者政府可以贯彻他们意志的社会，文化惯例明显带有政治色彩，却不是经过人们长期、缓慢和模糊的选择产生的，而是被强加于人的。从这个意义上说，文化行为的很多方面是政治建构而非通过寻常的潜移默化方式自然形成的。第二种形式的交叠出现在制度分析的文献中，它往往使"制度"这个术语包括了诸如诚实度或信任度之类的潜层次行为。我根本不想将这样的属性称为"制度"，而是愿意把它们归入文化信仰、价值观和偏好的一般范畴中。

从所表现出的非正式性看，文化是很难改变的，因为它纯属个人事务，并且几乎都出于下意识的行为。自出娘胎开始，人们就已经被灌输了有关的文化，这些文化会在其成长过程中不断强化。文化几乎以不被察觉的方式进行演化。当然，它有时候会迅速改变，哈里森所描述的阴茎栓的例子即为证明；但是除了最为激烈的刺激或机遇以外，大部分情况下它都会通过经常性的调整来保持稳定。另一方面，此处语境下的制度从本质而言首先是政治性的，代表着强制性或协商一致的惯例，或者代表现行的各种组织。制度可能与文化相适应（并且在这种情况下制度会面临较小的压力），也可能引导、支持或者加强文化惯例和信仰，但是有程度不同的具体表现。无论制度的改变多么不可思议，也无论在面临官方抵制时制度的改变有多么艰难，原则上制度总是为重新协商敞开大门。

如果没有公正的法律制度和其他制度的强化，我们所关心的那些不同类型的文化价值观就缺乏永恒的根基。也许存在对增长的偏好，并且增长甚至的确会出现。但是，如果是人而非法律对经济活动有最终决定权，那么这种增长容易出现莫名逆转的可能性。最终，正如孟德斯鸠（Montesquieu）和伏尔泰（Voltaire）所言，自由和财产是由法律而非价值观保护的。在他们看来，价值观是不可靠的，它们的含义可能悄然改变，以适应环境。制度也可以被改变，或者通过协议或者通过政令，但是相比价值观的改变而言，比较容易说清制度何时改变。尤其是当实际改变发生的时候。价值观和制度的不同影响是难以证明的，人们对此也难有一致的看法，因为它们之间的关系是宽泛的、复杂的、易变的、间接的，并且是难以察觉的。许多影响也取决于我们容许事情得以解决的时间，否则我们的结论很容易言之过早。随学科不同，文化要么被视为理所当然，要么被完全忽略；经过几代的沉寂之后，制度的历史再度觉醒，但是比较制度史几乎仍处于休眠状态。考虑到我们可以找到某处作为评估成就的基准点，当评估制度的作用时，我们必须对西方世界的特殊性进行初步的描述。

很多西方国家的历史热衷于详细描述制度发展的兴衰成败——兴盛是占主导地位的——因为社会福利在逐步得以提高。更广泛的历史文献提供了一些"控制权"的证据，大部分证据是"东方的"，即亚洲的，尤其是中国的。具有讽刺意味的是，虽然一些学者对西方世界持有不友好的态度，却又诋毁任何东西方的比较研究。他们将不专业的动机归咎于这样做的西方学者，并声称只是对比东西方历史的行为"使得欧洲地区对非欧洲地区的支配地位合法化了"。[3]这种看法既不正确，也没有价值：正如扬·卢滕·范赞登（Jan Luiten van Zanden）所评论的，"经济史不是一场体育竞赛"，因此就不必为这队或者那队呐喊助威。[4]批评者仍然认为，相比仅仅对比东西方历史而言，只有更为细致入微的世界历史地理学才是可接受的。

112

从一开始我们就将这些伟大地区的每一个作为一个整体，因而不会使问题复杂化，之所以如此有两个原因。第一，是为了找到核心的历史信息。很显然，如果按照总括性的东西方（East-West）概念进行分析，那么不同的经验将被缠夹在一起。但是，一般化的分析并非根据事实本身勾勒的漫画，而是关于迄今为止人们对世界经济史复杂性所知多少的总结。它们只是为了弄清不同伟大地区的模式差异。如果不回过来把主要含义说清就转而谈论地方性问题，那么就会使人们对所谈论问题感到困惑不解。如果过于贸然地涉足地方主义，我们将陷入一连串特殊事件中，这些特殊事件反映的是随处可见的例外主义，集中于例外问题的风险在于忽视了规则的意义。对于全然模糊东西方差异的第二种反对意见是，正是西方率先实现工业化而产生了和东方的差异。喜欢贬低西方成就的学派似乎采用了两种方式。一方面，他们将西方的成就和中国的部分成就并列，这样做似乎是对欧洲的伤害；另一方面，他们拒绝承认欧洲的成就，并宣布任何东西方的二分法一定是错误的。

---

〔3〕 例如，参见 Huri Islamoglu and Peter C. Perdue, "Introduction," *Journal of Early Modern History* 5/4 (2001): 271。

〔4〕 Jan Luiten van Zanden, "The 'Revolt of the Early Modernists' and the 'First Modern Economy': An Assessment," *Economic History Review* 55/4 (2002): 632; cf. Eric L. Jones, *Growth Recurring*, 2d ed. (Ann Arbor: University of Michigan Press, 2000), p. 144.

一

一

欧洲领先地位的确切事实受到了"加州学派"的攻击，这个学派希望解释清楚西方的兴起，并用中国的反例取代欧洲领先论。该学派最有影响力的著作是肯尼斯·彭慕兰（Kenneth Pomeranz）的《大分流》。[5]彭慕兰的看法是，在 1800 年以前，西方和中国的经济绩效是相当的。他使用清代中期中国某地所取得的显而易见的经济总量方面的成就来为此辩护，并且暗示其随后的不幸在于缺乏像欧洲那样从天而降的资源暴利。[6]彭慕兰宣称，西方没有"优势"，因为它的增长是侥幸坐拥丰富煤炭储备的结果。历史进程就这样被简化为意外事件。很少肯定或者根本不肯定欧洲制度的积极作用，甚至不提重要制度和国家的作用，当然也不提构成国家制度的竞争性国家模式了。

彭慕兰也没有将欧洲的成就和整个非西方国家进行比较。罗伯特·艾伦（Robert Allen）对中欧比较的研究更进一步，只不过他所使用的中国资料仅限于长江三角洲地区。[7]艾伦声称，在农业领域对农场收入和劳动生产率的计算支持了类似彭慕兰这样的修正主义者

〔5〕 Kenneth Pomeranz, *The Great Divergence* (Princeton: Princeton University Press, 2000). 声明为"加州学派"的成员中有一大批人对西方的绩效无动于衷，却对中国的绩效抱有兴趣。然而，多因·道森（Doyne Dawson）在《对欧洲中心论史观的攻击》（"The Assault on Eurocentric History," *Journal of the Historical Society* 3-4 [2003]: 403-427）一文中已经驳斥了加州学派的许多观点。

〔6〕 不能完全排除自然资源的重要作用，尤其需要指出的是，早期的产业严重依赖于钢铁（其运输成本高昂），但是杰弗里·萨克斯（Jeffrey Sachs）与安德鲁·沃纳（Andrew Warner）在其论文《自然资源丰富度与经济增长》（"Natural Resource Abundance and Economic Growth," Harvard Institute for International Development, Discussion Paper 517a, Oct 1995）中提出了对于资源不可或缺性的较多质疑。

〔7〕 Robert C. Allen, "Agricultural Productivity and Rural Incomes in England and the Yangtze Delta, c. 1620—c.1820" (2003), at www.econ.ku.dk/Zeuthen.

的观点，他们坚信"亚洲"曾经"做得更好"。然而，如果我们承认长江三角洲地区可以代表整个中国，或者整个亚洲，那么按照艾伦更进一步的结论进行推导就可以证明他的比较是错误的。既然艾伦实际所证明的是，19 世纪初英国在农业领域的劳动生产率甚至领先于长江三角洲地区，那么艾伦所使用的数据也就不能推翻欧洲具有更好绩效的标准观点。艾伦也承认，双方变化的轨迹是迥然不同的，英国的农业劳动生产率在 1600—1750 年间陡然提升，此时中国的农业劳动生产率却停滞不前。而且，长江三角洲地区的产业结构没有发生变化，而中国的实际收入急剧下降。这可能是关键之处：英国，最后乃至大部分欧洲国家，都在向前发展，当时的中国却日益没落。艾伦坦率地指出（第 16 页）："在 19 世纪初，英国和长江三角洲地区的收入可能依然相当，但是中国的轨迹似乎走向没落而非工业起飞。"

二

西方国家和其他国家之间什么时候出现了大分流？乔尔·莫基尔（Joel Mokyr）观察到，尽管"（在欧洲和其他地区之间的）收入差异出现相对较晚，许多其他经济变量的不同却早就发生了"[8]。他列举了欧洲在能源、运输、教育、公共健康等方面的进步，欧洲更高的资本—劳动比，欧洲不断变革的技术以及欧洲政府可能更好的经济管理。冈德森（Gunderson）宣称美国具有相似的成就。他指出，美国的收入水平和变化速度在工业革命之前已经比较显著：到

---

[8] Joel Mokyr, "Disparities, Gaps, and Abysses," *Economic Development and Cultural Change* 33 (1984): 175.

了 1800 年，美国的增长速度已经几乎和早期工业化时期一样快。[9]美国的增长主要源自由运输进步所促使的市场扩大，如同在英国一样，工业化是早前增长的结果而非增长的起点。

事实上，西方和其他地区实际收入的差异在维多利亚时代之前就已经出现。艾伦的报告已经表明，西北欧洲和南欧一半的收入差距（在实际工资方面存在 15%—20% 的差异）是由于 16、17 和 18 世纪西北欧洲的发展带来的结果。[10]安格斯·麦迪森（Angus Maddison）所做的计算表明，自公元 1000 年之后，西方人均 GDP 的增长速度是世界其他地区的 2 倍。[11]

即使我们认同彭慕兰的观点，即直到 19 世纪中国的实际收入还是和欧洲一样高，那么依然需要考虑的问题是：此后是什么因素使欧洲处于领先地位？仅仅是因为欧洲开始利用煤矿并通过攫取美洲资源获得非法收益吗？做这些事情的能力才是真正原因所在。资源不会保证它们自身的发展。仅仅坐拥煤炭是没用的，必须通过发展技术和商业活动来开发它；运回资源或者与遥远地区进行贸易是不够的，必须保证资源不被浪费，避免重蹈西班牙和葡萄牙那样无法利用美洲财富的覆辙。对此要坚持不懈，持之以恒，取得成效。

为了在技术层面实现这样的目标，有必要形成一个基础广泛的、崇尚发明的社会。喜欢发明的人在不断增加，其中大部分为男性。他们过去出于自身的原因对科学和技术抱有兴趣，如果他们仍然活着，他们可能因为对像蒸汽机这样过时的机器的崇拜而

〔9〕 Gerald A. Gunderson, *A New Economic History of America* (New York:McGraw-Hill, 1976), pp. 154–159.

〔10〕 Cited in Jeffrey Williamson, "Living Standards in Asia before 1940," in A.J.H. Latham and Heita Kawakatsu, eds., *Asia Pacific Dynamism 1550—2000* (London: Routledge, 2000), pp. 31–32.

〔11〕 Angus Maddison, in Ian Castles, ed., *Facts and Fancies of Human Development*, Academy of the Social Sciences in Australia, Occasional Papers 1 (Canberra: ASSA, 2000), p. 11.

痴迷于发明；但是对年轻人而言，他们已经将热情转移到了计算机方面。[12] 在工业化时期的英国，像文学学会和哲学学会这样的机构使得科学和技术能够受到社会的尊重，并大体能够为广泛的群体所接触。人们的兴趣不仅仅局限于工业化的城市，志趣相投的人们还将科学和技术大量传播到乡村，因此将科学方法用于农业试验已显露曙光。当时的社会不是封闭的，而是充满了大量的知识交换，在这样的社会中，对科学和技术的兴趣已经较为流行，并成为经济增长的基础。

所有这些都早于工业化，并伴随着工业化进程。而且，正如现存的信函和到处流动的技术人员所表明的，对科学和技术的兴趣决不仅仅局限于英国。在 17 和 18 世纪，英国和欧洲的共同特点不仅 表现为一种精于算计的理性，而且表现为不断增长的对新奇事物理性探索的密度。不是付出就有回报。许多科学亚文化仍然是由在科学道路上感到疲惫的人、一知半解的人或者不幸的人塑造的。田野科学通常会转向执着的样本搜集活动。然而，科学门类是如此丰富，因此会产生比以前所知更多的科学亚文化，那么几乎可以肯定，一些科学的种子不会没有结果。[13]

自下而上的演化帮助欧洲人充分地把握了他们的机会。如若不然，煤炭和美洲仍然会沉睡不醒。正如麦迪森所观察的那样，欧洲根本性的变化在于"认识到了通过理性考察转换自然力量的能

---

〔12〕 经典的个性类型是由 A.G. 麦克唐纳（A. G. Macdonell）在《英国，他们的英国》（*England, Their England*, London: Macmillan, 1933）中虚构的威廉·罗兹（William Rhodes）和真实的《铁路人》作者埃里克·洛马克斯（Eric Lomax, *The Railway man*, London: Vintage, 1996）。

〔13〕 Eric L. Jones, "Subculture and Market," *Economic Development and Cultural Change* 32/4 (1984): p. 877.

力"。[14]正是像邮递服务、俱乐部、科学学会这样的机构共同加强了这个过程。西方之外的世界似乎很少建立起能够相提并论的、普遍流行的、较为科学的制度。只有日本是个例外。例如，18世纪时日本的普通农民可以阅读和撰写农业成就的作品。但是，关于中国的文献似乎没有类似的记载。中国古代官员在农书中记载了中国的农业成就，但他们毕竟是官员，所以他们的推荐是自上而下的，而非自下而上的。中国似乎没有建立起当时流行的科学制度。如果能够建立起科学制度，那么中国社会就可以拓宽、规范化和一般化它的知识基础，进而摆脱在19世纪遇到的严峻挑战。但是对此既不能谴责西方乘机入侵，也不能说西方的成功就是依靠侥幸或者偷窃。

三

我们应该勇于承认：要证明制度对于增长至关重要，那种认为欧洲在19世纪以前就已经出现了增长的流量观点并非必不可少。所有必需的是从存量角度进行讨论，即有用制度的早前积累，就如莫基尔所说的基础设施的积累一样，不管增长何时发生，这些都应提前准备。

在早期现代化时期欧洲建立的制度旨在满足各种各样的需求或者保护特定的利益，因此大部分制度在创设之初都既非正义，也不公平。由于可理解的原因，它们自那时起就已开始改变。这些制度的特殊性在于，它们可以朝着越来越积极的方向转变。它们能够被扩展，并且最终确实被扩展了，以便吸纳更广泛的社会圈层，例如工人和妇女。将覆盖面扩大到新的群体总会引发斗争，然而每个时

---

[14] Maddison, in Castles, *Facts and Fancies*, pp. 11ff.

代的社会都不是凭空产生的。制度也被输出到殖民地，并且——需要指出的是——这对于很多非西方国家非常重要。经济发展可能不仅归功于进口的技术，而且归功于适当的管理程序和治理形式。

管治、政策和制度质量都会影响到经济适应性、对冲击的承受力和增长动力。[15]如果制度条件不合适，那么先进的技术本身也不能保证经济增长；相比日常公务，技术只是更引人注意，并 119
且更能激发孩童般的想象力。正如艾伯特·福伊尔沃克（Albert Feuerwerker）在他对中国19世纪工业化的研究中所总结的，“一项制度突破抵得上12家在传统社会框架及其价值观体系下建立的纺织厂或者航运公司”[16]。更早的现代化文献中老生常谈的是，建立于奥斯曼帝国时期的普通工厂仍然能够至少经营18个月。

虽然注意到欧洲的制度并非为带来工业化而量身定制，但是王国斌（Bin Wong）* 承认，它们毕竟产生了作用：它们刺激了投资，而且欧洲的法律体系尤其适合处理复杂的合约。[17]不过，他指出，欧洲将这些制度强加于人，使非欧洲国家被迫满足这些制度的要求。其他国家不得不修订它们的制度，以与西方制度相适应。人们没有搞清楚的是，这为什么会引起仇恨，以致该领域在修史时出现了污点。有种看法认为，东亚经济已经成为相互关联的世界经济的一部分，如果这种论断是正确的，那么它们本不应该对与西方的一体化产生像新加入者那样的被迫感。[18]无论如何，问题远不止于此，自

---

〔15〕 Tony Killick, ed., *The Flexible Economy* (London: Routledge, 1995).

〔16〕 Albert Feuerwerker, *China's Early Industrialization: Sheng Hsuan-Huai (1844—1916) and Mandarin Enterprise* (New York: Atheneum, 1970), p. 242.

* 王国斌，美国加州大学伯克利分校历史学教授、亚洲研究所主任，复旦大学社会科学高等研究院特聘讲座教授。主要从事中国史学，特别是中国经济史方面的研究。——译者注

〔17〕 R. Bin Wong, in Patrick Manning et al., "American Historical Review Forum: Asia and Europe in the World Economy," *American Historical Review* 107/2 (2002): 419–480.

〔18〕 David Ludden, in Manning, "Forum," p. 480.

从晚清时期的制度现代化开始，中国有时的制度变革是出自国内的需要，例如用新的司法制度取代残酷和武断的审判。同样，日本明治政府改变其制度的目的在于尽可能转变国内经济，并使其与世界经济接轨，当然它也的确实现了这一目标。日本成功的工业化是早期非西方国家中一个伟大的例外。这是否意味着，其他亚洲国家早期工业化的不足在某种程度上是因为它们没有像日本那样强有力地完成制度现代化？基于平等或者不平等的条约，欧洲的干预为这些国家提供了获得技术转让和各种国际信息的机会，如果没有欧洲的技术和信息，它们随后的现代化就会受到阻碍。

加州学派拒绝承认欧洲制度有什么特殊功劳，就好像每一个地方的制度都有足够的弹性可以适应经济的任何需要一样。类似的快速调整可能发生，但相反的情形也可能出现，即原有制度会抗拒调整。王国斌断言，西方制度未必是更优越的，即便如此，这个论断也意味着，无论何地要实现经济增长，那么都必须已经具备了有效的制度，或者将出现有效的制度。事实上，中国似乎一直处于政府的控制之下，但在清代出现了国家管理的倒退。为了保护自己的财产，各个村庄不得不建立社团来看家护院。正当清政府摆脱对村庄治理的责任时，英国的村庄有了它们的治安官（constables）*，治安官后被规范化为正式的警察部队（constabulary）**。

在这个有争议的领域，对西方制度的赞扬有可能受到抵制，因

---

* 自 12 世纪起，英国越来越多的基层村镇丧失了社会独立性，沦为领主的私人庄园，郡主巡回治安法院为庄园治安法院所取代。庄园治安法院主要由领主的管家主持，除受理轻微刑事案件外，还负责选举任命庄园治安官。庄园治安官承担起了维护当地治安和向治安法院起诉的责任，史称为警官。直到 1750 年，治安官一直是英国社会治安的主体力量。——译者注

** 1829 年 9 月，英国内政大臣罗伯特·皮尔在大都市区（伦敦城除外）建立了世界上最早的警察机构和世界上第一支专业警察部队——大伦敦警察队。——译者注

为人们会认为那是一种把西方视为完美无瑕的潘格洛斯[*]式的做法，我对此并不关心。我对西方制度的看法类似于丘吉尔（Churchill）对民主的定义：民主是最糟糕的制度，但是还没有发现比它更好的制度。制度是多样的，因此人们可以就何时何地哪一种制度最为重要展开长期争论。在欧洲等级分配制度中处于上层的是民族国家，这些民族国家的政府逐渐开始在较低社会阶层中分散权力，在不同地区中分配权力，在选民主体中分享权力。美国更进一步，自诞生之初就规定了国家职能的分散化，这在地理上表现为各个州的权力，在主题上表现为不同权力的分离。

四

尽管存在对各种法律的滥用，法规本身对于维持西方的发展却是比较重要的。几个世纪以前，人们肯定会被流放，被鞭打，被拖曳^{**}；人们会受到类似于威廉·科贝特（William Cobbett）^{***}所遭受的长官的惩罚。然而，后来的汤普森（E. P. Thompson）在《辉格党与猎人》一书中感到有必要指出，虽然法律对穷人抱有偏见，但是没有人认为应该罔顾法律，因为独立的法律是一把双刃剑。[19]因此，18世纪晚期，在温彻斯特巡回审判法庭，有两位列兵能够采取行动

---

    * 潘格洛斯是伏尔泰小说《老实人》中的人物，他是一名乐观主义的哲学家，经常使憨第德陷入困难境地。——译者注

    ** 过去对水手的一种惩罚方式，把犯了错误的水手沿着船的龙骨拉一圈，因船底通常会寄生有各种各样的海洋生物及贝类，常常非常锋利，遭受这种惩罚的水手轻则遍体鳞伤，重则缺胳膊断腿。——译者注

    *** 威廉·科贝特（1762—1835），英国散文作家、记者，曾为英国政治制度的民主化而进行斗争，被马克思称为"大英国最保守和最激进的人——大英国最纯粹的体现者和英国最英勇的青年创始人"。——译者注

    〔19〕 E. P. Thompson, *Whigs and Hunters* (London: Penguin, 1977).

控告苏格兰灰骑兵的副官和号兵，因为副官和号兵在执行鞭刑时违
反了军事法庭判决的鞭打 300 次的规定，"意外地"鞭打了 325 次；
随后的审判结果是，每位列兵获得诉讼成本加 20 英镑的补偿。[20]
在 1830 年革命期间还有一个案例与温彻斯特相关，一个名为迪克
（Deacle）的人对非法逮捕其妻子提起诉讼。他抗议其妻在暴乱期间
实际上被挟持到温彻斯特，随后他就此向国会请求。[21]虽然迪克一
家比那两位列兵拥有更高的地位和更多的资源，但这两个案例都表
明了，正式的法律能够做到保护和惩罚兼顾。我是在浏览单个国家
的档案时发现这些案例的，但没有理由认为，其他地方就不存在类
似的案例。

就如在 19 世纪初期的英国一样，不要用过分善良的观点来揣度
法律的实施。很明显，一般而言它是极不公正的。拥有权力、金钱
和关系的人能够利用法律途径达到自己的目的，在某种程度上今天
依然如此。但是，如果一个社会拥有正式的、对抗的法律制度，而
另一个社会几乎不具有可比较的法律制度，那么在不对它们进行区
分的前提下就抱怨法律的滥用是不合理的。在一个正式法律制度中，
保护和指控总是有可能的。尽管法律惩罚存在野蛮性，且像《渔猎
法》这样的法律实施不公声名狼藉，但是事实上，在经历了最痛苦
的历史时期后，独立的法律制度一息尚存，从而为保护措施在此后
的完善提供了可能，而且保护措施确实得到了完善。尽管抱有阶级
偏见，律师对获取服务费的兴趣却会有助于实现法律制度的完善。

---

〔20〕 M.T.H. Child, *Farms, Fairs and Felonies: Life on the Hampshire-Wiltshire Border 1769—1830* (Andover: privately printed, 1967), p. 23.

〔21〕 A. M. Colson, *The Revolt of the Hampshire Agricultural Labourers and Its Causes, 1812—1831* (M.A. thesis, London University, n.d. [1936]),pp. 236ff. 无可否认的是，负责逮捕的那个人，出身于银行和地主家庭的巴林（Baring），进行了反指控，于是案件在相互反指控中逐渐不了了之。

在欧洲，独立的法律制度在不断演化，甚至使统治者也逐渐受到了约束。"谁能约束统治者呢？"马克·布洛克提出了这一著名问题。监管者由谁来监管？除了欧洲人以外，只有少数人敢于这样质问。其他地方的独裁者都不愿意支持这种僭越行为。一些学者已经发现了非西方国家的复杂法律制度，同时发现在那些国家顾及不到的遥远地方，商人会自行处理彼此之间的法律纠纷；但是，与英国和越来越多的其他欧洲国家相比，非西方国家法律的强制性、普适性、公正性和连续性都值得怀疑。麦卡洛克（McCulloch）在1844年写道："中国，乃至于所有具有相似构成的政府，其重大缺陷是渴望在所有方面对下级阶层实行有效的控制。"[22] 在一些国家，国家权力机关对法律的管理是"惩罚性的和不人道的"，时至今日，我们也很难说它是仁慈的。毕竟，在过去这些国家的法律因集体惩罚而败坏了形象，以连坐为代表的集体惩罚会波及无辜的家庭成员，甚至累及目击罪行的不走运的路人。

在欧洲，法律逐渐向广大民众敞开了胸怀。由中世纪的牧师所发展和编纂并由世俗的法律专业人士所培育的法律最终有了它自己的生命。严刑峻法让位于对证据的要求。欧洲大陆的统治者开始让他们的皇家法庭对竞争性的利益团体做出裁决。法律改革的最初动机与其说是为了保护农民，倒不如说是为了削弱在诉讼中可能执行判决的贵族竞争对手的实力，然而这毕竟是一种进步。

具有讽刺意味的是，支持法律制度独立的是那些通过可疑手段获得地产的家族。需要注意的是，已经转让或者出售财产的统治阶

〔22〕 J. R. McCulloch, *McCulloch's Universal Gazetteer* (New York: Harper &Bros., 1844—1845), 1: 629–630; 2: pp. 71, 970. 也参见 Eric L. Jones, "A Long-Term Appraisal of Country Risk," in Ross Garnaut and Yi ping Huang, *Growth without Miracles: Readings on the Chinese Economy in the Age of Reform* (Oxford: Oxford University Press, 2001), p. 79。

层只是没有那么方便地拿回他们的财产，但是仍有拿回其财产的可
124 能性，所以取得地产的家族渴望通过一定的手段保证其子孙后代的
利益。他们想要比国王的承诺更强有力的保证，他们对于合法性的
要求所产生的意外的结果是带来了对其他人的保护措施。最初的
"其他人"可能是生产者和企业家，而非没有政治关系的工薪劳动
者，但是毕竟已经有了开端。在英国有两个例子与此相关；第一个
例子涉及解散修道院所带来的土地所有权的转移，当时亨利八世为
了诱使购买者支付价钱而建立了财产权；第二个例子是，保皇党人
无奈之下出售了在英联邦的部分地产，英国皇室给予那些已经购买
了这些地产的人以保证。查理二世宁愿让他的支持者失望，也不愿
意再挑起一场动乱。

通过扩大社会的中间阶层，经济增长能够带来更多想要保护的
社会阶层。在工业化以前这个过程早已开始，但是工业化加速了这
个过程。此外，法律的发展部分程度上是自发的，体现在法律天才
遵循思辨逻辑所完成的天马行空的作品中。[23]一个具有适应性的框
架可以被扩大到覆盖所有社会阶层，远在欧洲以外的国家以后也可
以采用该框架。英国大律师约翰·莫蒂默（John Mortimer）指出：
"在那些已经接受了我们法律的国家，法律往往被证明是一种最耐用
125 的商品，当所有其他事物都已破灭时唯有法律保留了一线自由的曙
光。"[24]莫蒂默列举了南非、尼日利亚和新加坡的例子。因此，英
帝国留下的一个出人意料的结果是它在法律程序方面的遗产。简而
言之，英国法就像一种隐性植物。同样不应忽视的是，如同大多数
国际机构一样，大多数国际法也起源于欧洲或西方。

---

〔23〕 参见法学家奥托·卡恩－弗罗因德（Otto Kahn-Freund）的评论，引自 R. M. Hartwell,
The Industrial Revolution and Economic Growth (London: Methuen, 1971), p. 256。

〔24〕 John Mortimer, *Clinging to the Wreckage* (Harmondsworth, U.K.: Penguin, 1982), p.199.

我们可以简单地讨论下另一个重要的领域，即信息市场。在信息市场中，大众也最终从原本并非直接针对他们的变革中受益。如果不想让社会问题不见天日，那么允许公开讨论和公开批评是至关重要的。时至今日，虽然一些国家仍然不肯承认自由是无国界的，但是自由获取信息对于全面创新的确是必需的。无论这些国家在其政治化的系统中通过过去几十年迅猛的、基本模仿性的增长已经实现了什么，从长期来看，如果要实现全面创新，它们可能仍然需要放开对所有话题的争论。不管怎样，新加坡近来似乎越来越倾向于承认这一点。

书籍市场（Book Market）适合作为一个历史范例。有三种力量不利于拓宽印刷形式的信息消费：缺乏识字能力，审查制度和高价格。公民识字率的提高在极大程度上归功于新教徒，新教徒主张应解除阅读圣经的束缚。在这个意义上可以说，基督教文化对于欧洲的成就有着积极作用，至少对于文献的需求出现了。然而，是法律制度保证了阅读材料的供给。在英国的情况下，反对国家或教会控 126制媒体的斗争甚至在约翰·弥尔顿（John Milton）通过 1644 年出版的《论出版自由》一书强烈呼吁之前就已经开始了。审查制度不得不松绑，《许可证法案》于 1695 年被废止就是一个明证。甚至在 18 世纪末，大众识字率处于低潮的时期，一些工人都在阅读用方言写成的经典作品，并且出身于无产阶级的一些人很快就创办了大型出版社。工人阶级坚持自学和阅读的文化兴盛了几个世纪。这些都是出版史上众所周知的插曲，并且全部归功于早期的成就。在制造业生产率提高以前，知识的生产率早已快速增长了。

五

有记载的欧洲史或者西方史就不平等和社会排斥而论往往是目光短浅的。在全社会层面，欧洲借由社会竞争的能量使创新常态化，但是人们却极为消极地看待社会竞争。甚至比具体制度特点更重要的是潜在的多元主义，由于欧洲被认为处于一种可比较的框架下，所以人们极为容易接受这一观点。在欧洲，权力从来不会完全集中于社会的上层，也从来不会同时横跨整个大陆，只有拿破仑帝国和希特勒帝国曾经短暂地接近这样的结果。因此，实际上欧洲保留了大量经济中心和社会决策中心，由于它们之间的竞争和效仿，欧洲生活的标志性倾向是自我修正的。通过个别领域的变革必然可以推断一般情形，在这样的制度之下，就可以避开其他人曾经犯过的错误，就可以复制他们的解决模式。而且，在一个分权的社会网络中避开暴政或者检讨暴政的机会要比单一权威（unitary authority）体制下大得多。

那么是什么形成了多中心主义（polycentrism）？一个根源在于欧洲复杂的政治史，欧洲抗拒被唯我独尊的统治者占据整个大陆。另一个根源在于宗教史。西方的基督教分裂为罗马天主教和新教，然后新教又进一步分裂为越来越多的支派。[25] 认为基督教总体上对经济增长具有消极影响的观点忽视了两个方面：首先，多样化的教派打开了不同的状态路径，有助于形成各种竞争性观点、个性化探索和强烈的好奇心；其次，基督徒与生俱来的对于被罚下地狱的内在恐惧可能比像儒家游行示众的威胁这样的方式能够更好地抑制破

---

〔25〕 关于分权原因的更深入的讨论可以参见 Eric L. Jones, *The European Miracle*, 3rd ed. (Cambridge: Cambridge University Press, 2003), Chapter 6。

坏性的机会主义行为。

在处理这些问题方面，经济史中曾经有一个传统，这个传统马上就可以让人想到韦伯和陶尼（R. H. Tawney）的名字。但是，正如莫基尔所言，这些有点难以捉摸的问题目前已经从人们的视野中消失了。[26] 莫基尔强调了寻租行为减少和全欧洲采用市场思想的历史重要性，他的看法本质上还属于苏格兰启蒙运动（Scottish Enlightenment）的政治经济学。既然竞争会减少腐败的范围，那么市场作用的扩大和寻租行为的减少就是一个硬币的两面。在欧洲历史上，向政府官员行贿、为获得帮助送钱、裙带关系及其类似现象都是司空见惯的，显然，通过各种可能的方式限制这些行为能够带来效率。但是，只有欧洲市场和欧洲国家出现了这样的改革。其他地方与过去一样，其趋势仍然是腐败横行，可以称其为关系生意（Relationship Business）。

128

事实上，市场意识早在不管苏格兰还是别的可以被称为启蒙运动的事物出现之前就已形成了。以行业协会为例。在伊丽莎白女王时期，他们的保护主义势力已经开始受到法庭的抑制。[27] 1599 年与洗染者公司（the Dyers Company）*有关的一个试验宣布，行业协会在行使贸易特权时没收查封的商品是非法的。在 1614 年，一个行业协会在一个案件中败诉了，行业协会起诉的是一个从未当过学徒却成立了一家贸易公司的人。到了 1616 年，经过两个著名的案件后

---

〔26〕 Joel Mokyr, "The Enduring Riddle of the *European Miracle*: The Enlightenment and the Industrial Revolution" (Mimeo, Northwestern University, 2002).

〔27〕 Jones, *The European Miracle*, pp. 98–103.

* 中世纪留存下来的公司一般都发展成为行会组织。洗染者公司曾经是伦敦的染织行会机构，于 14 世纪获得皇家认证，其全称为"皇家洗染者公司（The Worshipful Company of Dyers）"，负责制定行业规章制度，监督整个行业的运营。但是，在宗教改革后，行业协会失去了它的势力，只能参与一些宗教事务和传统庆典。——译者注

行业协会失去了强迫非会员加入的权力。增长已经诱使人们摆脱对企业的限制，同时为希望把握机会的人提供了上升空间。这并不保证他们在克服障碍方面总能成功，但是大体上他们设法实现了成功。他们所做的一切标志着法律所捍卫的市场意识的早期萌芽。行业协会的案例也表明，简单放弃无效的制度几乎与创建新制度一样有用。在西方以外，废除行业协会要迟得多。[28]

129　六

有关观念认为，西方国家是"自由理性"的，因而特别有利于实现经济发展，但是约翰·霍布森（John Hobson）已经对此观念进行了致命性的攻击。[29]中央集权的法理型国家（Rational-legal States）、不讲人情的官僚机构和将个人利益从公共利益中分离出来应该有利于经济增长，但是霍布森否认了早期的欧洲拥有这样的优势。他指出，在18世纪，法国和普鲁士的国家办公室都曾经被出售给私人。人们原本还设想，自由理性的国家会实施自由贸易政策，但是霍布森使用大量欧洲保护主义的证据对此提出了质疑。由于政府远远不够强大，欧洲国家不得不依赖累进制收入所得税，政府福利是由税收收入提供支持的。此外，自由理性的国家本应是民主的，霍布森对此反驳说，民主是一个20世纪的概念，却被以欧洲为中心的史学家追溯到了中世纪。他几乎毫不费力地证明，在20世纪以前不存在无记名投票，并且普选权通常是在20世纪下半叶才实

---

〔28〕 Eric L. Jones, *Growth Recurring: Economic Change in World History* (Ann Arbor: University of Michigan Press, 2000), pp. 102-103. 然而，西方和东方的行业协会在功能上是不同的，在比较时要加以小心。

〔29〕 John Hobson, *The Eastern Origins of Western Civilisation* (Cambridge: Cambridge University Press, 2004).

现的。[30]

霍布森以极好的技巧将这些案例组织在一起。但是，即使承认
他已经证明了与现代发展有关的许多因素开始得以广泛采用的时间
确实较晚，我们也不能否认自由理性国家的多种属性是由西方较早
发明的，而这些属性的全面铺开或者推广则要等待更为适合的时机。
几乎不存在有关制度出现在别的地方的痕迹。

而且，在制度史与经济增长之间的关系有待澄清。现代经验表
明，最初出现的情况似乎与霍布森的思路是一致的，初始的增长可
能出现在自由民主国家以外，并且不依赖于自由民主国家的那些制
度。毕竟，斯大林统治的苏联虽然付出了可怕的人为代价，却强力
实现了工业化；东亚在发展速度方面逐渐远远高于世界平均值。这
些成就反映的是资源积累阶段的发展。真正的考验还没有发生，因
为目前仍有待证明，如果不持续地借用外部思想，威权国家的增长
能够得以维持，甚至一直持续下去。苏联经济的崩溃及其依然不明
朗的重建表明，持续增长并非一个可以预知的结论，如果没有制度
进步和多元发展，那么东亚的复苏也并不能持续。[31]

彼得·林德特（Peter Lindert）已经清晰地阐明了在实现增长与
维持增长之间的区别。[32] 截至目前，唯一经过长期持续检验的西方
经验表明，这是两个阶段：第一个阶段需要限制统治者的权力（仍

---

〔30〕 在西方更文明的地方，无记名投票是在 19 世纪引入的，并且很长时间内被称为"澳
大利亚式投票"。这是由宪章运动在澳大利亚所创造的六种需求中的第五种类型，澳大利亚所形
成的对普选的需求可能被视为源自英国的普选权早期萌芽状态。

〔31〕 Paul Krugman, "The Myth of Asian's Miracle," *Foreign Affairs* 73 (Nov-Dec 1994):
62–78; Eric, L. Jones, "China: A Cautionary Note from Development History," in Loren Brandt and
Tom Rawski, eds., *China's Economic Transition* (forthcoming); Moises Nain, in *Financial Times*, 15
Sep 2003.

〔32〕 Peter Lindert, "Voice and Growth: Was Churchill Right?" *Journal of Economic History*
63/2 (June 2003): 315–350.

如马克·布洛克所言）；第二个阶段需要大量投资于人力资本，尤其是对初等教育进行投资。林德特证明，直到 19 世纪初，安全的财产权利的建立和契约的实施才将制度与增长联系在一起。即便如此，在非西方世界也很少能够成功地复制这样的成就。例如，中国尽管在满足外国投资者方面已经取得了较大进步，但没有把握断言，中国早期工业化的超常规模能够确保它在未来避开政治风险；规模不是体制。至于增长的第二个阶段，林德特证明了，相对于民主国家的投资水平，精英统治国家会因为在人力资本投资均等化方面的不足而毁掉增长。

记录表明，西方的制度有助于避开内部暴乱，有助于促进、扩散和维持经济增长。而如果有人反驳说英国和由其衍生的美国在过去都曾经经历过痛苦的内战，那么同样由英国衍生出的三个其他国家——加拿大、澳大利亚和新西兰——则在没有任何暴力冲突的情况下实现了政治现代化和经济增长。这不是说物质生产率不能通过积累的资源和高素质的工人在短期内得以提高，而是说与更加平等的社会相比，不公正行为横行的社会不可能释放出那么多的人才，产生那么多的创新，或者那么容易地从危机中复苏。

西方的制度不讲人情，且注重权力分散化；它的体制框架会坚守承诺，惠及新的社会群体和新的社会；最后但并非最不重要的是，它显示出了巨大的自我修复的能量。在西方以外，仍然没有能够完全复制这些特性。截至目前，它是如此美好——不过，对西方制度的反应可能确实在两个方面的发展仍然令人不知所措，一是以前由道德准则和宗教法典提供的对机会主义的约束减弱，二是"非自由民主制（illiberal democracy）"以大众选举为名通过官僚规定和鼓吹团体取代了专业决断。[33] 最近的研究已经对这两种趋势表示痛惜，它们的结合是出人意料的，也是令人担忧的。资源被大规模地转移到要人遵从和监控他人方面，稀缺的人才也被安排成为听话的官僚。正如罗伯特·埃里克森（Robert Ellickson）所说："对培养非正式合作的社会条件不闻不问的立法者可能创造出一个有更多法律和较少秩序的世界。"[34] 塔西佗*（Tacitus）在更早之前说过："法律越多，政府越腐败。"

---

〔33〕 关于非自由民主，参见 Fareed Zakaria, *The Future of Freedom: Illiberal Democracy at Home and Abroad* (New York: W. W. Norton, 2003)。

〔34〕 Robert C. Ellickson, *Order without Law* (Cambridge, Mass: Harvard University Press, 1991), p.286.

* 普布利乌斯·科尔奈利乌斯·塔西陀，罗马帝国执政官、雄辩家、元老院元老，也是著名的历史学家与文体家，他最主要的著作有《历史》和《编年史》等。——译者注

第二部分

文化评论

第六章　移民的文化

　　检验文化顽固到何种程度或者混杂到何种程度的一个办法就是了解移民社会如何发展。问题在于，什么改变了？移民从英国和欧洲到美洲殖民地以及美国的"伟大试验"是特别有启迪意义的。涌入的殖民者人数众多，并且持续了几个世纪。乍一看，这个过程似乎就是一古脑儿把英国社会挪过来。然而，不管英国殖民者出发时携带了多少"无形的行李"，它们真的能够在旅程中幸存下来吗？英国风格是否会以某种原始的形式甚或理想的形式坚持下来？还是在日常生活中因新机会和新挑战的出现而被替换？一些人试图在蛮荒中创造一个神话的社会，这表明改变是人们有意为之的。那么美洲有多少东西源自由欧洲大陆带来的惯例？也可以对澳大利亚这类的新型社会的发展提出相似的问题。在这类新型社会中，有一种是宪 136 章运动者曾经批准的，也有一些移民希望能够重新开创一种不同类型的社会。

一

　　当制度以及文化被移植时，问题就复杂化了。某些类型的制度可以自由跨越大西洋；但是，其他类型的制度要么根本不可能跨越，要么仅到达几个殖民地，所以可能在到达之后很快消失。在新世界的边疆环境中，一些英式制度似乎是不必要的或者不是人们想要的。虽然偶尔有些例外，并且后来恢复了一些制度，但是除了零星存在以外，手工业协会、反奢侈法（Sumptuary Legislation）、公田制农业（Common-field Agriculture）却永远也没有在美洲殖民地得以建立。对此的标准解释是，美洲殖民地相对英国有更弱的等级意识，劳动力相对于工作机会而言是稀缺的，并且土地是丰裕的（几乎如此，但在不同殖民地也不完全相同）。

　　美国历史的国家主义偏见决定了在以上所提到的较为古老的制度中只有少数能够得以在教科书中大书特书。同样被忽略的还有封建领地制。在纽约北部建立的荷兰大庄园主制度（Dutch patroonships）一直完整地维持到了 20 世纪 20 年代，其与人们更为熟悉的那种财产权利制度的斗争是惊心动魄的（或者不知何故被令人吃惊地抹去了），类似于西部电影中的情形。[1]美国经济史集中分析那些至今尚存的或者像奴隶制一样带来巨大创伤的事物，因而在此意义上是现世主义的（Presentist）而非以史为本的。即使认识到了那些古老的元素，它们也是可有可无的，就仿佛不会说话的古物，无法告诉我们关于社会演化的任何东西。排斥特殊的旧世界形式似乎很少是有意识的，而是源自一个自我实现的趋势，人们希望山姆

---

　　〔1〕　Henry Christman, *Tin Horns and Calico: An Episode in the Emergence of American Democracy* (New York: Collier Books, 1961).

大叔[*]（Uncle Sam）比他看上去更有独创性。

　　现在从制度转向更广泛的文化问题，戴维·哈克特·费希尔（David Hackett Fischer）在其意义非凡的《阿尔比恩的种子》一书中使用术语"民风（Folkway）"作为价值观、习俗和意义的规范表达。他列举了24种构成文化的民风，其中包括社会行为、政治行为、家庭行为和性行为；然后，他开始追溯四种美国地方文化或者民风的不列颠起源。[2] 不列颠群岛的各个地区在生态环境和地方社会方面都是不同的。它们总是处于一种缓慢的社会发展与技术发展的状态之中，随着时间而改变，但是变化的速度是不同的。[3] 因此，就供给层面而言，没有一种不列颠文化能够被永远地传承和完整地记录下去：本国的生活方式在不断演化，从而使连续几代人的习惯也在不断改变，最终后代人的习惯会变得与其祖先不同。操不同地区方言的人相互之间也几乎是不可理解的。英国村庄刻板不变的方面犹如一家剧院静止的幕布，因而不应该让它转移人们对舞台上活动的注意力。

　　考虑到它们在起源方面的差异，美国不同地区的社会彼此存在分歧也就不足为怪了，至少最初是这样的。殖民地的扩散在跨越阿巴拉契亚山脉以后削弱了地区之间的联系，几乎开始出现巴尔干化的苗头。像"富兰克林"这样半孤立的地区接近于脱离的边缘，不过道路和运河的改善设法使它们与东海岸联系在一起。随后的人口

138

---

　　* 山姆大叔是美国的绰号和拟人化形象，一般被描绘成穿着马甲礼服，头戴星条旗纹样的高礼帽，身材高瘦，留着山羊胡，帅气，精神矍铄的老人形象。——译者注

　　[2] David Hackett Fischer, *Albion's Seed: Four British Folkways in America* (New York: Oxford University Press, 1989). 我在此处或者偶尔在别处已经使用了术语"起源（Origin）"，不过，法国经济史界的老前辈马克·布洛克指出，这个术语可能混淆了开始（Beginning）和原因（Cause）。如果有必要进行区分，文中会明确它的意思。

　　[3] 可以参见 Ronald Hutton, *The Stations of the Sun: A History of Ritual in Britain* (Oxford: Oxford University Press, 1996)。

迁移把这些元素混合成为一种民族风格，与英国相比，这种民族风格更为直截了当，更为积极向上，更具有创业精神。要把大量自然资源完完全全地转化为机会必然仰仗更自由的创业精神。然而，尽管更为远大的抱负和期望可以很快将典型的美国人与欧洲人区分开来，持续存在的，甚至被美国经验夸大了的巨大差异却折射出北方和南方之间几乎不可妥协的态度。就需求层面而言，与英国或欧洲地区相比，美洲殖民地内部在生态方面存在更大的差异。

就《阿尔比恩的种子》封皮上所使用的术语而言，美国的地域文化仍主导着人们对政治、教育、管治、性别和暴力的态度。美国各地之间的差异比一些欧洲国家之间的差异更大，不过大多数美国人讲英语的情况有助于掩盖这个事实。尽管目前超过 80% 的美国人根本没有英国血统，费希尔却支持那些从殖民地时代完全保留到今天的地域文化。地域文化得以维持的过程是多层次的：许多非英国裔的族群保留了一部分他们自身的民族认同，然而，同时逐渐认同自己为美国人，而且融入早在殖民地时期就已建立的美国地域文化之中。

要把民风中继承的部分和演化的部分分离开来是比较棘手的。费希尔引用巴林顿·穆尔（Barrington Moore）的话来说明，对于史学家和社会科学家而言，通常默认的选择是连续性，他们认为不必对此进行解释，但是变化是必须得到解释的。许多事件，从婴儿的出生到政治革命，都不断挑战着连续性。这些事件或冲击从多个方面改变了社会作用传播的途径，影响了整个行为网络，影响了精英控制模式，影响了最终的控制工具——暴力的使用。我们可以推断，美国各地已经随着时间流逝发生了变化，但同时它们仍然以差不多永久性的方式保持彼此的不同。因此，它们的适应性与潜在的连续性并存。根据费希尔的观点，最有希望的解释是制度性的：每种地域文化都形成了独特的制度和法律，这样就使其保持稳定，并有助于代际传递。复杂的相互作用总是发生在非正式文化与建构性的制度之间。宣称我们完全理解了这个问题仍然为时过早。毕竟，适当的信息分类是难以阐明的，并且相互作用的影响是难以衡量的。

最后，费希尔区分了关于美国地域文化的三种潜在概念，并再次推测，主要渠道是地域性的具体制度。第一个概念是"细菌理论（Germ Theory）"，正如中西部历史学家所说，欧洲文化借此被上锁、储存、装箱，并运到美洲。这是一个固定性假设，并反复得到盎格鲁-撒克逊裔学者的支持，因为它歌颂了这类学者的社会起源。继之的是由弗雷德里克·杰克逊·特纳（Frederick Jackson Turner）提出的"边疆假设（Frontier Thesis）"，这种理论注重用西部边疆的新条件来解释美国的自由制度；这对于生活在靠近边疆的大陆内部的学者是更加有吸引力的。后来，特纳假设被一个多元化的移民模型取代了，这个模型据说吸引了既非英国裔也非边疆血统的学者。也许，像这样的文化理论的"种族"印记意味着在一系列时期研究生民族起源的变化；至于这些印记是否有实际意义则是另一回事。费希尔本人偏爱于细菌理论，强调英国起源对美国的重要性。他考虑了宗教派别、社会等级、方言、建筑风格、贯穿于每天的生活方式，以及政治力量、秩序和自由的观念。所有这些都体现在他的书中，他认为四批主要的移民潮之间存在系统性的差异，而这些移民都来自不同于英国的地区。在本质上，这属于修正的固定性假设。

二

在美国不同地区的社会组织中奠基者效应（Founder Effects）是明显的。即使不经过特殊处理，先来者的属性也会比来自英国其他地区的占有优势，从而扩散到他们所创建的地方社会中。奠基者效应阻碍了后来者在其英国故乡所熟悉的那种习惯的出现，迫使后来者模仿先来者已经建立的习惯。奠基者效应的意义在于，它可能有利于落伍者的生存，或者产生了经济学中的所谓多重均衡；不存在能够确保单一的整套文化习俗处于支配地位的全美竞争性市场。移民和后来的西进运动（Westward Movement）确立了稳定的乡村社会链。只有在居住密度不断增大、通讯得以改善、政治统一得以实现的条件下，不同地区之间才会形成更大的竞争。随着竞争的加大，某些形式的行为会成为典型的美国行为，而另一些形式的行为则仍与特定地域相联系。总的来看，出现了令人困惑的持久性与混合性并存的状态。

而且，欧洲大陆的影响早在 17 世纪就出现了，目前提供了别的不太主流的作用模型。非洲奴隶也有较多的影响，其影响超出了曾经被承认的范围，特别体现在烹调和音乐领域。美洲原住民也施加了一些影响，不过，在所有欧洲海外殖民者的官方意识形态里，美洲原住民的影响被长期贬低了，直到 20 世纪末历史学家才纠正这一问题，甚至达到了过度补偿的程度。总之，建议在殖民国家的历史和地域史之间做一比较。在这两种情况下，非正式惯例都可能没有得到记载。宗教史通常表现为教会的正史，因此也忽视了民间惯例和非官方的观察。差不多类似的是，前殖民地的历史强调有利于新国家建设的方面。它们习惯于描述社会发展的主要趋势，排除少数派的贡献，这就好像少数派都不正常一样。

三

把美国想象为一个全新的社会可能是奇怪的。制度移植

（Institutional Transfer）领域的主要学者乔纳森·休斯（Jonathan Hughes）则坚定地支持相反的立场。[4]他援引美国法官的观察来证实，美国的法律是完完全全的英式普通法。首席大法官莫里森·韦特（Morrison Waite）宣布："当美国的殖民地从大不列颠分离出来的时候，它们改变了形式，但是其政府的实质没有改变。"首席大法官马歇尔（Marshall）补充说："在美国革命*之后，所有的契约和权利，以及对于财产的尊重，都仍然不变，这些极为清楚，所以不需要论据的支持。"类似于英国查理二世复辟或者把奥兰治的威廉（William of Orange）送上王位的光荣革命**，美国革命显然是保守性的。长期以来，都是微风抚弄着国家的法律基础，而无狂风卷走它们。

本土主义者认为，美国社会和文化是借由西进运动才刚刚完成的，弗雷德里克·杰克逊·特纳的边疆假设最适于解读本土主义者的观点。他们宣称，远离东海岸的生活紧迫感及其英国遗风就可以擦去欧洲铜绿，直到留下光亮的新美国社会。我们已经明白，一些进口的制度并不会持续这么久。边疆假设注重新颖性，但是忽视了英国起源或者欧洲起源的人不可避免背负的无形的行李，部分行李已经在旅途中滑落，但是大多数仍然存在。边疆并不是在虚无缥缈的海洋中一个被放弃的群岛。它的居民仍然保持着与东部的联系，

---

〔4〕 Jonathan Hughes, "A World Elsewhere: The Importance of Starting English" (mimeo, Northwestern University, 1985).

* 美国革命是指 18 世纪下半叶导致北美 13 个州的殖民地脱离英国并创建美国的一系列事件和思想。独立战争是美国革命的一个组成部分。——译者注

** 光荣革命发生于 1688—1689 年，是英国内部的一场政变，起因于英国国王詹姆斯二世与英国国会的权力之争和基督教新教与旧教之争。由于革命在英格兰没有造成流血，史称"光荣革命"。革命的结果是詹姆斯二世被罢黜，英国国会的辉格党和托利党迎立他的女婿荷兰执政奥兰治亲王威廉入主英国国王宝座。在议会重掌大权后，议会决定由威廉和詹姆斯二世的女儿玛丽共同统治英国，称他们为威廉三世和玛丽二世。光荣革命后，苏格兰与爱尔兰联军同英格兰军队发生了激烈的战争，并开启了 1689—1815 年英法第二次百年战争。——译者注

并借助东部与欧洲联系，因为在商店购买的商品由那里供给，而出口的农产品则销往那个方向。他们谴责东部各州的老于世故，同时私下里仍对其表示钦佩。我们在《汤姆·索亚历险记》和《哈克贝利·费恩历险记》中可以感受到他们的反势利行为（Inverted Snobberies）。边疆需要新的努力，创造新的方法或者对旧惯例重新混合，这正如它创造了有气无力的新口音一样。但是，它从来没有被完全切断，也从来不太能够消除残留的比较老套的方式，因为这些老套的方式通过联系的链条得以不断强化。

沃尔特·普雷斯科特·韦布（Walter Prescott Webb）的标题就是特纳命题。[5]可能没有人会比韦布对边疆殖民地的规模有更深的印象，但是韦布将边疆看成生产性的，不全是非欧洲的社会，而是处于欧洲与美洲之间的一个纽带，因为边疆供给了欧洲市场想要的食物和原材料。其言外之意仍然是，追求新事物的力量受到了持续不断的市场交易的抑制。

144 　　与特纳命题相反的也可能是哈茨命题（Hartz Thesis）。[6]这个命题的优点在于将全世界几个英国过去的殖民地的经验都纳入了一个单一的框架中，虽然如此，它却是一种极端的固定性理论。路易斯·哈茨（Louis Hartz）一开始就解释，为什么虽然有共同的起源和基本相同的色彩，殖民地之间在社会和政治方面却有不同。一个笼统的总结是：每个殖民地都是欧洲的一个"片段"，在它自己独特的形成期就被有效地密封起来。每个地区能够实行的也就是那个时期以前进口的指导思想。随后的本国哲学就是一本无法理解的天书。当然，许多指导思想取决于一致同意的形成期的日期：在美国的情

---

〔5〕　Walter Prescott Webb, *The Great Frontier* (Boston, Mass: Houghton Mifflin, 1952).

〔6〕　Louis Hartz, ed., *The Founding of New Societies* (New York: Harcourt, Brace & World, 1964).

况下，被再造的英国*大概是约翰·洛克（John Locke）的思想。更多的指导思想仍然倾向于认为，殖民地时期的管治体系和生活方式随后以某种实质性的但是稍微令人困惑的方式扼杀了殖民地自身吸收以后的英国思想的能力。然而，即使最有说服力的哈茨命题也几乎无法断言，在每个地区的形成期以后，信息流动是受到阻碍的。

为英国所赐予的持久性的遗产所强烈震撼的另一位作者是克劳迪奥·贝利斯（Claudio Veliz），他将历史上英国统治殖民地的时期称为"英国时刻"。[7] 他认为，英格兰文化比他所描述的（大概是对20世纪70年代那时工业困境的过度反应）英格兰的衰落更为持久。对于全世界的许多人，无论家乡在何处，只要能够影响英语文体，消费与英格兰有关的商品，进行英格兰式体育运动，贝利斯一律把他们称为盎格鲁分子**（Anglomorphs）。按他说的，很难把苏格兰威士忌和高尔夫视为英格兰的！但是，问题可能在于，英格兰也好，不列颠也罢，虽然魅力持久，却都是以一种居高临下的姿态在推销它们的文化。而人们指控美国的原因之一就在于美国在文化市场所发挥的是商人的作用，而非终极创造者的作用。所以，贝利斯没有切中肯綮。事实上，所有文化都是融合性的，一些文化可能比其他文化在混合与发展外来元素与本土元素方面更加开放或者更有活力。

奇怪的是，大多数论述很少提及美国与英国之间相似性的主要

145

---

　　* 美国建国后建立了一套新的规章制度，其中的政治制度有来自英国的影响，尤其是约翰·洛克提出的立法权、行政权、联盟权三权分立对于美国政权的建构意义较大。约翰·洛克的思想影响了后来法国伟大的启蒙思想家孟德斯鸠。这里"再造的英国"指的刚成立时的美国。——译者注

　　〔7〕 Claudio Veliz, "A World Made in England", *Quadrant*, Mar 1983, pp.8-19.

　　** Anglomorphs 是一个在字典里找不到的词，由"Anglo"与"morph"合成而来，但是对于"morph"究竟是来自"morpheme（语素）"还是"morphology（词法）"存在着争论。有一种观点认为，"Anglomorphs"不仅指的是一些远离欧洲大陆的列岛上的约定俗成的人，也包括有些强大的"属国"及其他遥远的殖民地后代。显然，贝利斯的定义更宽泛。——译者注

原因。原因在于，这两个国家仍然面临一些共同的问题。在大西洋两岸，城市化和工业化急剧地改变了以前的乡村社会。在工业化时期，这两个国家的人们都建议从雇主角度考虑，对劳工法进行修订。[8]在前工业化时期雇主也已经有意敦促法律为他们自己的利益做出改变，不过其出发点是较好的。既然一个国家本来是从另一个国家解体而来的，那么这两个国家起初必然是相似的。有鉴于此，再考虑到它们具有共通的语言和习惯法传统，它们以近乎相同的方式在经济结构方面出现类似的转变也就不足为奇了。

四

从忍耐性和新奇性来看，文化有着复杂的分类；文化对于新挑
146 战和新机会的适应性既可能比较快，也可能比较慢。饮食通常被作为深层次文化偏好的一个指标："人吃什么，就会成为什么。"另一方面，看看清教徒农民，他们几乎是马上就吃起了玉米。由于他们的英格兰小粒谷物起初长势不好，他们很快就像美洲原住民一样种植玉米，并以此为食。无论其文化偏好是什么，清教徒都必然偏好活命而不是饿死。有时候，也会采用来自欧洲大陆的荷兰人、德国人、法国人和西班牙人的新奇事物。在密西西比河谷，有法国法律的印记；在加利福尼亚，仍然可以通过边界树和记号树识别西班牙式的财产权利。

似乎没有理论可以解释这些仿效其他殖民者习俗的模式。考虑到这些事物缺乏令人信服的记录，我们可能永远也无法准确地概括，

---

〔8〕 Peter Karsten, "'Bottomed on Justice': A Reappraisal of Critical Legal Studies Scholarship Concerning Breaches of Labor Contracts by Quitting or Firing in Britain and the U. S., 1630-1889," *American Journal of Legal History* 34 (1990): 213-261.

像这样的人类特征能否保持长久，能够混合到什么程度。一些观点确实是从进化论角度思考的，假定只要优越于替代选择，那么这些人类特征就可以得以保持；从中反映出的是进化论中物竞天择的主张。人们有时确实会坐下来商讨是否改变其制度或者耕作方法，但是像那样正式的选择是罕见的，或者极少记录的。但是，如果有时在政治、法律和耕田组织领域的制度是出于平衡的考虑确定的，那么无论许多鼓吹者如何刻意宣传，基本价值观都不是从一个清单中有意选择的。习惯成自然。简而言之，在一个"任何事情都可能发生"的氛围中，选择很少是有意为之的。个人在行事方式和社会价值观方面的形成都仍然靠的是无意识的教养和潜移默化的影响。

乍看起来，可以合理地假定，即使是盲目模仿，人们也会选择那些在新环境中预期最有用的东西。可是，总体上的选择环境却很 147少那么严酷。竞争压力具有令人吃惊的回旋余地。弱选择环境可以解释为什么英国的区域特征会持续那么久，不仅一般化的英国特色令人失望——欧洲大陆的观察者事实上也对非常英国的美国生活方式存留下来感到失望。处理景观的少数专业化方法可能是从美洲原住民那里学来的，但是原住民的部落习俗并没有明显的优势值得拥有，因而遭到了鄙弃。大多数英国地区的乡村生活方式几乎未加改造地被挪用到美国。当然，这样的表述并不是说，已经发生的情况毫无意义。如果像转向玉米一样有利，那么本来可能也无疑会出现比之多得多的适应性案例。

应该承认，会有人反对在社会科学中使用进化论进行解释。许多支持使用进化论的呼吁结果只是想想罢了，毕竟，难以在选择单位方面达成一致意见是一个不容忽视的问题。杰克·奈特（Jack Knight）避开自然选择论或者功能主义是出于另一个原因。他说，不能保证自然选择的结果是有分配效率的。[9]他设想制度与传统（可以将其理解为习俗或者文化）都是权力斗争的结果。按照他的看法，制度与传统持续的发展都不过是建立在利益分配之上的斗争的副产品。所有的冲突和政治都是围绕分配展开的，并且利己主义动机未必是社会有效的。最好的人既不会做出绝对可靠的选择，也并不必然会成为赢家；最强大的人会成为赢家。

因此，这种相对严密的反对意见通过最强大的行动者的利己主义选择代替了选择过程。但是，这种观点不能完全使"逆向选择"的概念失效，因为在进化论中并不要求在所有方面的结果都是有效的。行动者可以犯错误。当一种进化机制得以发挥作用时，也不能预期它一定会带来社会最优的结果。然而，奈特给出了一个有趣的观点。他指出，如果一再将已经减少的事物定义为无效的，那么选择环境似乎很少可以足够严格地减少明显无效的活动。

五

美国文化在很长时间内带有英国特征的残留，而美国习俗保留英国措辞的时间甚至更长。取代英国习惯和措辞的过程是缓慢的，且不完全是单向的，这非常像弱选择环境。但是，最终必然要实现取代。

今天，尽管有来自比较陌生地区的大量移民，有种看法却认为，美国只有少数的州在转变。[10]关于美国大熔炉（The Melting Pot）的

---

〔9〕 参见 Jack Knight, *Institutions and Social Conflict* (Cambridge : Cambridge University Press, 1992)，特别是第 89 页脚注 3。

〔10〕 克里斯托弗·考德威尔（Christopher Caldwell）在 2003 年 9 月 20 日的《金融时报》（*Financial Times*）上总结了密歇根大学人口研究中心威廉·弗雷（William Frey）的工作。

话题到此为止。在20世纪90年代，加利福尼亚、纽约、德克萨斯与佛罗里达有三分之二的人口是西班牙裔和亚裔，其他美国人则向位于"新阳光地带"的各州迁徙。既然黑人和历史悠久的移民也都在迁移，那么这次的迁移并不等同于20世纪50年代由城市迁徙到郊区的"白人大迁移"。所有新阳光地带的人，"都在寻求防止全球现代性的影响，正如防止法国卡门贝尔干酪制造商和英国猎狐者的影响一样。不同之处在于，他们使用的是退出的方式而非抗议的方式；欧洲人在抗议，美国人只是离开了。虽然如此，这就是我们起初来到这里的原因。"克里斯托弗·考德威尔说。[11]

对美国迁徙史的这种解释可能是有吸引力的，却是误导性的。美国大熔炉已经完成了创造丰富的新奇文化的工作。当然，这个过程从来都不是一帆风顺的。在早期美国史中有大量移民骚乱事件——19世纪50年代发生的信奉罗马天主教的爱尔兰移民（Irish migration）骚乱，19世纪较之晚一些时候发生的同样倾向于天主教的南欧移民和东欧移民骚乱，20世纪发生的亚洲移民骚乱——但是，这些争斗大都成为过眼烟云。经过几代轮回，即便没有完全融入美国主流社会*（WASPs），粗鲁的移民也会变成大体尚可的美国佬（Yankees）。传统上认为，每一拨移民都在融入美国的过程中丰富了美国的文化。事实的确如此。

在21世纪之初，美国的恐慌在于，大量讲西班牙语的西班牙裔移民涌入该国有可能将其一分为二。[12]据说，西班牙裔保持着他们

---

〔11〕 Ibid.

* WASP，即 White-Anglo-Saxon Protestant 的简称，意为信奉新教徒的盎格－鲁撒克逊裔美国人，也泛指信奉新教的欧裔美国人。但是，今天WASP词义更加宽泛，代指美国主流社会。——译者注

〔12〕 Samuel Huntington, "The Hispanic Challenge," *Foreign Policy* Mar-Apr 2004 (Internet version).

的隔离状态，避免使用英语，拒绝吸纳新教和个人主义价值观，而
150　这两者却是支撑美国生活方式的"核心"。平心而论，对于双方而言
都存在调整成本，但是兼顾双方的利益是有必要的。在较短的时间
范围内会出现排外情绪，但是既有的先例表明，年轻的西班牙裔最
终会将其拉丁身份融入更大的美国身份中，正如此前几拨移民所做
的那样。他们能够欣然接受这两种文化并存的状态。令人欣慰的是，
《经济学人》杂志报道，他们已经在这样做了。[13] 在他们中间只有
10% 的人仍然依赖于西班牙语。

六

　　最著名的文化持久性理论倾向于否认在美国和其他地方存在的
大熔炉的有效性。托马斯·索维尔（Thomas Sowell）认为，输入的
文化差异可以维持好几代。[14] 他的《种族的经济学与政治学》早在
1983 年就提出了这个问题，彼时公众和学术界都习惯性地持有文化
相对主义的观点。索维尔的方法是，首先假定所有移民面临相似的
条件，然后在一系列移民国家比较单个民族的表现。他的结论是确
定的，但是在政治上是不正确的："无论在各自的祖国——气候差异
151　和地理差异会增加比较的难度——还是在气候条件、地理条件、法
律条件和政治条件都相同的其他国家，种族和民族在他们的经济绩

---

　　〔13〕 *Economist,* 6 Mar 2004. 假定的处于旷日持久隔离状态的反例以美国黑人为代表，但是
这一反例是基于高度选择性的例子，并忽视了当跨出国门时这一群体成员的经历。尽管黑人在
美国面临种族问题，来自非洲国家的美国黑人却通常认为，他们的身份终究是美国人，而且土
著非洲人也是这样看待他们的。

　　〔14〕 Thomas Sowell, *The Economics and Politics of Race: An International Perspective* (New
York: William Morrow, 1983).

效方面存在巨大的差异。"〔15〕

索维尔援引在澳大利亚、美国和巴西的德国人作为一个例子。在澳大利亚，他们对家庭农场、科学和技术都做出了贡献；他们不是仅仅受到主体文化的影响。（但是现在难以找到一个让人强烈地感受到德国人影响的地方。）在 20 世纪初的巴西南部诸州，几乎一半的产业都由德裔所拥有，相比之下只有五分之一的产业是由最初的葡萄牙殖民者后代拥有。（然而，毫无疑问的是，德国人到达巴西时携带了比早期葡萄牙殖民者更多的资本，并掌握了更好的技术。）至于爱尔兰后裔，索维尔指出，他们在 20 世纪初的美国很少经商，并推断这反映了爱尔兰本身的发展模式；他说，他们在政治领域的代表众多，包括一些狡诈的政客，在美国劳联的110 名主席中占了 50 位。〔16〕索维尔把这归结为爱尔兰人的性格，即暖心、风趣和雄辩。

政治比经商有更低的进入门槛，因此贫困的移民有望在这个领域出人头地，进而使用政治系统提供相互支持。群体凝聚力可能提供不了太多在移民国家的外部地位，但是它确实可以为应对不幸提供保障，并有助于弥补缺乏地域优势的不足。因此，存在某种程度的文化持久性就在意料之中了。然而，从统计层面看，即便在这样的成见背后存在人口差异，那么它通常也会被时间冲刷干净——这就解释了为何在文化研究中运用历史方法是极其适合的。即使我们同意索维尔关于美国的爱尔兰裔的观察在某些方面描述的是事实，但如果将其放到澳大利亚来看，也会发现索维尔的描述是缺乏一般性的。在那里，你看不出来爱尔兰人已经将雄辩的口才从故乡带了

152

---

〔15〕 Ibid., p.135.
〔16〕 Ibid., p.71.

过去；他们已经习惯了像其他澳大利亚人一样相对口齿不清。

这个论点是值得阐释的。在澳大利亚出生的第一代人，那时的小伙子和小姑娘们，都比他们被流放的父母亲 * 有更好的身材和更长的四肢。他们都是很棒的多面手。一位赞赏他们的游客说："他们能做除谈话以外的任何事。"[17]那么，问题不在于各种文化在某种意义上确实不存在（例如，可以看到从澳大利亚一端到另一端快速形成了相似的口音和社交礼仪），而在于它们是易变的。某些特征，比如上面提到的讲话相对不太流利可能持续下去，但是大多数特征会混合为共同的习惯。移民，无论是谁，都不太可能保留他们在其母国的所谓独特行为。尽管索维尔所强调的持久性可能确实存在，他却犯了文化研究的通病，即在标准中精挑细拣。

很少人会站出来支持索维尔。大多数同一时期的杰出学者持有与发展经济学家彼得·鲍尔相似的立场。鲍尔主张，犹太人和非国教徒在欧洲历史上，中国移民在东南亚历史上，印度商人和黎凡特商人在东非与西非的历史上都曾经起到促进作用。[18]他们团结一致，互相贸易，彼此通婚，并实现了至少几代人的集体成功。任何经济史家都可以补充类似这样的例子。宗教背景通常构成了最紧密的纽带，阿米什人、犹太人、胡格诺派教徒（Huguenots）、贵格会教徒（Quakers）、俄罗斯旧礼仪派教徒（Old Believers）、锡克教徒（Sikhs）都是如此，他们不仅在漂泊到新的、可能不友好的土地上时将自己与外界隔离开来，就是在本国也把自己隔离为一个文化群体。阿米什人几乎成为一个讽刺性的案例，因为大熔炉至今没有将

153

---

* 原文是"convict parents"。结合澳洲历史看，英国在开发澳洲的早期曾经把大量犯人流放到澳洲，所以时至今日，仍有很多澳大利亚人发现，其祖先有一方或双方是曾经被流放的罪犯。——译者注

〔17〕 Kylie Tennant, *Australia: Her Story* (London: Pan Books, 1964), p.42.

〔18〕 Peter Bauer, *From Subsistence to Exchange* (Princeton: Princeton University Press, 2000).

其熔化。即便如此，阿米什人也不是在所有方面都与哪怕是上一代人完全一样。强调凝聚力好处的逻辑也不得不适应这个尴尬的事实。虽然这样的群体可能持续几代，但是他们绝不会持续到永远，也不能保证每个个体一直不离开其所在的群体。如果凝聚力的好处是那样确定，为什么人们会放弃它？

索维尔和鲍尔是大约在本世纪之交时寻求复兴经济学的文化解释的先驱者。因此，有必要做出努力修正他们在历史长河中的适当位置。不可否认的是，常见的观察结果对支持他们关于移民社区的概念十分有利，也就是说，移民社区通过与主流社会和其他移民社区隔离开来保持他们的身份。几个世纪以来，政府往往都能够确保外国商人居住在他们自己的城市居民区中，就此而言"犹太人居住区（Ghetto）"并不总是一个平等的概念。在一些外国人的社区，居民仍然顽固地坚持他们过去的生活方式，不过，应该承认支持他们凝聚力的制度要素，即他们被授予的特权往往将他们凝聚在一起。来自同一欧洲聚居地的人们到了海外后仍然聚居在一起。因此，在诺里奇，外乡人包括瓦隆人、犹太人和荷兰人，直到 1900 年才做完最后一次荷兰语的布道。芝加哥北部直到 20 世纪 20 年代还提供德语服务。在如今墨尔本的郊区，有个托马斯镇，直到 1970 年墓碑都是完全用德文铭刻的，那里仍然有 19 世纪中期来自德国的移民后裔，他们每年过一个叫做克里斯·克林格尔（Kris Kringel）*的节日。然而，要注意到，这些社区的独特性已经褪去，到如今他们的记忆不过构成了怀旧或者旅游业的一个方面而已。

154

---

　　* 即德语的圣诞节。最初，德国人纪念的是耶稣圣婴（Christkind，德语意为"Christ child"），后来 Christ child 演变为 Kris Kringle。这里作者可能将 Kringle 误读为 Kringel。——译者注

七

　　大多数西方国家都存在大量新近的移民，一些国家比其他国家更多一些，而澳大利亚的新移民则超过了大多数国家。任何生活在接受国社会的城里人都知道民族地区和民族社区，不过，我们应该注意，随着这些地方更年轻、更有能力、更成功的居民搬走，一些民族地区或者民族社区正在融入更大的社会之中。通常，它们的存在与其说是因为现实，倒不如说是因为名声。在澳大利亚，由于新移民会补充到老的移民区，这就维持了一种巴尔干化的印象——事实上，澳大利亚的巴尔干化现象从来都是微不足道的。这里存在着循环现象。当移民社区的成员数量较少时，移民往往与社区外部的人通婚；当社区人口增长时，移民又返回社区，进行内部通婚；当下一代的年轻人感到他们有把握成为更大社会的成员时，社区人口再次收缩。然后，这些年轻人会与任何民族的人结婚，在选择配偶时考虑的是个人魅力而非民族起源。因此，移民的行为在部分程度上取决于婚姻市场的规模和个体在移民的代际趋势中的位置。

　　这是澳大利亚的情形。那里的移民已经获得了巨大的成功。在昆士兰（Queensland）乡下形成的反移民政党过着下流、粗野、易怒和高调的生活，他们在大多数澳大利亚人实际居住的南方城市几乎没有得到响应。在统计学上可以实现的对同质化的最好检验方法与第二代移民的婚姻模式有关。[19] 数据表明，不到 10% 的西欧裔的新娘与自己民族的人结婚，来自东南亚、非洲和太平洋岛屿一些地方的第二代移民的族内通婚比例同样是比较低的。某些其他民族的人的确坚持与他们自己社区内的人结婚，并且无疑会在第三代乃至

---

　　〔19〕 Charles A. Price, "Ethnic Intermixture in Australia," *People and Place* 1/1 (1993): 6–8.

以后的数代人中坚持这样做，但是不一定永远坚持下去。

总体来看，在第二代中只有四分之一的人会在族内通婚。剩余的人造就了澳大利亚的民族混血，这是一个巨大的发展，却因为采用父亲的姓氏作为家族姓氏的惯例而被略微掩盖了；父姓制带来了人们忠于社区的错觉。如果母亲的娘家姓为人所知，那么错觉就得以消除了。从母姓已经日益成为一种不同的起名方式。到 1988 年，至少 37% 的人口都已是民族混血后代，并且这个比例仍在增长。战后移民的民族已经融入了更早抵达澳大利亚的盎格鲁－凯尔特人中，他们在数量上已经不占优势；最多的意大利人仅占战后净移民的 6%。正如查尔斯·普赖斯（Charles Price）所说，这可以"最大程度上防止澳大利亚成为一个'战争部落'的战场"[20]。

在过去的 30 年里，我遇到了几千名澳大利亚的本科生——还以一定的时间间隔遇到了几百名英国与美国的本科生。他们中有许多人都与我交流过个人情况，表示自己不太会受到父母任一方出身的影响。父母的出身对于个人而言通常是次要问题，但是许多人对他们的父母来自何方和为何离开表现出令人吃惊的不关心，甚至一无所知。相反，年轻的新澳大利亚移民对于全国的体育比赛显得极为关注；也就是说，他们对当地文化比较关注。移民孩子认同的主要身份只是澳大利亚人。来自移民时间较长家庭的老年人可能更愿意公开其海外血统的身份，如今甚至被流放的祖先都可以给予他们地位。这种温和的反势利行为不过是在所有讲英语的国家都可以发现的对于家谱兴趣的一种不同表现形式。它并没有导致显著的移民回迁（reverse migration）活动，也没有削弱澳大利亚人的自我形象。大量澳大利亚人居住在英国，其人数可能多达 25 万，但是他们的祖

---

[20] Ibid., p.8.

先来自英国却很少能成为他们返回英国的主要原因。

　　使我深受触动的是（美国、澳大利亚和其他地方的）移民采用新身份的速度，而非他们持续的隔离状态。移民的快速融入是通过全球化而非集中居住实现的。不容否认，如果父母亲都不能在新环境中生活得很轻松，那么来自移民家庭的孩子可能卷入与絮叨的母亲和独裁的父亲之间的冲突。幸运的是，由此导致的悲剧——试图限制孩子对结婚伴侣的选择——很少持续两代人。从长期来看，文化身份只是波将金村庄 *（Potemkin village）。避免同化的主要例外似乎是穆斯林社区，至少通过异族通婚的程度能够将其区分开来。但是，拥有其他信仰的大多数年轻人很快就形成了自己的新身份，并把对本地的忠诚内在化。

　　另一方面，触动索维尔的是不同文化的不同效率，他将其定义为承担任务和解决问题的不同方法的集合。换言之，文化可能影响交易成本。索维尔认为，无论每种海外文化的成员在新环境中表现如何，它都是有影响的，并且几乎（尽管不完全）是决定性的：无论其成员去往何方，他们都会按照本国的方式行事。这是一种强烈的路径依赖立场。它并非全无道理；我们应该料到移民带入的方式会因各种原因留下影响。索维尔强有力地论证了，不管来自哪里，其具有的优势（海外华人的忍辱负重和勤俭节约）或者劣势（美国部分乡村的黑人缺乏融入城市经济中的技能）都似乎解释了分离主

---

　　* 1787年，俄罗斯女沙皇叶卡捷琳娜下诏巡视其宠臣波将金元帅管辖的乌克兰和克里米亚半岛地区。为了显示其辖区的"繁荣"和女皇统治下的升平世界，波将金在叶卡捷琳娜巡游的必经之路两旁，沿着第聂伯河岸用木板搭建了许多外表看起来极为美观的"门面房"，并事先安排村民穿着鲜艳的服装唱歌跳舞，这样远远望去那里是一派歌舞升平的景象。然而，在这些"样板村"的背后，却是满目疮痍，民不聊生。后来，西方人就把诸如此类的"面子工程"和"形象工程"都叫作波将金村庄。现在，波将金村庄指专门用来给人虚假印象的建设和举措。——译者注

义为什么长期存在。也许存在这些方面的人口差异；其中的信念是公共知识的组成部分。然而，其观点是有漏洞的。它无法告诉我们同化移民需要多久，也无法告诉我们在社会压力的范围内还有什么东西在加强这假定的倾向。我们可以预期看到从移出国遗留的优势或者劣势，但是我们同样几乎可以肯定地预料到，这种优势或者劣势会随着时间减弱。可以找到不计其数的案例来证明，移民所保留的优势或者劣势已经消失殆尽；如若不然，实际保留下来的也可能徒具其表而无其实之物。

随着时间流逝，移民群体会逐渐失去他们纯粹的身份，不过，他们过去的名字仍然会持续招致偏见。关于文化持久性的强烈论题没有考虑到一代代人的进步，在大多数移民群体中，许多人凭此几乎不为人觉察地跻身于主流社会。索维尔本人指出，1908—1940 年，在澳大利亚超过五分之三的德国新娘与非德国新郎结婚。[21] 自那时起，这一比例就在急剧增加。即便一些人仍然选择在社区内部通婚，他们也会因为边干边学和内心冲突而选择新的价值观。文化持久性理论往往混淆了民族和文化。从较长的时期看，由于文化是可以习得的，所以民族与文化是不相干的。所有背景的人都可以共享文化，并对其做出自己的贡献。我曾经听过一位黑人经济学家格伦·劳里（Glenn Loury）所做的一个谈话，他再三强调，他也是西方文明的承继者。事实确实如此。

移民的早期阶段不可避免地会招致偏见。在罗马帝国，德意志人被指责有一种"令人恶心的臭味"。他们可以从事劳役工作或者成为士兵，但是不能与罗马人通婚。他们可能确实有臭味；考虑到他们的情况，这不足为怪。这可能意味着，在全世界，第一阶段的许

---

〔21〕 Sowell, *Economics and Politics of Race*, p.58.

多移民都是精力旺盛却不太灵巧的年轻人。贫穷的移民几乎没有接
受过教育，或者没有什么钱。他们从事的是当地人不愿意干的、令人
讨厌的工作，例如到建筑工地上干活。对于高官显贵的女儿来说，
他们确实看起来不像可接受的求婚者。对于他们的抱怨几乎没有随
着时间改变：他们是不清洁的和粗鲁的；他们不会讲当地的语言，
或者讲当地语言时夹带着粗蛮的口音；他们是罪犯；他们是有病的；
他们总是追赶当地的妇女。在福利国家的时代，人们指责他们是纳
税人的负担。不管这些控诉可能多么夸大其词，除了这些以外，还
能想到别的什么控诉吗？

在罗马帝国曾经发生这些抗议，而如今在任何地方，不管欧洲、
马来西亚还是中国南方城市，都可以听到类似的抗议。至于那些声
誉被污损的人，他们的民族和国籍传遍全球，但是几乎不变的是对
他们没完没了的指责。无疑，不管是新移民到一个国家，还是在同
一个国家由乡下迁徙到城市，与此相关的社会成本都是存在的。如
果新移民成功获得了立锥之地，那么该移民社区针对下一拨移民的
指责就会再度出现，如此周而复始。廉价劳动力的雇主会极力将成
本转嫁给社区。

这种对移民的抗拒大都属于庸俗的保护主义，一说起犹太人或
者其他商业团体就可以看到类似的抵触情绪。在谈到犹太人或其他
商业团体的情况下，人们反对的对象完成转向了，变成了过度竞争，
而非索维尔在那些没有城市技能的人群中发现的所谓"社会病理学
经典模式"。[22] 移民获得成功后，他们可能仍然在一定时间内具有凝
聚力，但是逐渐地会采用更大社会的行为模式，于是每一拨移民都
会为更大的社会带来一点他们自己的色彩。他们的特征变化了，因

---

〔22〕 Ibid., p.132.

而他们贡献社会的机会增加了。至于准确地说增加什么和保留什么倒是鲜为人知的，但是这个过程的推动作用是显而易见的。文化体现为一系列短暂的阶段，这些短暂的阶段吸引了当时人们的广泛关注，并使他们感到极度痛苦。既然历史就是由这些片段构成，那么就不能对这些片段完全置之不理。但是，从国家必须考虑的时间范围来看，文化持久性根本没有那么持久。

第七章　东亚经验

　　在过去的 40 年里，堪称最伟大的经济试验是东亚的崛起。人类历史上第一次试验是英国工业革命；第二次是欧洲的工业化；第三次是美国的工业化；现在的第四次则是"东亚奇迹"。可以把东亚的转型视为技术追赶型的，但是其本身是非凡的，因为它规模宏大，速度极快，超乎预期，并且涉及的国家较多。[1]

　　在第二次世界大战结束以后，人们认为，世界其他地区实现增长的可能性要大得多。东亚则被认为受到了腐朽的或者至少保守的儒家思想的束缚，在过去的 2000 多年里儒家思想一直没有与经济增长的系统性关联。对文化背景的轻视不只是西方的偏见；至迟在 20 世纪 60 年代，该地区的知识分子也是这样认为的。所发生的巨大变迁相当于一场在文化变革与经济变革方面的试验。它涉及如何根据亚洲价值观解释增长，如何通过工业化、城市化和急剧增加的收入

〔1〕　Eric L. Jones, "The East Asian Miracle," *Business History* 45/3 (2003): 119–124.

解释社会转型和文化转型，如何评估增长在未来使政权多元化甚至走向民主的可能性。

东亚奇迹的物质成果是显而易见的。30 年前该地区仅占全球外汇储备的 20%，到了 2003 年它却占有全球外汇储备的 70%，而且在这期间，1997 年该地区还发生了亚洲金融危机（Asian crisis）。亚太经济整体上是世界上增长最快的，贡献了四分之一的全球 GDP 和相似份额的出口商品。东亚地区的许多海滨城市都已经实现了工业化和城市化，数百万人摆脱了贫困。在一个又一个东亚国家，城市人口已经在攀登"消费阶梯（Ladder of Consumption）"，在这个过程中消费者依次达到了收入门槛，并一浪高过一浪地购买更加精致的商品。旅游业在快速增长，2002 年有 600 万中国人到国外旅游。

那时中国已经接过了日本和亚洲四小虎的领导角色，正吸引最大份额的国际投资。它的制造商购买原材料的规模仅仅由国内外散装货船和港口容量的极限来调节。在 2003 年 9 月和 10 月令人兴奋的三周里，运费激增了 50%。从巴西运往中国的铁矿石货船在运费上的支出超过了采购货物的成本。在那时，所有谈话的中心是，日本、韩国以及除了像墨西哥这样遥远的国家以外的国家（或地区）将如何被迫调整它们的经济，以适应竞争和抓住中国市场提供的机会。东亚的经济体正拼命把工程迁到中国，并把它们自己转变为供给中国服务和高级投入品的中心。阿根廷和巴西受其影响，成为资源出口国。澳大利亚的资源部门激增。中国几乎可以被视为世界的中心，就像它的汉语名称的含义显示的那样。

资本的社会正在东亚的其他地方形成，但是剧烈变迁的社会成本已经很高。例如，2002 年中国有 10 万人死于交通事故，[2] 城乡差

163

---

〔2〕 *Time*, 24 Nov 2003.

距已经产生了世界上增长最快的收入不平等。在乡村和城镇的平均收入之比在 1985 年是 1∶1.8，到了 2003 年可能已经扩大到 1∶6。据说，因为想获得成功所带来的压力造成了更多的焦虑症患者。中国只有 2000 名有资质的精神病医师，相比之下美国每 100 万人中就有 105 位精神病医师。自杀是 18—34 岁的人死亡的主要原因，每年有超过 25 万人自杀。在日本，每 40 户家庭中就有一家有一名孤独症患者；100 万人很少走出家门。世界卫生组织指出，在亚洲造成疾病的 10 个主要原因中有 5 个都是心理方面的，相比癌症这造成了更大的经济负担；世界卫生组织还预言，抑郁将成为主要的疾病。好像这些都不算什么，但是艾滋病已经袭来；不过，它的真实规模是难以估计的，因为有些数据仍然是缺乏的。[3]

一

东亚的经济成功是由它的文化产生的吗？亚洲人认为是这样的，西方少数教条的游说团体也赞同他们的观点。亚洲价值观，更准确地说习俗，被用来解释该地区的增长，其中不少解释者宣称，它们在经商方面所提供的方法相比西方受规则束缚的方法更优越。愿意相信本国经济正在下滑的西方评论家首先对毛泽东时代的中国不吝赞美之词，然后对日本的国际贸易和产业部大加赞扬，最后对海外华商运行的模式极为赞赏。在 20 世纪 90 年代初期，李光耀和新加坡官员（"新加坡学派"）推动了亚洲价值观阐释，之后亚洲价值观阐释得到了东南亚国家精英人士的追捧。[4]

---

〔3〕 *Economist*, 22 Nov 2003.

〔4〕 例如，参见 Lee Kuan Yew, "The East Asian Way," *New Perspectives Quarterly* 9 (1992): 4–13。

假定发展中经济体的初期增长率永远不会减弱的作者往往倾向于认为，增长是文化使然。但是，他们没有考虑到，在很少考虑保护人权或者妇女地位的统治之下，有关社会大都经历了几个世纪的衰落过程。"我必须坦承，我最初觉得这个理论（亚洲价值观）是吸引人的，因为我是一个印度裔……"法里德·扎卡里亚（Fareed Zakaria）评论道，"但是，接着我想知道，如果成为印度人是通向经济成功的一把钥匙，那么怎么解释印度经济自1947年独立以来的40年里所经历的糟糕表现，或者就此而言，又如何解释几百年来的印度经济呢？有人可能会问中国同样的问题，中国是另一个在几百年里经济表现都不尽如人意的国家，直到20年前才摆脱了困境。"[5]

亚洲价值观的主要论点是，亚洲人，首先中国人，具有能够将他们与欧洲人和美洲人区分开来的信仰和行为。他们可以为社会的利益而工作；他们工作努力；他们是节约的；他们尊重教育。尊敬老年人是儒家思想本身的一个表现，但是可以看到它没有被包括在亚洲价值观的核心中；因为传统似乎阻碍了经济成功，所以它对于保守主义者的吸引力在下降。在新加坡，西方商业法得以采用；为了降低法官受贿的动机，法官得到了较高的薪水。这创造了一种混合模式，它几乎不能被冠以"亚洲"文化。亚洲价值观追求的事实上是一种对软威权主义（Soft Authoritarianism）的暗中保护，同时对西方预期的衰落幸灾乐祸。[6]对于雇主和政府而言，努力工作、高储蓄的劳动力所带来的优势是显然的。

165

---

〔5〕 Fareed Zakaria, "Asian Values," *Foreign Policy*, Nov-Dec 2002, p.1 (Internet version).

〔6〕 Eric L. Jones, "Asia's Fate: A Response to the Singapore School," *National Interest* 35 (Spring 1994): 18–28; Eric L. Jones, *The Record of Global Economic Development* (Cheltenham, U.K.: Edward Elgar, 2002), p.142.

这种满足感从来没有为所有见多识广的亚洲政治家所认同。有位政治人物说，中国历史是被误读了的；只有价值观，并没有专门的亚洲价值观。[7]虽然在东亚快速增长的早期阶段集体主义可能为人们所接受，但是在该地区土生土长的几种哲学中它只是一种选择而已。亚洲价值观论篡改或者掩盖了中国过去的民主元素，尤其与佛教和乡村自治（The Self-governance of Villages）有关的特征。[8]

然而，许多西方支持者被吸引住了，其中包括新援华集团（The New China Lobby）的成员。在滞留中国为本国政府工作期间，新援华集团的成员就已建立了与中国的联系；此后，他们基于私人顾问保持着这些联系。其他支持者的动机是不清楚的。不过，其中有些人追求的是听话的劳动力和不加批评的支持，他们相信东亚政府可以为公司提供这一切。相比之下，另一些人相信，个人权利正在毁灭西方国家的社会凝聚力。[9]

虽然在安然及其他公司的丑闻发生后曾经有过短暂的、让人幸灾乐祸的、再度发生的衰退，但是自亚洲金融危机后很少听说类似的事情。评论者开始指出，远离威权主义能更好地处理事务，至少没有民主国家曾经发生过大饥荒，这个观察可以追溯到阿马蒂亚·森（Amartya Sen）。《外交政策》2002 年 11 月号实际上在候选对象中把亚洲价值观丢进了"历史的垃圾桶"。最近，彼得·林德特承担了

---

〔7〕 Jones, *The Record*, p.142. 对于金大中的观点，参见 "Is Culture Destiny? The Myth of Asia's Anti-Democratic Values," *Foreign Affairs* 73/6 (2004): 189–194。

〔8〕 例如，参见 Steven Muhlberger and Phil Paine, "Democracy's Place in World History," *Journal of World History* 4 (1993): 23–45。

〔9〕 例如，参见 Reg. Little and Warren Reed, *The Confucian Renaissance* (Annandale, Australia: Federation Press, 1989)。也可参见 David Howell, "Don't Blame Asian Values," *Prospect*, Oct 1998, pp.14–15。戴维·豪厄尔（David Howell）宣称，如果西方发生亚洲金融危机，那么情况甚至会更加糟糕，并且持续时间会比预期的更长。相比英国自己的经济系统，亚洲的系统较少依靠法律，更多地依靠干预政策，而一位英国保守党人物居然会支持这样一个系统确实令人称奇。

一项计量经济研究工作，主要是检验李光耀所说的独裁政府是最有效的是否正确。[10] 对 1960—1998 年东亚地区的调查揭示出在民主与经济增长之间存在一种积极而非消极的联系。林德特总结道："（李光耀的）假设是在把成功的新加坡与任何处于不同政体下增长比较缓慢的地区所进行的自夸式比较后做出的。"

日本著名学者已经放弃了之前对日本奇迹的解释。财政部现在遵从了学术界的看法，指出国际贸易和产业部的保护主义政策实际上阻碍了纺织业、飞机制造业和化学工业的增长，而那些确实增长的产业之所以成功，完全是因为它们避开了政府干预。这种解释很难为年长的商业人士所接受，他们仍然对自己所认为的日本工业体系表示赞赏，但是同时不得不承认日本陷入了旷日持久的经济低迷的符咒。

难以根除的概念是日本例外主义*（日本人论**），这个概念被用于解释日本的成功。安·瓦斯沃（Ann Waswo）所撰写的一本著作提出了例外主义以及它所体现的优越性假设。[11] 她更喜欢基于可观察的趋势和事件而非传说的独特性和持久的文化传统所做出的解

168

---

〔10〕 Peter Lindert, "Voice and Growth: Was Churchill Right?" *Journal of Economic History* 63/2 (2003), especially pp.339, 345.

　*　例外主义（Exceptionalism）是对其他国家、其他文化等的一种态度，认为自己的国家或文化在很多重要方面不同并优越于其他国家或其文化。——译者注

　**　所谓"日本人论（Nihonjinron）"，是指解答"日本人是什么"、"日本社会是什么"以及"日本文化是什么"等一系列问题而产生的关于日本的整体性论考。日本人论从明治时代出现，是日本的国学，比较著名的日本人论有美国文化人类学家鲁思·本尼迪克特的《菊与刀》、藤原正彦的《国家的品格》、中根千枝的《纵式社会的人际关系》、土居健郎的《"甘"之构造》、滨口惠俊的《日本特性的再发现》、新渡户稻造的《武士道》、内村鉴三的《代表的日本人》以及冈仓天心的《茶之书》等。——译者注

〔11〕 Ann Waswo, *Modern Japanese Society 1868—1944* (Oxford: Oxford University Press, 1996). 1986 年，一名日本官员认为，日本可以避免在英国工业化过程中的"悲惨的"历史（第26 页）。根据亚历克斯·克尔（Alex Kerr）《狗与恶魔：现代日本的衰落》（*Dogs and Demons: The Fall of Modern Japan*, London: Penguin Books, 2001）中有关日本环境的材料和我自己的观察判断，他注定是会失望的。

释。有趣的是，她指出，日本当权者一再虚构和重塑假定的传统，然而实际准则、价值观和行为一直在不断地自动调整。"日本的今天，"瓦斯沃说，"拥有一种独特的文化，但是这种文化一直并且仍然与其他国家一样不是静止的。"[12]伊恩·布鲁玛（Ian Buruma）补充道，他们的系统根本不是完全本土的，日本人吸纳了德国的种族纯洁性理论、欧式的对殖民主义的辩护和从基督教中得出的单一支配性的神（在日本的情况下，就是新复辟的天皇）可以比一群松散的神道教（Shintoism）的神明更好地激励士兵的认识。[13]

二

169　　如今对日本的理想化不断淡化，而对海外华人企业的钦佩则更为明显。如果把对亚洲经济的贡献加在一起，那么海外华人将形成一个他们自己的大经济体。今天，其中一些较大的企业正开始由从美国商学院回去的年轻一代掌管，他们正引入更正规和更重视自省的管理惯例，但是典型的企业仍然是由创始人创建和控制的家族企业。流动的、具有适应性的企业分布于一系列行业，无论在哪个行业，收购或者创业的诱惑都吸引着老板。

　　像到处可见的家族企业——全世界最常见的企业类型——一样，海外华人企业是神秘的。不需要盯紧股东或者资本市场。除了那些用心给收税员看的以外，账簿不必无可挑剔。创始人的优势是能够很快调动自己的资本。在那些不能靠法庭公平实施契约，即交易成本和代理成本较高的地方，独立的市场力量是有用的。对于激励和

---

〔12〕 Waswo, *Modern Japanese Society*, p.4.

〔13〕 Ian Buruma, "Japanese Spirit, Western Things," *Economist*, 12 Jul 2003.

监督家族劳动力而言，只需要付出较低的成本；所有者分配酬金是相对容易的。亲属某一天会继承企业，不过，具有讽刺意味的是，企业资产实际面临的不确定性意味着，他们中的一些人到头来会争夺属于自己的份额。[14]家族企业不完全是和风细雨，国际经济一体化正迫使它们增强法律要求的透明度。

与供给商、顾客、客户和政府官员打交道的主要方式不是客观的规则，而是一套被称为"关系（guanxi）"的伦理。这在历史上可以追溯到那种确立谁是可信赖的人的需要。个人据以做事的儒家思想的五种伦理关系*在人与人之间变得越来越重要，提供了一种甄别恶徒的方式。关系代表了对信任问题的一种合乎逻辑的解决办法，虽然如此，它相对于独立的法律仍然是第二优（Second Best）的。 170 在西方人眼里，伴随个人关系的互惠性礼物赠予是腐败的。

中国社会的原子性仍然是非常明显的。家族和小团体相互关照，但是慈善的撒马利亚人*特征是明显缺失的。然而，谈及慈善的撒马利亚人可能是具有误导性的。西方人的行为可能在某种程度上仍然受到基督教伦理的指导，但是也可能在很大程度上归功于由西方漫长的追求个人享乐和个人安全的历史所带来的自信。

作为一位普林斯顿的经济学家和中国政府的顾问，邹至庄（Gregory Chow）撰写了一篇题为《中国经济体制对经济理论的挑战》的论文，在这篇论文中他提出了对中国商业惯例的捍卫和对西方商业惯例的批评。[15]邹质疑是否所有的契约都是应该实施的，其言外之意

---

〔14〕 例如，参见 Rajeswary Ampalavanar Brown, *Capital and Entrepreneurship in South-East Asia* (New York: St. Martin's Press, 1994)。

  * 即君臣有义，父子有亲，夫妇有别，长幼有序，朋友有信。——译者注

〔15〕 Gregory C. Chow, "Challenges of China's Economic System for Economic Theory," in Ross Garnaut and Yiping Huang, eds., *Growth without Miracles* (Oxford: Oxford University Press, 2001), pp. 492–488.

是，关系允许借助于个人网络持续不断地做出"实事求是的"调整，这与美国比较常见的代价高昂的法庭辩论截然相反。（他相当糊涂地把美国当成了西方的代名词。）实际上，在东方企业行为和西方企业行为之间的区别并没有看上去那么显著。邹本人引用了奥利弗·哈特（Oliver Hart）的话来说明，美国式契约只是进一步谈判的起点；也许可以补充一下，乌尔里希·维特（Ulrich Witt）在不久前观察到，许多西方协议事实上是在一次握手的基础上完成的。[16]其区别在于，当非正式协议在西方出现问题时，可以求助于不偏不倚的黑体字法*。

邹断言，非正式个人关系可能——注意是可能——更好地解决契约问题。他没有证明这是真的。他也没有将工具价值或伦理价值纳入法律面前人人平等的观念中。因此，他确实没有认识到，关系将争端诉诸有关当事人各自的权力地位——也就是说，关系从属于政治而非法律。邹不承认在较长的酝酿期存在的复杂交易量可能受制于这些缺乏效率的安排。在做事情之前建立个人关系具有较高的边际成本。[17]

晚清时期，企业没有使用那时已经变得十分普遍的法庭和习惯法。民国时期情况也没有好到哪里。股东大权旁落，最大的公司往往成为个人领地。接着，1937—1945年，企业面临着日本军队及其傀儡政府的威胁，他们的反应是加强早已发明的惯例，以躲避靠不住的政府的干预。在公司生存、家人安全和他们自己性命的保全都面临危险的情况下，如果他们不记账、保守秘密或者做假账，那么这些都是可以理解的。他们要么面临着因为不合作被日本人处死的

---

〔16〕 Ulrich Witt, "Evolution and Stability of Cooperation without Enforceable Contracts," *Kyklos* 39 (1986): pp. 245–266.

＊ Black letter law, 是一种非正式用语，用来表示被法院普遍接受的或体现在某一特定司法管辖区的制定法中的基本法律原则。——译者注

〔17〕 为了解决这些问题，中国最终采用了部分不带个人感情色彩的国际法。

威胁，要么因为看起来可能与日本人合作而被国民政府的人谋杀。秘密商业和关系商业能够适应这些可怕的环境。

三

在东南亚国家，华人成了人数较少的少数民族，受到妒忌和仇恨，甚至在某些时候遭受迫害，所以他们一直以一种防卫性的方式行事。在印度尼西亚苏哈托（Suharto）执政时期，尽管华人仅占印度尼西亚 3% 的人口，但据说拥有印度尼西亚 70% 的商业资产。保护其资产的一种方式就是贿赂官员；直到 20 世纪 90 年代才采取另一种方式，即印度尼西亚的一些华人公司计划在纽约股票交易所上市，它们希望以此使美国投资者卷入它们的事务中，进而使美国卷入它们的事务中。只有强大的威胁可以说服它们将账务公开给外部投资者。[18]

在苏哈托倒台后，华人商店受到了攻击，数以千计的华人遭殃。当时，我在澳大利亚的学生给我看了他们每天收到的来自家人、朋友和邻居的电子邮件。西方学生在旁边看到了这些邮件，却不大相信，但是事实上这并非什么新鲜事。马来西亚在 20 世纪 60 年代就发生过类似事件。正如一位朋友告诉我的："他们杀了我的狗，然后我离开了，因为我判断他们接下来就要杀死我。"因此，华人通过将家族成员分散到几个国家来分散风险的习惯也就不足为怪了。

不管在任何群体中，个体性格都确实是不同的；但是，苦难的经历或者一个人父辈的苦难经历可能造成自我怀疑或者其他不自信

---

〔18〕 根据《远东经济评论》（*Far Eastern Economic Review*, 8 Jan 2004），中国大陆公司财务的不透明意味着，无论西方评级机构多么渴望对中国企业排名，在那里的信誉仍然几乎是无法评估的。

的习惯。西方的教师有时会遇到华人学生不愿意参与课堂讨论的情况，这些华人学生不能接受经过认真分配和出于公平性考虑无法改变的分数，认为西方民主及其所要求的一切不过是一种幻想或者骗局。幸好，来自中国和其他几个国家的华人学生目前已经开始较为积极地回答问题。这可能是因为生活比以前更富裕，英语水平比以前许多在海外学习的华人更好。

在此的看法与基因或者种族无关，甚至文化因素所赋予他们的也是极其肯定的表现。诉诸文化的判断仅仅体现在，他们可以在极短的时间内就掌握所学知识，并且在阳光明媚的时候能够做出快速反应。在教室里的行为显然不是华人专有的，而是来自许多地区的学生共有的。这是成长于等级社会和在一种权威主义、死记硬背的方式下接受教育的结果。[19]面临过多的权力而非无形文化遗产是关键的变量。因为防卫性行为是习得的，所以可能被遗忘，但是对于那些从小就建立起根深蒂固的反应行为的人来说，要去除条件反射是比较困难的。

研究影响健康和安全的决策是有必要的。研究表明，华人和美国人对于什么是公平的有相似感知，但是华人逃避以此为基础的决策，而是倾向于向他们的上级请示怎么做合适。[20]这似乎证实了这两个国家具有共同的观念，但是这些观念在任何特定时刻是否能够化为现实则显然是不确定的。它们与年龄有关而与国籍无关：年轻的管理专业的华人学生在做出决策时极其类似美国学生，而不像中

〔19〕 Maria Spizzica, "Cultural Differences within 'Western' and 'Eastern' Education" (paper presented to the First National Conference on Tertiary Literacy, Victoria Universtiy of Technology, Melbourne, 15–16 Mar 1996).

〔20〕 Wen-Qiang Bian and L. Robin Keller, "Chinese and Americans Agree on What Is Fair, but Disagree on What Is Best in Societal Decisions Affecting Health and Safety Risks," *Risk Analysis* 19/3 (1999): 439–452.

年的华人专业人员。另一项跨文化研究发现，"与六个其他国家的居民相比中国人不太宽容，但是对于具有相似教育水平的人而言，中国人和其他国家的人之间的差异不太明显"[21]。 175

海外华人的投资引导了中国自身的经济复苏。它们找到了肥沃的土壤。一个很少被研究的问题是：为什么在经历了四分之一世纪的计划经济后，中国人，尤其农民会对经济激励做出那么大的反应。托马斯·罗斯基（Thomas Rawski）撰写的一篇论文是比较明显的例外。[22]他指出，在共产主义时代更早阶段的改革并没有产生从极端贫困到产出、生产率和收入都提升到新的水平这样的突破。尽管他怀疑用潜在的儒家文化所做的解释，并渴望"避开通常关于亚洲经济事务的讨论所具有的浪漫而神秘的形象"，罗斯基却发现，在封建王朝末期及以后，中国经济文化在市场经验、市场制度、复杂组织、民间信仰、家庭与个人生活方面非同一般地丰富。虽然缺乏类似于西方商业法那样的争端解决制度，中国却具有习以为常的替代制度，如果没有这些替代制度，那么乡村经济就无法运转。个人会受到培训，以便当他描述的那种制度安排在市场中带来意想不到的后果时能够做出反应；而许多欠发达国家缺乏类似的培训。

罗斯基对中国从古至今的遗风并不奇怪。尽管人际关系紧张，识别某人的愿望却在那些最严酷的时期持续存在；当时好像人们都希望成为某一派别中的一员，结果只是造成了更大范围的派别斗争。[23]我们也应该承认，在特定时期存在大量伪装偏好（Preference 176

〔21〕 Andrew J. Nathan, "Is Chinese Culture Distinctive? A Review Article," *Journal of Asian Studies* 52/4 (1993): 930.

〔22〕 Thomas G. Rawski, "Social Capabilities and Chinese Economic Growth" (mimeo, Universtiy of Pittsburgh, Apr 2002, 16 pp.).

〔23〕 例如，参见 Jung Chang, *Wild Swans*, London: Flamingo, 1993，第 492 页。

Falsification），人们不表露自己的真实态度。[24] 我回想起，我的儿子曾经在中国出席过一场音乐会，表演者用的是中国传统乐器，他们在"文化大革命"时期将这些乐器藏了起来；如同苏格兰高地人没有忘记他们的双刃大砍刀藏在茅草中一样，他们也没有忘记自己的乐器藏在什么地方。家人的忠诚虽然经受了疯狂的红卫兵的严峻考验，但是毕竟在攻击中幸存下来。"庸俗的儒家思想"*也在批孔运动中幸免于难。

177 考虑到这些方面，在每个历史阶段文化都同化了许多人——在计划经济下，同化了所有希望生存的人——并且可以被描述为由这些人的反应所构成的分层化合物。中国人的身份是铁的事实，人们提起这个身份时不由自主地会表现出钦佩或者蔑视的态度。"中国特色"非常之多，但是如同其他文化特征一样，它们是有条件的；我们可以识别它们最初形成的条件和中国人正在适应的新条件。我的儿子在音乐会所遇到的都是老年人；很少有年轻人愿意表演传统音乐——他们找到了新的喜好。中国人与任何别的国家的人一样不再生活在历史之外，他们也不是社会科学作品所设想的来自外太空的生物。他们拥有自己的伦理规范、行为方式和价值观体系。这些特征都是真实的，但是又并非本质的东西；他们拥有独特的历史。[25]

具有讽刺意味的是，对于一些华人学生而言，无论他来自中国、

---

〔24〕 对于假伪偏好理论，参见 Timur Kuran, *Private Truths, Public Lies* (Cambridge, Mass.: Harvard University Press, 1995)。

* 由波士顿大学宗教与社会学教授彼得·伯格提出，所谓庸俗儒家思想是指一套激发人们努力工作的信仰和价值观，例如对家庭几乎没有保留的承诺，以及纪律和节俭的社会规范。——译者注

〔25〕 令人感兴趣的是，内森（Nathan）在《中国文化是独特的吗？》（"Is Chinese Culture Distinctive?" p.926）中试图为他自己提出的问题确定一个答案，最初他认为中国文化的独特性在于连续性，但是不久就认识到，一些东西显然是不以时间为转移的，比如祖先崇拜在不同的朝代有不同的形式。

东南亚，还是现在定居美国的那些华人后裔，他们都极难理解自己拥有永久"中国性"*的观念。[26]他们过于年轻，因而没有经历过在20世纪70年代末从中国旅居海外的"工农兵学员"的转型；那些工农兵学员，旅居海外时都穿着中山装，但是（在20年后）变成了衣着考究的城市消费者，在乎他们来自其他国家的许多同事的看法（不过，这是他们更希望的购物方法）。有时，他们的态度似乎反映了因初出国门而迷茫无措的体验，以及他们在努力适应用外语进行的令人困惑的课堂程序。但是，只有在有限的方面，他们的身份据说才可以为一种独特而永恒的文化所界定。

四

如果比较同一时期的亚洲人和西方人会发现，亚洲人似乎被灌输了根深蒂固的不同于西方人的价值观。然而，这种有代表性的观点明显是不符合历史事实的，并且可能具有误导性。假定在价值观与经济绩效之间存在不变的关系也不正确。具有共同的儒家和道家哲学底蕴的国家已经在不同时期以不同的速度实现了增长。类似新加坡那种新儒家的价值观与特定阶段的增长有关。当收入较低因而福利几乎不存在时，由推动增长的政策所创造的机会实际上会体现有助于增长的那些特点（或者更恰当地说，体现为反对懒惰和反对浪费的特点）。由增长到价值观的因果关系可能与相反的因果关系一

---

* 根据李公明在《东方早报》2014年1月26日号《谁的……"中国性"》中的总结，"中国性"的语境包括两个方面：第一，指文化的中国性，例如中国文化的特质、价值观念、审美品格等；第二，指国家政治与管治政策语境中的"中国性"，反映的是国家主义、民族主义和各种不同政治思潮的影响。——译者注

[26] 科布尔（Coble）在《中国资本家》（*Chinese Capitalists*）第205-206页指出，美籍华人最近接受了中国历史方面的民族主义立场。

样成立，或者相反的因果关系可能是不成立的。

新加坡学派所罗列的很多价值观，例如勤奋工作、节俭、完善自身教育水平，都是英国在 19 世纪工业化时期的特征。至少，这些东西在 19 世纪就已得到了认可，如果我们提起塞缪尔·斯迈尔斯（Samuel Smiles），或者谈到在 1870 年《基础教育法》*实施以前工人阶级就已经为子女接受教育支付学费的事实，那么一切就很清楚了。新教伦理正是如此。亚洲人的努力工作、节俭或者爱学习都没有什么特别的，也并非一直如此，但是在这些品质与早期的经济增长之间可能存在某种特别的关系。

179 亚洲价值观支持者更明确地指出，西方不再出现这些特征，但这些特征在东亚是比较显著的。这忽视了环境的动态变化。英国和其他西方国家都曾经对相似的价值观引以为豪，但是评论家不久就开始担心，它们可能因为极为成功的增长而受到削弱。[27]在 18 世纪，约翰·卫斯理（John Wesley）担忧，如果卫斯理公会教徒发达了，他们会松懈自己的努力，并放弃自我牺牲的价值观，转而追求安逸的生活。在 20 世纪初，约瑟夫·熊彼特（Joseph Schumpeter）相信，资本主义的成功会削弱它赖以建构的道德基础。繁荣的社会不需要人们像最初创造繁荣的祖先那样辛勤地工作。

不管人们是否认为卫斯理和熊彼特的观点具有预言性质，目前出现在一些西方国家的情况是富裕、懒惰和犯罪活动令人难堪地纠缠在一起，这即便没有完全印证卫斯理和熊彼特的预言，却也提供了部分支持。至少卫斯理和熊彼特并不认为，价值观是独立于经济阶段的。他们同意新加坡学派的看法，即某些价值观有助于促进增

---

   * 这里作者使用的是 "the National Act of 1870"，但是译者并未查到这个法律，在同一年颁布的《基础教育法》倒是更切合这里的背景。——译者注

   〔27〕 Jones, "Asia's Fate."

长，但是如果展望未来，一旦它们已经带来了增长，那么这些价值观就会逐渐消失。他们的判断是对因果关系的正确解读：不是文化导致了永久的繁荣，而是增长的收入导致了文化变迁。另一方面，罗伯特·萨缪尔森（Robert Samuelson）错误地认为："亚洲的成功至少表明，资本主义有可能具有足够的适应性，能够与不同的文化兼容。"[28]

在亚洲价值观背后较强的假设是，与基督教不同，新儒学（neo-Confucianism）将证明是不会受财富诱惑的。从某个方面来说，一旦查尔斯·达尔文罢免了万能的上帝（the Almighty），在西方积累阶段产生积极作用的确定性和恐惧就开始烟消云散。[29]在福利国家的安逸生活支持下，西方国家据说开始出现社会功能障碍、机会主义和免费搭车等现象。暂且不管西方这种消极的生活观是否理所当然，令人费解的是为什么东亚的信仰会对物质繁荣做出迥然不同的反应。事实上，那里功能障碍的迹象已经变得很明显了。

具有讽刺意味的是，是新加坡的政治家——还是观点相似的卫斯理和熊彼特？——最早注意到了这一点。新加坡的政治家对于亚洲价值观主题的热情约在 1994 年达到顶峰，但是此后不久他们就提出了对"富贵病"的警告，富贵病指的是在安乐环境中成长的年轻人失去了工作伦理。新加坡实际上最不需要担心。我没有感到新加坡学生特别懒惰——恰恰相反，他们大都会上那种极其依赖死记硬背的学校。在来自东亚的学生中，新加坡学生的英语通常是最好的，同时在 2004 年世界数学和科学联考中新加坡名列榜首。在传播已有

---

〔28〕 Robert J. Samuelson, "Seeking Capitalism's Spirit," *Australian Financial Review*, 19 Jan 2001 (reprinted from *Foreign Affairs*). 萨缪尔森正在撰写一个支持哈里森与亨廷顿所著《文化重要性》一书的评论。

〔29〕 这是迪帕克·拉尔（Deepak Lal）在《无法预料的后果》（*Unintended Consequences*, Cambridge, Mass: MIT Press, 1998）中提出的亚洲价值观命题的变体。

181 知识方面，课堂训练显然是有效的。另一方面，需要企业家精神的独立思维方式和前沿性研究工作可能都要求不要太墨守成规，而新加坡的学校目前确实在引入独立思维方式和前沿性研究成果。

不管财富增长到一定水平以后是否会带来多元政治、人权和其他自由主义（换言之西方的）观念，这些观念进入东亚地区的预期都是不确定的。早期李光耀曾经说过，他"不确定50年内中国会接受美国式人权"，但是他似乎相信，经济增长会带来一定程度的政治变化。[30]另一个密切的关注者是新闻记者理查德·休斯（Richard Hughes）。他断言，既然不能把宪法像马歇尔计划或者乡绅夫人的礼物一样赠送他人，那么西方式民主就永远也无法在东亚落地生根。[31]但是，他的观察是在若干年前做出的，那时的收入水平还比较低。从那时起更富裕的一代人已经成长起来，他们摆脱了其祖父母那一代人不得不忍受的担惊受怕的经历，敢于宣布他们的个人偏好。

争论仍在持续。一些作者仍然坚称，西方准则不适合亚洲；另一些作者则致力于揭露"在捍卫亚洲例外主义（Asian Exceptionalism）过程中所出现的谬论、混乱和错误"。[32]李晓蓉（Li Xiaorong）旨在
182 论证，那种起源于西方的准则不适合亚洲的看法是"基因谬论（The Genetic Fallacy）"。[33]我同意那种看法是一种谬论，它是文化固定性理论的一个特例。支持者利用高度偶然性的例子来说明亚洲人对威权主义的偏好。过度关注不同社会之间的差异往往导致对文化例外

---

〔30〕 Lee Kuan Yew, "East Asian Way," p.11.

〔31〕 报告来自 Norman MacSwan, *The Man Who Read the East Wind: A Biography of Richard Hughes* (Kenthurst, Australia: Kangaroo Press, 1982), pp. 177–178。

〔32〕 Li Xiaorong, "Asian Values" and the Universality of Human Rights," *Business and Society Review*, nos. 102/103 (1998): 86.

〔33〕 Ibid., p.83.

主义的顽固相信。可以看看安德鲁·内森关于中国文化是否具有独特性的论文中的最后一句："尽管任何研究中国文化的人都必然相信中国文化是独特的，我们却认为，要明确阐明中国文化多么独特和经验性地证明这一点仍然任重道远。"[34] 经验表明，在经济和人口方面的变化将使文化形态不断演变。关于亚洲未来的争论往往没有考虑到社会动态学。在不断产生与其他文化的差异的意义上中国文化可能仍然是独特的，不过中国文化与其他文化的差异在未来会比现在更小，而且与其不同的文化也包括了其自身以前的文化形态。从中国文化的过去可以概括出它的一般特征，并捕捉到大量细节，但是过去是不会重演的。

五

如果东亚的经济剧变没有带来文化的改变，那将是离奇的。那里的乡民社会实现了大规模的工业化，人们从事的职业因而发生了变化，平均收入激增，不少城市变成了超过 1000 万居民的超大城市。在 1998 年，亚洲有 9 个超大城市，这 9 个城市拥有总计 1.26 亿居民，这个数字仍然在持续增长，预期到 2025 年亚洲的超大城市将拥有 3.82 亿居民。有几个国家的首都城市实际上占据国民产出的巨大份额。农村务工人员在来到城市最初的几年生活在城市边缘的棚户区内，即使这些棚户区在经济上也是具有生产力的，而非了无生气的贫民窟。

这个增长过程通常会使人联想到英国工业革命，当然，它们之间具有明显的差异。在西方持续很久的转型在东亚被压缩为几十年。

〔34〕 Nathan, "Is Chinese Cwlture Distinctive?" p.936. 强调是本书增加的。

人们会对增长的收入做出极快的反应。寿命预期在增长。生育率在下降：日本的出生率目前是世界上最低的，中国南方沿海城市紧随其后。这些因素的合力已经引起了可与西方国家相提并论的人口老龄化——日本的人口老龄化程度已经超过了西方。城市里的小夫妻不总是反对只宠爱一个孩子，也不总是反对像西方的上班族一样将其父母送入养老院。根据荷兰广播电台（2003年11月19日），中国已经在两年时间内为老年人建成了两万家养老院，因为他们"更喜欢"独立生活。新加坡已经通过了一项法律，要求子女承担起他们年迈的父母的经济责任。在古老的儒家社会中采取这样的措施是不可想象的。

　　社会变迁最明显的一个迹象是消费主义的增长，消费主义在亚洲的前景的确是非常突出的。不断下降的出生率需要假以时日才能产生最大的影响，同时年轻的成年人的数量在增加。然而，在欧洲，甚至在美国，同一年龄段的人群规模较小。据估计，年龄在30—59岁的亚洲人的数量将从2000年的12亿增加到2020年的17亿。这提供了一个巨大的市场。在某些方面，各国市场已经开始融合为一个泛亚洲市场——在2003年，亚洲内部贸易和鼓励融合的双边协定变得引人注目。虽然文化产品在某些方面最容易受到抵制，但是它们已经开始跨越国界。例如，在很长的时期内，韩国禁止输入日本的流行音乐，因为这象征着韩国拒绝了日本以前的殖民主义；但是，目前韩国已经允许进口日本的流行音乐。反过来，"韩流（Korean Wave）"音乐已经席卷东亚。

　　我经常问我的学生业余爱好是什么。西方学生的答案告诉我很多，但是许多亚洲人现在或者过去都倾向于不予回答或者仅回答"购物"。几年前，一名华裔学生私下里告诉我，华裔学生不理解为什么会关注他们的业余爱好。她是一位泰国公民的女儿，并且在两个西方国家接受过教育。根据她的观点，华裔学生更喜欢通过与家人聚餐或者购物来打发闲暇时光。在东南亚，购物商场已经超过了公园、清真寺和寺庙作为社交聚会场所的重要性。在几个国家，就像西方的很多人一样，暴发户都通过非传统的着装和食物炫耀身份，并通过彼此买的东西来衡量对方的实力。在中国，已经有1000—1300万青睐奢侈品的顾客；据说，中国女人通过购买时尚品牌来努力展示她们的独立性（这当然是荒谬的）。[35] 中国游客花费许多时间在海外购物，巴黎的奢侈品店对此做出反应，开始雇用讲普通话的员工。在这个方面，中国人被称为"新日本人"。中国和日本的城市居民在庆祝圣诞节时的疯狂体现了同样狂热的消费主义，而他们中很少有人能够说清圣诞节的来历。

185

中国人疯狂购物的表现是可以理解的，因为他们经历过物质匮乏的阶段，现在能够大为改善自己的生活。当然，消费主义不会中止；毕竟，西方有大量追求物质生活的人，而且在世界各地仍有很大的空间可以满足占有欲。然而，消费主义的相对重要性可能会下降。中国最大的运动服装企业李宁公司的营销经理威尔森·许（Wilson Xu）在一场报告中指出，中国年龄在15—35岁的人群中只有15%的人把运动作为一项业余爱好，相比之下美国这个年龄段的人群中有50%的人把运动作为业余爱好。许先生说："大多数中国人相信，成功体现在学术成就和赚钱方面。"[36] 但调查发现与此相反，更年轻的中国人已经对运动和其他业余爱好越来越感兴趣，并且开始花时间满足自己的爱好。在55岁以上的城市人群中36%的人表示根本没有任何业余爱好；而年龄在35岁以下的城市人群中则有

186

---

〔35〕 *Economist*, 19 Jun 2004.

〔36〕 *Economist*, 2 Aug 2003.

81% 的人表示，业余爱好对于他们是非常重要的。[37]

目前，热衷于消费的人群尽管在绝对数的意义上令人印象深刻，却只占全部亚洲人口的一小部分。然而，需要指出的是变化的方向和速度，以及由此产生的示范效应。这是一个总体趋势，反映了财富的增长；甚至在收入增长大大落后于东亚的印度也可以看到这种影响。那里"劳力士手表已经取代了宗教"，并且"第二次统一"正在发生。在印度，富裕的年轻人正通过共同的消费文化而非仅仅通过种姓、教义和语言来区分彼此。他们开始与亚文化圈里的人结婚，这种风气通过电视扩散，现在已经影响到一半的印度家庭。[38]

在亚洲国家，教育使富裕家庭的年轻人相聚在一起，导致反对父母一代价值观的人不断增加。朝着符合城市生活的统一的价值观的转变是清晰的，不过，显然不是所有的观察者都这么认为。例如，戴维·爱德华兹（David Edwards）指出："不能期望非洲人或亚洲人能够具有欧洲人或美国人一样的信仰或者像欧洲人或美国人一样做事，也不能期望那些接受现代教育的人会像那些没有接受现代教育的人一样。"[39] 需要注意的是其中隐含的矛盾：非西方人是不同的，但是如果他们接受了教育，那么这种差异就会减少。

在东亚，麦当劳连锁店象征着东亚的变迁，它们有助于彻底改变个人习惯。[40] 根据詹姆斯·沃森（James Watson）的经典研究，香港麦当劳连锁店在 20 世纪 70 年代末是为富人服务的，但是在 20 年后它开始为工薪阶层服务，对于工薪阶层而言，麦当劳与其说是快餐店，倒不如说是可靠而清洁的休闲中心，在北京、台北和首尔的

---

〔37〕 *Far Eastern Economic Review*, 12 Dec 2002. 我承认，到此为止这似乎没有包括那些专业人士。

〔38〕 *Economist*, 3 Jan 2004.

〔39〕 *Guardian Weekly*, 13 Nov 2003; 强调是本书增加的。

〔40〕 James L. Watson, ed., *McDonald's in East Asia* (Stanford: Stanford University Press, 1997).

麦当劳也是如此。快餐在中国并不是新东西，在北宋时期的首都开封就可以吃到快餐。新奇性在于麦当劳的休闲中心方面和美国风格的卖点。然而，麦当劳完全不强制统一，它倾向于根据不同亚洲人群的期望做出一些不太重要的调整，如果对麦当劳现象进行研究，那么就可以正确地理解它的同步多元本地化性质。它所提供的"全球"统一的要素，在供给层面体现为一般化的美式管理实践，在需求层面体现为引入了一种陌生的礼仪观念。在麦当劳吃饭的人被引导的就餐方式反映的是西方的餐桌礼仪。东亚人通过社交活动学会 188了排队，保持马桶清洁，不在公开场合清嗓子和吐痰。远离农耕的西方人也曾经学习过这些事情。

标准观点是，西方社会正在文化领域统领世界，这就好比日本领导其他东亚国家相继实现经济发展的雁行模式（Flying Geese）一样。[41]一个替代性的观点是：文化是路径依赖的，取决于它们自身的遗产。"多元现代性（Multiple Modernities）"这一术语应运而生。既然只有蛊惑人心的政客会认为全球化正在完全毁灭本土文化，那么这种观点就具有选择半满而非半空的壶的味道。围绕均值的变化是真实的，但是对于现代化的集中趋势是次要的。东亚文化确实在很快地演化。以排队的习惯为例。这个习惯可能是由西方出口到亚洲的，但在西方它是一个既不普遍也不永恒的特征。一名德国游客在 19 世纪 50 年代哀叹英国人不习惯排队，但是在 20 世纪 50 年代我注意到德国人不习惯排队，而在 21 世纪的英国排队的习惯又再次减弱。亚洲价值观的倡导者可能说，麦当劳正在把像排队这样的文明行为出口到东亚，而恰在同时西方的人们在淡化这样的行为。这

---

〔41〕 有关讨论见 Grace Davie, *Europe: The Exceptional Case* (London: Darton, Longman & Todd, 2002), pp. 155–157。

太令人失望了。文化总是在变化，但是总体而言东亚的公共行为已经朝着西方预期的更高的方向迈进。

如同诺贝特·埃利亚斯（Norbert Elias）的作品所揭示的，西方早期是借助于上流社会惯例的向下渗透而实现了礼仪的进步，东亚正在发生的事情并非与其完全不同。东亚新的行为举止全部起源于西方。在品味和行为的传播方面总是有交互影响，所有这些正在冲击一般意义上的文化固定性的概念和东亚特定的持久习惯的信念。中国台湾人有一些日本人的品位，而中国香港人有一些英国人的品位，但是他们都很少意识到这些品位的起源。法国连锁超市家乐福起初在日本经营得不太好，因为日本顾客想要的是高价的法国美食，不是便宜的日本菜。意大利时装商店阿玛尼在北京开的第一家店把大门漆成了红色，红色对于中国人而言是一种表示吉利的颜色。但是，购物者想要的是时尚而非传统。"顾客憎恶它，"经营者本人写道，"他们想要的是米兰的乔治·阿玛尼（Giorgio Armani）。我不会再犯同样的错误了。"[42]

行为也已经以更具破坏性的方式发生了改变。人口统计学和性行为的习惯足以说明这一点。在 1955 年，2/3 的日本夫妻是通过包办婚姻结合的，但是到了 2003 年这一数字下降到了不足 10%；许多日本人基本上很少约会异性。生育率已经下降到不足以维持种族繁衍的水平，每名妇女生育 1.29 个孩子。这是在发达国家常见的一种极端趋势的情况。因此，日本各地政府担心没有足够的年轻人约会和结婚。自 20 世纪 90 年代末开始，对于单身人士而言，徒步旅行和相亲一直受到官方的资助，但是截至目前收效甚微。所谓名人的劝说同样徒劳无功，可笑的是，如今的名人不过是性吸引力的一

---

〔42〕 The Economist, *The World in 2004* (London, 2003), p.119.

个标准。

平均而言，年轻的日本女人迟至 29 岁才结婚，这在亚洲文化中是前所未闻的。在传统亚洲社会中，大多数女人都是在豆蔻初开之时就已经嫁为人妇。由于 20 世纪 80 年代末财富暴增，女性已经成为疯狂的消费者，她们弥补了上一代因为战争被剥夺的购物体验。[43] 到 20 世纪 90 年代，她们中的许多人每个月为自己花费 2000 美元。也许，她们的极端购物是一种空虚的表现；年轻的男人据说下班后就筋疲力尽了，通过他们在通勤列车上的紧张状态也可以证实这一点。部分白领女性展示自我的高峰体现在 1993 年的"修身"热。下班以后，数以千计的白领女性脱去她们的公司制服，换上丁字裤，外加一些皮草和羽毛的行头，同去迪斯科舞厅在闪光灯下热舞。聚集在那里的年轻男子一起无精打采地盯着多达 5000 个女人。

在日本和东亚，如果女人还没有孩子，那么她们通常"是自由的"；但是，如果有了孩子，那么她们会受到传统男性观念的束缚。马丁·沃尔夫（Martin Wolf）认为，越来越少的女人愿意生孩子，"这是一场女性反对大男子主义的战争。女性正在赢得胜利。如果统治这些国家的男人不屈服，那么不久他们的社会就会土崩瓦解"[44]。有人可能补充说，特别是现在，法律最终已经许可日本妇女口服避孕药。许多针对女性的歧视在日本持续存在，延迟结婚和不要孩子似乎是日本女性做出的抗拒姿态。另一方面，它们可能是过渡时期的特征，并且最终会恢复到以前的规范，不过，文中所阐释的巨大变迁证明完全的倒退是不可能的。

一场性革命已经横扫中国，同时国家不再干预私人生活的决策，

〔43〕 *Australian*, 22 Apr 1995.
〔44〕 *Financial Times*, 7 Jan 2004.

例如个人可以决定选择怎样的结婚对象和是否离婚。[45]中国的出生率也已经急剧下降。政府已经弱化了在禁止性爱场景的电影方面的审查。北京和上海已经开了不少性用品商店。婚前性行为已经变得比较普遍；老年人的离婚和同居也是如此，这些老年人可能在经济上独立于反对他们再婚的子女。在上海，50%的再婚以离婚收场。在20世纪80年代初，中国实施经济改革之后不久，钟摆开始摆向与40年前相反的极端，毕竟在40年前恋爱和性还被指责为资产阶级的腐朽生活。与所有这些相伴随的是包括艾滋病在内的性传播疾病的猛增。在整个东亚以前较为保守的社会里，存在许多其他交际障碍的迹象。[46]

生活在蓬勃发展的中国，如果没有一丝改变是不可能的。在存在大量冲击的情况下，要想保持以前的生活方式几乎是不可能的；前面提到的心理疾病无疑与新旧规则的冲突——认知失调——有关，新价值观在争取为人接受的过程中当然会导致个人焦虑。显然，现代东亚人的文化更多地归功于该地区的过去，即其祖父母辈的文化，而非像纽约人一样的文化。然而，现代文化并不鼓励人们拥有其祖父母辈所熟悉的那些信仰。如果其祖父母仍然活着，那么他们也不得不做出相应的调整。虽然部分老观念仍明显存在，但是也就仅此而已。

在这样的条件下，正在形成全新的身份，从四川乡下来到深圳电子厂工作的女孩们的经历可以证明该观点。[47]工厂经理和当地的市民嘲笑她们的乡下口音、土里土气的牛仔裤、不会化妆、把针织

---

〔45〕 *Australian Financial Review*, 18 Nov 2003.

〔46〕 Jones, *The Record*, pp.137–140.

〔47〕 Ngai Pun, "Becoming Dagongmei [working girls]: The Politics of Identity and Difference in Reform China," *China Journal* 42 (1999): 1–18. 赫斯勒（Hessler）在《江城》（*River Town*, p.250）提到了城市人实际存在的对四川外来务工者的厌恶。

当作消遣和分享一切的习惯。流行文化和工厂工作促使年轻的打工妹走向性独立，这就是曾经纯朴的四川人很快变成的样子。

在西方国家的亚洲移民甚至面临更大的社会压力，但是同时面临巨大的因应变化的阻力。社区中的保守分子希望他们坚守过去的身份。至少在美国，主流社会已经赢得了这场大仗；大多数已婚的34岁以下亚裔美国人据说都有非亚裔配偶。然而，在社区政治层次，刘柏川（Eric Liu）所说的"职业的亚裔美国人"仍然引起了不安。[48] 事实上，除了目光短浅以外，个人没有理由不采用多元身份，并使用多个护照。刘柏川撰写了《偶然成为亚洲人》这本书宣布，他拒绝"接受身份政治学的界线"。"美国生活的终端产品，"他宣称，"既不是单一文化主义，也不是多元文化主义，而是跨文化主义。"他自己的孩子将是中国—苏格兰—爱尔兰—犹太裔，其著作的评论者认为，"区分'亚洲人'和'美国人'的任务可能会比我们所能设想的更快地成为一个学术问题"。

〔48〕 *Australian Financial Review*, 5 Jun 1998 (reprinted from *New York Times* Book Review).

第八章　经济变迁与文化反应

在 1946 年，乔治·奥威尔坐在英国酒吧里，构思着严格的节制消费的细节，后来在《一九八四》中严格节制消费造成了英国的极权主义恐怖氛围。他的大多数同胞相信，他的所有预言都是极有可能的。当然，很少有人认为，在 20 世纪末的时候英国可以保持繁荣，更不要说与繁荣相随的更为自由的生活方式了。战后的寒冬需要假以时日才会转暖，不过它到底是变暖了。美国人把在 20 世纪 50 年代长大的人称为"从不张扬的一代"，但是即使在这一代人的焦虑和虔诚之中，更为快乐的生活似乎也变得可能。与此类似的是，现在人们认为，僵化的维多利亚女王后期和爱德华时代已经孕育了令人震惊的转变，这种变化反映在第一次世界大战期间人们的行为方面。

从奥威尔那个时候开始，在西方现代社会中，个人选择已经无
限扩大了。可以这样说，诸如有限的收入、社区认可、受到信息限制的市场等约束都曾经使人们难以联系与自己具有相似观念的人，

但是目前人们可以在越来越宽松的约束下做他们想做的事情。网络搜索引擎已经使个人能够按照特殊的偏好（实际上是最为独特的偏好）来找到对方。社会生活和私人生活更大程度的商业化已经把选择扩展到闻所未闻的范围。因此，看法已经改变——无疑是通过学习过程和认知悔悟。文化价值观适应了机遇。曾经被认为不可想象的行为变成了新的规则。没有任何两代人的文化曾经是相同的，这只是因为历史为每一批人提供了不同的"创伤性印记事件"。与其祖先相比，婴儿潮时代出生的人和比他们更年轻的几代人经历了最低程度的社会创伤，获得了无比丰富的选择与自由，以及由此带来的个性张扬。

目前可以轻松获得所有类型的服务。作为品牌顾问，布莱恩·博伊兰（Brian Boylan）说："你可以在欧洲一个有趣部分的有趣城市找到一个有趣的艺术博物馆——毕尔巴鄂的古根海姆博物馆（Guggenheim Museum Bilbao）——人们都知道它。"[1]自第二次世界大战结束以来，零售业革命持续了较长的时间，使超市所提供商品的范围扩大了上百倍。[2]晚餐会的讨论和街头抗议可能嘲弄了超市购物，但是正是超市使每一个人可以像古时候的王子一样生活。食品的真实价格已经显著下降；虽然欧盟动用纳税人的钱来支持农场收入，但即便在欧盟食品的真实价格也已经下降。正如博伊兰所观察到的，"现在每个人都可以买到过去"——回到20世纪60年代——"用来留给富人或者追赶时髦的伦敦人的东西。"乐购（Tesco），英国超市的市场领导者，已经"为老百姓做了玛莎百货（Mark & Spencer）为中产阶级所做的事情。它们说，'老百姓（Joe

196

---

〔1〕 *FT Creative Business*, 13 Jan 2004.

〔2〕 参见 Eric L. Jones, *The Record of Economic Development* (Cheltenham, U.K. : Edward Elgar, 2002), pp. 175–197。

Bloggs）——不管你有多么贪婪的欲望，我们都可以服务你'……在某些类型的购物方面精英主义已经远去"。

在历史上，无论西方还是其他地方，放纵的行为因为缺乏机会而受到了抑制。只有富人可以逃避约束。他们的朋友可能发出嘘声，但是不可能被理会。其他人没有那么自由，因为要么他们不愿意冒险失去自己拥有的那一丁点东西，要么他们的居住地受到了限制。另一方面，如今西方国家的大多数人感到，他们有机会放纵自己而不会招致许多（如果有的话）公众不满。增加的收入、技术发展和信息的完全可获得性意味着，他们相信自己可以不受惩罚地参与其父母辈或祖父母辈视为禁区或者几乎无法想象的活动。

可以想象，如果一个人获取信息的渠道是纸质媒体和电视，那么他无法明白现在西方所消费的网络色情内容的规模和性质。[3] 显然，2004 年英国最受关注的电影不是《指环王》或者最新的《哈利·波特》，而是一部被盗的自制影片，在这部影片中，一位前儿童节目主持人正在屏幕上做爱——这部影片被 600 万人下载。这已经成为西方国家关注的主要领域，在这个领域近期的变化使他们不再关注欠发达国家公众对于经济一体化的态度，那时从其他方面来看，经济一体化已经将世界更紧密地联系在一起。西方社会有一个看似矛盾的概念，即大众个人主义（Mass Individualism），这个概念体现在西方的文化产品及其在海外的传播方面。大众个人主义已经逐渐成为国际冲突的一个较重要的潜在根源。

西方的发展表现最为突出的是性别、女性地位和个人性行为等方面。问下 30 岁（我教过的 MBA 学生的年龄）的女性，为什么他们的选择是要极少的孩子或者不要孩子，或者为什么要推迟建立

---

〔3〕 *Australian Financial Review*, 11 Mar 2005（重印于 [*New Statesman*]）.

家庭的决定。她们的回答是，她们"负担不起"，这听起来是荒唐的，毕竟她们与另一半加起来——或者有时一个人——每年实际上挣的就和她们曾祖父与曾祖母一辈子挣的差不多，而这些曾祖父母辈的人要负担有 7 个、8 个、9 个甚至 10 个孩子的家庭。赶快从她们最初令人难以置信的回答中摆脱出来，要明白，这些女性对其行为的解释实际上考虑到了她们对自主权、个人潜在发展、职业前景、异国度假和物质消费的需要。难道她们的曾祖母就不喜欢这些选择吗？我们应该问，为什么现代的妇女有那么少的孩子，但是为什么她们的曾祖母有那么多的孩子吗？曾祖母缺乏不生那么多孩子的选择。为了确保生存并得到一个家，她不得不及早从狭窄的圈子里选择一个可能的人作为她的丈夫；缺乏有效的避孕措施意味着在她们婚后通常会有一个大家庭。

不可否认的是，在农村人们可能有意要生较多的孩子。大家庭可以提供足够的男子种地，以及为父母年老时提供维持生活的保障。在发达经济体中农业进步和国家养老金已经解决了这些问题，同时为女性提供的工作和独立的收入已经解决了其他保险需要——找一个丈夫来谋生。曾祖母辈不得不做的事情反映了一个令人心情沉重的事实，那就是她们所在的社会期望她们这样做。虽然当部分当代年轻女性为时已晚地发现她们生育后代的大好时光已经悄然逝去时，她们会感到痛苦，但是在批评她们的决定时要慎之又慎。这是发达世界的社会所鼓励和认可的。

如今结婚经常被延迟，且在某种程度上遭到拒绝。生孩子更是如此。这并非一场反对造人性爱的战争。它也不是性罢工（*Lysistrata*）*。

---

　　* 《吕西斯特拉忒》（*Lysistrata*），为古希腊剧作家阿里斯托芬（Aristophanes）所作，描写的是女主人公为了促使战争早日结束而对男性实施性罢工。此处代指性罢工。——译者注

性行为的转变早于避孕药的发明，在由官方压制的 20 世纪 50 年代就已经开始出现。但是，更早的历史可以追溯到第二次世界大战时期放纵的性行为。然而，避孕药扫除了人们对于怀孕的担心。以前比较谨慎的，虽说不上更加恐惧的行为和加强人们谨慎性和恐惧心的公众态度是真实文化的一部分吗？不，它是因为在有限的可能性下人们缺乏天然的机会进行安全的交合。埃尔斯佩思·赫胥黎（Elspeth Huxley）的证言说明了这一点。[4] 在 20 世纪 20 年代中期，赫胥黎是雷丁大学的本科生。她在 1968 年写道："我认为，是汽车解放了学生们的道德；事实上，学生们已经变得很富有，足以购买自己的汽车，或者至少认识购买了汽车的人……人们讲了很多年轻人道德滑坡和不愿信教的事情。事实上，并非宗教或道德使我们中的大多数人能够保持相对的贞洁，而是缺乏工具使然。"

现在可以获得更多选择的另一个指标是结婚对象相对年龄的变化。平均年龄差距可能仍然在两岁，但是距此平均值的离差已经显著扩大。[5] 如今选择岁数较大的新娘的英国男人是 20 世纪 60 年代的两倍之多。现在岁数相差 5 岁甚至更多的配偶的发生率超过了 50%，而在 20 世纪 60 年代是 36%。配偶的平均年龄之差在 5 岁以上部分是因为离婚和再婚。与一个年龄大的男人结婚不再是一个年轻女人保证安全和地位的唯一方式。她能够实现其个人目标，并与她希望的人结婚。而她在欠发达国家的姐妹们则没有那么自主，在欠发达国家，一半人口，当然包括一半女性人口，都仍然住在村庄里。在一个村庄中，一个人会碰到长者或社区所选择的限制性的或者特殊的习俗；然而在城市里人们有可能吃上一顿自助餐。

---

〔4〕 Elspeth Huxley, *Love among the Daughters* (London: Quality Book Club, 1968), p.64.

〔5〕 *Financial Times*, 12 Dec 2003.

时尚甚至比求偶行为更有弹性。例如，在 20 世纪 60 年代引入超短裙时，主妇们对其极度反感，但是 10—15 年后时尚再次改变，剩下主妇年龄的女人们穿着超短裙，而她们的女儿们则喜欢长裙。因此，标准经济学家的观点是正确多于错误：文化是易变的，并且能够通过外部因素来解释，这并不是说，在它如幽灵般穿越历史时，它不会对生活和支出施加一些强大的影响。

礼仪（Civility）已经减少。礼仪的意思是好的行为，可以被解释为避免冲突的一种方式，例如日本更为正式的顺从和鞠躬——这　200与对受礼者的关心几乎没有关系。而且，在西方，自第二次世界大战以后不只是礼仪和尊重出现了滑坡；威胁行为、涂鸦行为、故意破坏文物的行为、刑事损害和夜间大声喧哗都是显而易见的，英国当然也不例外。到 20 世纪末的时候，这些事情令许多人感到生活得比较痛苦；一位国会议员，弗兰克·菲尔德（Frank Field）响应其选民的请求，撰写了《来自地狱的邻居》一书。[6]比这更糟糕的是，早在 1950 年，英国在经历长达 7 个世纪的暴力死亡率的下降后开始出现倒退。[7]

人们有必要哀叹礼仪和顺从的减少吗？在某些方面，答案肯定是肯定的。在街道上和教室里的混乱与暴力对人们没有什么好处。然而，通常情况下，答案肯定是否定的，因为以前要求顺从的社会限制了那么多人的生活。现在新得到的机会允许空前数量的人们能够以别具一格的方式行事，这是他们的祖先无法想象的。例如，他们可以支持孩子读书或者自己参与文化活动——见证了像考古、赏鸟、绘画、参观博物馆和乡间宅第等业余爱好的惊人增长。对

〔7〕 T. R. Gurr, "Historical Trends in Violent Crime: A Critical Review of Evidence," *Crime and Justice* 3 (1981): 295–355.

于以前的两代人而言这是真正的解放，因为他们几乎没有闲暇或者可以自由支配的收入。即便英国是也比它从前更友善，对女性、少数民族、性少数派等更为关爱，不过对其他社会阶层仍然做得不够。

然而，对个人主义、机会和选择要一分为二地看。正如让－保罗·萨特（Jean-Paul Sartre）所说，今天我们因为自由受到了惩罚。在英国，媒体报道有 25 万人做过心理治疗，比不上美国做心理治疗的人的数量，他们这样做只是证明了家庭支持和教堂支持无法缓解的痛苦的深度。心理治疗和类似的技术中心针对个人而非群体，针对群体的心理治疗是由教堂服务的。戴维·马丁·琼斯（David Martin Jones）的书中引用了几位作者的话，这几位作者发现，东南亚在 20 世纪 60 年代的快速增长"带来了在个人层面和国家层面的身份困惑"。[8] 这几乎并非空想，看看在因富裕而出现现代肥大症期间困扰许多西方人的角色混淆就知道了。既然 1/4 的人口都服用过调理情绪的处方药，那么法国的痛苦必然是极大的。[9] 法国家庭的瓦解具有较高的成本，部分地解释了在 2003 年 8 月的热浪期间 * 为什么有 15000 人死亡——这是自 1918 年"流感"大流行 ** 以来最高的平民死亡人数。死亡人数较多的是老年人和独居者——这些人的家人已经把他们抛弃而去了海滩。

---

〔8〕 David Martin Jones, *Political Development in Pacific Asia* (Cambridge: Polity Press, 1997), p.141.

〔9〕 *Guardian Weekly*, 13 Nov 2003.

* 指 2003 年欧洲热浪潮，期间法国丧葬服务中心仅在 8 月 4—10 日就处理了 3230 名死者，较高的死亡率是由罕见的热浪天气造成的，法国卫生部长马泰称法国面临的是"一场真正的流行病"。——译者注

** 1918 年流感大流行（1918 flu epidemic）是于 1918 年 1 月—1920 年 12 月间爆发的全球性 H1N1 甲型流感疫潮，由西班牙流行性感冒引起的传染病，曾经造成全球约 5 亿人感染，5 千万到 1 亿人死亡。其名字由来并非因为流感从西班牙爆发，而是因为当时西班牙疫情最严重。——译者注

超个人主义（Hyperindividualistic）趋势本质上并非不可阻挡。一次大的经济萧条就可能扭转它，意识形态革命或者宗教复兴也有可能扭转这股趋势。然而，目前这股趋势是趋向于个人主义和它所代表的机遇与挑战的烦人组合。无论这些东西是否比过去的问题更让人难以忍受，依我看，它们都会逐渐将西方国家与自己的过去区分开来，并且明确地将它们与欠发达世界区分开来。

202

一

让我们暂时思考下宗教方面的当代变化，在宗教领域，潜在的问题与其说是当前在西方内部行为分歧的程度，倒不如说是这些分歧是否会持续下去。首要的是美国与欧洲的不同。在去教堂礼拜和宗教忠诚方面，美国要远比欧洲杰出。自 18 世纪以来，在财富长期持续增长的情况下，教会成员也增长了 200 多年，目前只是在缓慢减少。欧洲人谈起美国宗教活动就好像在最大的富裕国家发现了奇闻异事一样。从欧洲的视角来看，拿美国的神创论和电视福音布道活动来调侃是再简单不过的事情，此时他们总是一副惊呆的样子；同时，时事评论员喜欢不停地挖苦宗教右派。欧洲人往往怀疑美国人的诚意，指出较差的福利国家因为宗教信仰以外的原因必须预先安排人们加入教会。对于许多欧洲人而言，使用教会来支持团体已经过时。在他们看来，公共医疗保健和社会保障支付系统的欠缺意味着美国人没有得到解放，他们无法避开宗教。既然美国是宗教试验的天堂，而宪法却不允许设立国教，那么这就太具讽刺性了，也就难怪欧洲人喜欢对此说三道四了。美国提供了足够多的礼拜仪式类型来满足最为稀奇古怪的宗教消费者。如果美国的教会只是保险机构，那么我们可以预期，消费者会争先恐后地加入少数具有大量

203 资源的稳定教会。这也可能意味着，如果美国采用更为慷慨的福利政策，那么去教堂的人群规模就会下降。

格雷丝·戴维（Grace Davie）认为，欧洲在宗教方面其实是奇怪的，宗教怪象不只是大西洋才有，而是世界性的。[10] 在世界上更贫困的地区去教堂做礼拜的人数在激增，但是在主流的欧洲教堂做礼拜的人数出现了下滑。欧洲人广泛的观点是：世界的其他地区，包括美国，必须最终与欧洲保持一致。这不过是世俗化理论。世俗化理论把宗教视为迷信，并认为宗教将逐渐消失，这与其说是科学质疑的结果，倒不如说是因为更多的收入、更好的工作和地理流动性使个人提高了预期寿命，获得了更适宜的治疗方案，远离了令人压抑的社区，由此减少了恐惧（或者推迟了死亡）。与之相反的是，戴维总结道："世俗化基本上是一个欧洲现象，并且是外在的而非现代化过程本身所固有的。"（人们宁可认为，宗教忠诚是现代化所固有的，毕竟宗教可以提供精神安慰和社会支持，并且——暂时性的吗？——吸引着那些在令人不安的变化中经受煎熬的人们。）戴维证明了，现代欧洲几乎没有适合讨论这个主题的词语，并且发现难以设想他们的后基督教社会并非世界未来的样子。然而，欧洲人虽然

204 可能不再去教堂，但是他们不会停止信仰，因此他们观察到这留下了一个可能性，即欧洲可能向其他地区看齐，而非其他地区向欧洲看齐。然而，这种可能性似乎并不太大，因为一旦新一代人在现代化的社会中得到了保证，在世界上较贫困的地区成为教会成员的吸引力就可能减退。当然，这依赖于对宗教忠诚所采用的极端假设的长期观点。

同时，从总体上说，在西方世界，宗教信仰已经不能阻止朝

---

〔10〕 Grace Davie, *Europe: The Exceptional Case* (London: Darton, Longman & Todd, 2002).

着自由思考、后现代和自我实现的价值观转变。例如，大量罗马天主教徒仍然在教，但是他们不再顾虑教皇约翰·保罗二世（John Paul II）针对采取人工方式避孕的指责。已经存在着一种朝向给予个人主义更多表达的一般化趋势，而这受到了世界价值观调查的攻击。[11]对于每个基督徒而言，建立一种自我约束的道德心的价值观的内在化似乎已在减弱，除非他们明确拒绝这种内在化。在过去，虽然存在伪装偏好和灵性退步（Backsliding），但是与警察机关或者法律相比，相信上帝"会看到每一只麻雀掉落"是对机会主义的一种更有效的内在威慑。社会的苛刻要求能够从外部起到相同的作用。除了一些特别的宗教社区，所有这些已经趋于消失。

二

在最近几十年，制造业加速衰退，服务业就业人数增加，这是西方国家主要的发展趋势。服务业需要并创造了拥有技术教育或者高等教育经历的白领劳动力。西方社会的价值观越来越反映了那些来自这种成熟部门的人的立场；媒体和文化产业则在他们中间扩散了社会价值观。在这些方面，西方国家的差距不一定很明显；一些国家可能只是表明了截至目前可获得收入的相对水平。国际交流和国际贸易似乎可以在未来缩小差距。所有国家都在对以下两组力量做出反应：第一，相似的人口结构影响力、经济影响力、环境影响力和地缘政治影响力，它们对每个人的影响稍有不同；第二，全球竞争。每个国家被假定采取的独特路径——并且在某

---

〔11〕例如，参见 Paul R. Abramson and Ronald Inglehart, *Value Change in Global Perspective* (Ann Arbor: University of Michigan Press, 1995)。

种程度上确实采取的路径——依赖于在一个不够一体化的世界经济中它所拟定的模式。持续的全球化将会清除它们中的一些路径，并在物质供给和社会供给方面实现更大程度的标准化。这将通过增加确定性而减少成本和不便。不必考虑会出现单调的统一性——在这方面世界是太过复杂了——但是可以预期，在几十年后会出现进一步的协同，从而使单一发达集团或者西方集团的概念甚至比现在更牢固。

西方出口的东西包括非传统生活方式的影像和报纸，以及对女性来说最重要的自由。关于这个推论的一个极好的例子与巴西有关。来自哈佛人口与发展研究中心的乔治·马丁内（George Martine）在文章中将巴西人口增长率的下降归结为受到了在 20 世纪 70 年代引入的美式电视肥皂剧的影响。[12] "肥皂剧"的传播可能比家庭计划生育具有更强大的影响。在巴西，电视把中产阶级和上流社会的城市价值观扩散到全国，并且"使人们意识到了其他的行为模式和其他的价值观，这些统统经过了极具吸引力的包装"。

在巴西产生的影响就是朝着肥皂剧生活方式的转变，在这样的生活方式中，女人具有魅力、独立性和购买力。"信贷计划"使穷人可以通过分期付款的方式购买像鞋子这样的小商品。根据马丁内的观点，"信贷计划"也导致了"消费模式的巨大变化，并且消费无法满足不加限制的人口增长"。年均人口增长率从 1951—1960 年的 2.99% 已经下降到 1981—1990 年的 1.93%。这不是说巴西妇女们蠢到以为天上飘的全是美元，也不是说肥皂剧只有短暂的影响，而是说妇女们认识到了节育对其健康和生活质量的好处。她们开始把实现更小的家庭规模作为目标，这正如欧洲人在一个世纪以前已经做

---

〔12〕 *New Scientist*, 20 Mar 1996.

的一样。[13] 保守的男人们并不喜欢在尊重女性作用方面的变化。

然而，讲葡萄牙语的巴西不是电视节目的大规模出口者；美国擅长于此，正是美国首先影响了巴西人。美国的娱乐机构和教育机构为世界其他地区设定了目标。唯一严重的例外主义是美国例外主义。其他国家的反应是模仿美国——同时努力用它们自己的产品取代来自好莱坞和哈佛的更为成熟的产品——或者拒绝它的影响，这正如一些威权国家所做的那样，也如法国政界所做的那样。由好莱坞所提供的娱乐日益形成的特征是简单的情节和刻板的人物形象，这是它成功的部分原因；但同时，它也充满了空虚、暴力和色情的内容。这使它成为对美国生活的拙劣模仿。许多研究已经表明了，相比它们自己的国民，美国媒体人在多大程度上不太严格遵守教规。在描绘总体的、与道德无关的生活层面，他们不知道该怎么办。在从世界上最大的娱乐和通信产业可以获取的内容与被认为符合欠发达国家意识形态阵营的内容之间的差距因此扩大了。第三世界本身不太健康的产品，例如武术和功夫电影，还没有招致同样的骂名；在它们背后缺乏好莱坞发行机器的力量。

美国媒体感兴趣的是利润，而在更具威权主义的国家媒体是国家垄断的。所以，美国的媒体没有直接的政治动机。它们几乎不能理解在更传统的社会中通常在电影和电视节目中出现的性别形象的含义。好莱坞不会或者无法审查自己，它一直在喧嚣的国内市场中进行竞争。按照预报员所使用的术语，它"镜像（mirror-imaged）"了国内市场的情况，并且好像已经假定外国消费者要么确实符合美

---

〔13〕 Susan Cotts Watkins, *From Provinces into Nations: Demographic Integration in Western Europe, 1870—1960* (Princeton: Princeton University Press, 1991). 苏珊·科茨·沃特金斯（Susan Cotts Watkins）能够排除标准经济变量的影响，并逐步得出了女性会在圈子内互相交流什么是她们更想要的婚姻结果的结论。

国的品位，要么会遵从美国的品位。在世界上其他地区的商业利益阶层和年轻人当然可能愿意接受美国的产品，但是政治权威和宗教权威不同意接受美国的产品。

政治上不可接受的广播和完完全全的色情无疑会遭到被冒犯国家的禁止。但是，它们忘记了一点，对于这些国家的人们而言，即使仅仅日常的西方生活景象也可能令人心猿意马。我们已经指出了电视肥皂剧在巴西环境中产生的力量。西方人的生活标准令人嫉妒；对于其他地区的女人来说，除了激发男人性欲以外，着装、举止和妇女的地位都提供了具有吸引力的模板。对于族长、宗教领袖和社会保守派而言，好莱坞电影和西方的电视节目是植入异族价值观的特洛伊木马。

从严格意义上讲，单一的伊斯兰教并未受到有意的冒犯，因为当地情况对惯例的影响极大，用马库斯·诺兰（Marcus Noland）的话说，西方只是"减弱了中东传统的影响"。[14] 然而，某种程度的共通之处是存在的。似乎没有人料到在伊斯兰国家会出现极端强烈

的对抗反应。[15] 在这些国家，性别政治大量出现，且未婚男人通常受到压抑。[16] 对于原教旨主义者而言，这样散播的现代性版本似乎正在偷走穆斯林的身份，并试图用乏味、世俗甚至更糟的基督教取而代之。

---

〔14〕 Marcus Noland, "Religion, Culture, and Economic Performance," http://www.iie.com/publications/wp/2003/03-8.pdf.

〔15〕 一个例外是 René-Jean Ravault, "Is There a Bin Laden in the Audience? Considering the Events of September 11 as a Possible Boomerang Effect of the Globalization of US Mass Communication," *Prometheus* 20/3 (2002): 295–300。然而，《经济学人》（*Economist*, 26 Feb 2005）指出，"不只是非故意的形象可能招致某种不安"，从更自由的阿拉伯国家卫星所发送的阿拉伯电视节目本身也会通过所描绘的选举和更高的妇女地带来示范效应。

〔16〕 Jason Burke, *Al-Qaeda: Casting a Shadow of Terror* (London: I. B. Tauris, 2003), p. 246.

三

世界许多地区仍然没有分享先是在西方最近在东亚实现的、全面转型的经济增长。随着中东和北非的大量地区成为世界上最大的落后地区（暂且不讲在次撒哈拉非洲的许多地区出现的混乱局面），摩擦也就出现了。这些地区几乎没有取得任何经济进步，不管从哪一方面看其治理质量都处于垫底的水平。1985—2000 年，在中东和北非，人均实际收入平均每年仅增长 0.5%，远远低于东亚所实现的6% 或 8%。资本外逃是异乎寻常的，居民持有国外其他地区的资金在 1000 亿—5000 亿美元之间。[17] 政权通常是腐败的，也是令人费解的。占 GDP 6% 的军费支出处于世界最高的水平。尽管许多国家有丰富的自然资源，却几乎没有带给居民任何福祉，这些国家的居民都是"资源诅咒"的受害者，来自油田的租金引发了没完没了的争吵。同时，人口增长已经创造了一支由失业青年男子组成的后备军。他们的愤怒是导致不稳定的真正力量。

中东和北非的经济问题在欠发达世界是比较典型的。然而，要将其归结为宗教原因或文化原因则是不靠谱的。[18] "新原教旨主义"和"圣战主义"归根结底是因为移居海外的伊斯兰社会的变化。华盛顿国际经济研究所的马库斯·诺兰发现，没有证据支持有最多伊斯兰人口的国家会比其他发展中国家增长更慢或者有更低的生产率增速。[19] 它们具有两个缺陷：一是低水平的教育；二是过于庞大的政

---

〔17〕 这个估计引自 Eva Bellin, "The Political-Economic Conundrum: The Affinity of Economic and Political Reform in the Middle East and North Africa," *Carnegie Papers* 53 (Nov 2004): 3。

〔18〕 马哈茂德·马姆达尼（Mahmood Mamdani）否定了他所说的围绕恐怖主义的"文化讨论（Culture Talk）"，坚称恐怖主义有其当代政治根源。参见 Mahmood Mamdani, "Whither Political Islam? Understanding the Modern Jihad," *Foreign Affairs* Jan-Feb 2005, pp. 148–155。

〔19〕 正如在《金融时报》（*Financial Times*）2003 年 12 月 8 日的讨论一样。

府部门。但是，这两个缺陷并非伊斯兰国家专有。"当他第一次报告的时候，"诺兰的结果"在（他的经济学家）同事中引起了怀疑和接近于不相信"。然而，他的结论是，"如果一个人关心在主要的伊斯兰教地区或国家的经济绩效，那么传统经济分析可以比社会学或宗教学产生更深刻的洞见"，这个结果似乎更可能是正确的，不过他可能低估了经济学家习惯运用的政治和寻租工具的作用。

《金融时报》评论道："一些社会学家认为，伊斯兰教育依赖于对有限的一套信息进行反复说教的倾向，以及不赞成收取利息的贷款方式，都限制了在伊斯兰国家的创新和增长。"这些行为都是孤立发生的，在部分程度上与其文化有关，但是长期以来经济学家和社会学家一直认可这样的解释。研究伊斯兰欠发达问题的主要学者之一，经济学家蒂默尔·库兰主张，问题在于解释为何伊斯兰国家的边缘群体没有抓住机会采取主流社会已经经历的经济行为。[20]库兰得出的结论是：当地公共话语的属性禁止个人质疑，甚至禁止个人关注社会的无效率；因为知识分子没有好奇心，所以有几本书就可以满足他们的需要，这反过来就降低了对印刷的需要，由此形成恶性循环；这个恶性循环加强了当地公共话语属性的局限性。

这种文化立场既不能解释为何伊斯兰科学在欧洲的中世纪时期能够实现繁荣，也不能解释为何现代伊斯兰社会特别热衷于利用军事装备和信息技术方面的创新。也许，诺兰把文化视为极不重要的方法（"文化虚无性"）和库兰更文化的路线（"文化固定性"）都不是最好的，应该采取中间的立场。可以将文化视为经济行为必须

---

〔20〕 尤其可以参考 Timur Kuran, "Islam and Underdevelopment: An Old Puzzle Revisited," *Journal of Institutional and Theoretical Economics* 153 (1997): 41–71。对于更加极端的固定性思路，参见 David Pryce-Jones, *The Closed Circle: An Interpretation of the Arabs* (London: Paladin, 1990)。

通过的成套过滤器；过滤器能够潜在地放慢经济行为，但是最终会因来自经济的反馈作用而改变。这种解释可以叫作"文化相互性（Cultural Reciprocity）"，在这种解释中文化和经济持续地相互作用。

近代史上最大的文化战争是冷战（Cold War）。[21]冷战只在遥远的国家变热，那里围绕文化的斗争具有压倒一切的重要性。在冷战中，西方获胜了，因为它给了文化生产者更多的机会一显身手；苏联把艺术仅仅限定在政治层面，并坚持以行政命令的方式来决定它可以传播的条件。同样，西方可以容易地获得伊斯兰教的思想，并且少数民族人口在每个国家都建立了清真寺。有人愿意掏钱资助这样的活动，沙特王室是其中最热心的。但是，伊斯兰教缺乏全球传播网络，甚至半岛电视台（Al Jazeera）也是按西方模式建立的。阿拉伯语可能是从北非、中东到亚洲的通用语，但是比不上英语，英语可以影响到全世界各地的有才之士。

214

四

这是否预言了永恒的冲突？这里的基本问题是文化的变迁有多么容易和分析单位有多长时间。几十年前，有人提出了一个富有启发性的机制来解释态度变化，尤其美国选民对空气污染日益增长的激进态度。[22]真实的污染水平实际上在下降，然而，对于能够拥有高收入和工作保障的这代幸运儿而言，污染问题就成了他们抗议的理由。这代人的父母亲关心的是生计问题，但是这代人的支付能力

---

〔21〕 David Caute, *The Dancer Defects: The Struggle for Cultural Supremacy during the Cold War* (New York: Oxford University Press, 2003). 对于第一手的解释，参见 *George Clare, Berlin Days, 1946—1947* (London: Pan, 1990)。

〔22〕 Matthew A. Crenson, *The Un-Politics of Air Pollution* (Baltimore: Johns Hopkins University Press, 1971).

决定了他们关注的是生活质量。显然，对于新富裕起来的中国台湾市民、韩国市民和日本市民而言，城市土地使用和污染的问题同样是最容易引发他们情绪的因素。

一个相关的主题是产品周期。随着不同经济体沿着产品周期依次向着使用更复杂技术且具有更高附加值的核心产业发展，它们将需要并吸引更熟练的且薪水更高的技术工人和管理人员。这些专业人员的孩子将在无忧无虑的、物质舒适的、能够比父辈接受更正规教育的环境中成长。西方的经验是：一部分拥有中产阶级父母和农场工人祖父母的中产阶级孩子开始更多地追求生活而非额外的财产。他们开始谈及非物质收益，例如中产阶级总是渴求的那些东西，即环境清洁、更具有参与性和更多元化的政治、更自由的媒体和公正的法律制度。为什么世界上其他地方的人们缺乏这样的愿望？为了证明非西方人在长期将克制自己不去表达这样的人类共同愿望，必然需要建立一种很强的理论。在东亚，他们已经开始表达自己。并且，根本没有理由把表达愿望的可能性永远地局限于西方和东亚，而让欠发达世界永远沿着一种完全不同的历史轨迹艰难跋涉。

在东亚，经济增长导致政治自由化的可能性已经被质疑，戴维·马丁·琼斯更是坚持这样的看法。[23] 他的理由是，东亚的中产阶级是消极的，并且愿意依靠不自由的政权。他们同意接受管理。由此观之，不清楚的是为什么在中世纪具有足够公共性的基督教能够逃脱紧身衣，同样不清楚的是为什么我们应该相信，不存在其他的价值观体系曾经改变自身。尽管希望琼斯提供对于世界宗教历史的比较可能是不公平的，基督教在经济增长情况下能够产生个人主义

---

〔23〕 David M. Jones and David Brown, "Singapore and the Myth of the Liberalizing Middle Class," *Pacific Review* 7/1 (1994): 79–87; David M. Jones, *Political Development*.

和多元化的事实却表明，这对于世界其他地区而言是一个可行的选择。而且，在基督教伦理和资本主义之间的相互适应经历了一个较长的时期。相比之下，亚洲的经历是极短的，即使日本也不例外；因为亚洲的经历过于短暂，所以它似乎无法笼统地证明，非基督教价值观体系不能适应资本主义价值观。然而，给人留下深刻印象的是快速变化而非停滞不前。

琼斯引用了欧内斯特·盖尔纳（Ernest Gellner）的观点，他指出："然而，新教的个人主义最初可能有利于现代化的产业秩序，一旦秩序'已经形成，所有人都明白了它的好处，它就可以在儒家集体主义精神下更好地运转。'"[24] 实际情况正相反，彼得·林德特已经可靠地证明了多元化相对于集体主义的优越性。[25] 关于多元化乃至议会式民主需要指出的是，它们都不是赢家通吃的制度，而是限制冲突的制度，在这样的制度中竞选失败的政府将自动下野，并为赢者让路。当然，琼斯和盖尔纳两人在亚洲金融危机以前的作品都在一定范围内拔掉了东南亚统治者天命（Mandate of Heaven）的胡须。

五

亚洲价值观能够适应资本主义吗？亚洲社会会采取多元化政治吗？他们已经开始这样做。毕竟，他们已经实现了其他重要的转型。日本、亚洲四小虎和中国都已经改变了它们的大部分行为和信仰，

---

〔24〕 戴维·马丁·琼斯《政治发展》（*Political Development*）第160页引用了盖尔纳1994年的一个评论。

〔25〕 Peter Lindert, "Voice and Growth: Was Churchill Right?" *Journal of Economic History* 63/2 (2003): 315–350.

以适应经济增长。人们很容易受到假设障碍（Assumption Drag）的

218　困扰。因此，外表的变化好像比现实的变化更慢。坦率的新加坡人现在承认需要靠个人主义发展创意经济，并在成为服务中心方面与中国香港展开竞争。他们投资于艺术品，并邀请年轻的澳大利亚人来分享其思想。李光耀已经呼吁他的国民花更多的时间吃午饭，并大加宣传。尽管所有这些威权主义政权都想鱼与熊掌兼得，新加坡对经济潮流的反应却是极其灵活的。文化固定性的观念既不允许做出这样的反应，也不允许出现"魁北克效应（Quebec Effects）"。魁北克效应指的是在大多数预料不到的地方发生了快速的、未经事先公布的社会变迁。

219　　　这里的讨论所引起的问题是复杂的。如果信奉儒家思想的东亚已经在改变其价值观，以适应一连串经济变迁，那么伊斯兰国家能够照葫芦画瓢吗？尽管存在显而易见的困难，一般的回答却是肯定的。不容否认，在中东和北非地区的经济增长和社会变迁将要比目前更快。阿拉伯国家没有能够将它们的石油财富转变为经济发展和社会变迁。在 2000 年，在阿拉伯国家平均接受学校教育的时间大约是 4.5 年，相比之下亚洲四小虎平均接受教育的时间几乎达到了 10年。[26] 阿拉伯国家互联网普及率是非常低的，在 18 个国家中有 15个都低于 10%。在阿拉伯国家只有 33% 的妇女拥有工作，相比之下东亚 75% 的妇女都拥有工作。[27]

　　然而，这些问题是可以通过政策方案克服的，并且已经出现了比初看起来更为鼓舞人心的——尽管更引起争议的——变化。女性识字率在几个国家已经显著提高。在卡塔尔和科威特，70% 的大学

---

〔26〕 *Financial Times*, 21 Oct 2003.

〔27〕 *Economist*, 19 Jun 2004.

生是女生；即便沙特阿拉伯的女生比例也达到了 55%。自从 1970 年以来，女性预期寿命就已上升，并且在过去的 20 年里平均每名妇女的子女数量已经降到了略高于世界水平。仅仅经过一代人，阿拉伯妇女在 20 岁结婚的比例已经从 75% 降到了 38%，并且许多妇女一直推迟到 30 岁才结婚。最为可圈可点的可能是偏离主题的事情，即富有的突尼斯男人现在正在农村寻觅新娘，因为他们认为城市女孩过于独立。

不应该认为，只有新教和儒家文化才能实现成功的经济增长。其他地区被或明或暗地、极其随意地排除在考虑范围之外，因为它们似乎缺乏新教或儒家的价值观。在公开宣称采用新教和儒家的地方都已经成功实现了增长，但是这并不意味着，经济史的传奇已经戛然而止。谁在 1750 年会想到工业革命？迟至 1776 年，《国富论》几乎根本没有提到工业化。在第二次世界大战结束以后，谁会想到东亚奇迹？只有可贵的少数人能够可靠地预测这些发展，但是存在大量因果倒置的推理，这些推理强调他们臆断的文化基础。如果世界其他地区能够成功实现增长，我们可以十分肯定地说，学者们毫无疑问同样会在它们的文化中找到优点。的确，后此谬误（post hoc ergo propter hoc）解释已经开始。在独立后，印度的增长率低迷了 220 几十年，但是近些年已经获得了生机；阿马蒂亚·森讽刺性地指出，印度古老的记账传统已经被拂去灰尘，并被说成是原因。[28]

在另一次对把自由化看作发展的结果的攻击中，戴维·马丁·琼斯提出了固定性思路。[29] 他认为，东南亚正朝着宗派主义的封闭世

〔28〕 Amartya Sen, "Asian Values and Economic Growth," in UNESCO, *World Culture Report 1998: Culture, Creativity and Markets* (Paris: UNESCO Publications, 1998), p.41.

〔29〕 David M. Jones, "Out of Bali: Cybercaliphate Rising," *National Interest*, Spring 2003, pp. 75–85.

界发展，注重利用现代技术传播教会的信息。他推断，在这方面伊斯兰教的"社会性格"成了一个明显的例外，注定不同于西方基督教和东亚的儒教。

本来人们料想，科学研究会使人们对原教旨主义产生怀疑，但是受过大学教育的伊斯兰男子已经放弃了对原教旨主义的疑虑，琼斯对此的解释符合客观的记录。极端主义分子相信，西方的容忍是其衰弱的迹象，但是这种轻视是多元化的敌人总表现出的那种类型。这一次它可能仍然是错误的。我可以引用休·拜厄斯（Hugh Byas）的评论作为证据，他是战前《泰晤士报》驻日本的通讯记者。拜厄斯说："他们认为，民主本质上是'软的'。狭隘的日本军国主义分子无法理解的是：一个国家可以喜欢作乐，放纵自我，喜欢追求新奇事物，爱好和平，憎恨战争；而肆无忌惮的报纸、广播和电影可以反复表达和放大所有这些东西；可是，这样一个国家也可能喜欢复仇，且比较'强硬'。"[30]

如果从相反方向来看伊斯兰国家的经济问题，那么可以认为这是它们实现追赶式增长的大好时机。伊斯兰教展示了大量有助于贸易的特征。当前的文化战争被西方日益增长的个人主义和性滥交加剧了，但是在西方所发生的情况并非推断伊斯兰价值观无法适应快速经济增长的理由。伊斯兰价值观可能具有较强的适应性，这是一个大胆的命题。伊斯兰文化以前曾经昌盛过，因此认为它永远也不会再昌盛是不符合历史事实的。

---

〔30〕 Hugh Byas, *The Japanese Enemy* (London: Hodder & Stoughton, 1942), p.81.

第九章　文化保护

　　斯坦利·杰文斯（Stanley Jevons）在 1880 年写道："一个社会的各个阶层本质上都是工团主义者，其区别主要在于他们赖以推动各自利益的胆识、能力和秘密不同。"[31]我们仍然生活在一个多重扭曲的世界中，在这样的世界里，生产者群体热衷于寻租，并且努力阻碍贸易和竞争。正如曼瑟尔·奥尔森（Mancur Olson）所观察到的类似联盟一样，如果特殊利益集团打算从一个社会的大锅饭（Common Pot）中拿走他们想要的东西，那么他们不会忍受任何限制。[32]除了农民无法转让所有权以外，其他人都在坚持不懈地试图在使利润私有化的同时将风险社会化，避开外国竞争，攫取纳税人的钱，目前其中表现最为突出的是艺术产品和娱乐产品的生产者。

---

　　[31]　引自 Henry Phelps Brown, *The Origins of Trade Union Power* (Oxford: Clarendon Press, 1983), p.12。

　　[32]　Mancur Olson, *The Rise and Decline of Nations* (New Haven: Yale University Press, 1982). 对于联盟含义的总结，可以看第 74 页。

他们的方法是在一般化的讨取和对特定苦情的伸张之间摇摆。在把好莱坞作为一个目标之前，他们很少针对美国以外的对手；通常，他们的进攻被视为民族主义的宣泄。

娱乐业的代言人大概相信，公众要么会被他们的呼吁打动，要么会发现他们要价太高而加以抵制。文化生产者运用了他们所有可以动用的公共关系，从而获得了优势。他们明白自己可以得到多少或者失去多少。除了写信给报纸和指望政治家在面临特殊利益集团的游说时能够捍卫自由贸易和竞争以外，分散的消费者几乎没有什么办法。因为获得业务，特别是制作电影的业务所带来的收益可能是巨大的。"惠莱坞（Wellywood）"，是那个拍摄了三部《指环王》史诗巨作的新西兰公司的讽刺性的名字，一度成为该国最大的私人雇主。[1]部分竞争优势在于，新西兰元那时相对其他货币比较疲软，因此培育一个技能基地是值得的，新西兰寄希望于通过坚持制作电影来应对汇率变得不太有利的局面。

澳大利亚的利益集团长期对新西兰的竞争感到不满，因此他们齐刷刷地指向了夸大其词的文化保护主义。当一个贸易协议禁止把新西兰的电视节目排除在澳大利亚的市场以外时，不满变成了愤怒。[2]一名代表澳大利亚反对党的发言人宣称，新西兰的竞争不仅威胁了澳大利亚人的文化身份，还威胁了他们的人权。澳大利亚政府后悔贸易协议妨碍了它排除新西兰的竞争，但是信誓旦旦地说，本地内容配额在未来的10年会隔离澳大利亚"世界级"（然而不知何故经常悲惨地受到攻击）的电视网络，使其免受新的国外攻击。澳大利亚的电影制造商并未因为这个承诺感到莫大的安慰。其中一家

---

〔1〕 *Economist*, 6 Dec 2003.

〔2〕 Eric L. Jones, *The Record of Global Economic Development* (Cheltenham, U.K.: Edward Elgar, 2000), pp. 171–172.

电影制造商要求，应该拒美国电影于门外，因为它们不会讲澳大利亚的故事，这引发了热烈的掌声。[3]他主张，政府应该"完全将文化从谈判桌上拿下"。一名代表电影协会的女演员补充说，为澳大利亚文化着想，电影业想要的是不在所提议的美国—澳大利亚自由贸易协议中涉及电影贸易方面。[4]当然，她没有定义澳大利亚文化——这种论题通常指的是在一个给定国家所生产的产品，而实际上指的是那些生产产品的人获得的收入。

"使澳大利亚只播澳大利亚人的电视节目"，由本地文化生产者组织所出版的并由一长串它的成员签名的报纸广告这样要求。"屈服于来自新西兰的这个压力"——新西兰只是要求应该执行自由谈判的贸易协议——"我们不只是放弃了我们作为一个国家通过电视定义和表达我们文化的一小部分权力。有可能我们会失去所有……我们需要一点帮助……我们不需要施舍……可以在不花纳税人钱的条件下修正这个问题。"[5]事实上，消费者的钱将被转移到购买更昂贵的本地产品，而且消费者的选择会受到限制。

澳大利亚儿童电视基金会会长发起了对来自"排外和狭隘的"美国的竞争发起了攻击。[6]她指出，毁灭一个民族的方法就是夺走他们的历史和梦想，用进口的历史和梦想进行替代，从而消除他们的风俗习惯。小众文化本来可以通过地理隔绝和语言隔离得以幸存，但是因为新的通讯技术的发展，"文化保护的旧形式和个体文化内在的价值观正受到挑战"。这些"价值观"的本质和优越性仍然像往常一样不明不白地消失了。接下来是对美国社会及其"阴险的"商业

226

〔3〕 SBS Television, 12 Nov 2003.

〔4〕 Channel 9 Television, Melbourne, 3 Dec 2003.

〔5〕 *Australian*, 22 Jun 1998.

〔6〕 *Australian*, 3 Jul 1998.

广播的侮辱性的评价。在堪培拉国家美术馆演讲的一名艺术导演把怨恨的光束射向欧洲。不能再要更多的海外艺术，"我们的关注点不是欧洲的关注点"。应该暂停 10 年购买进口的艺术。[7]

孤立主义、赞助、补贴和限制性的市场带给文化官员的权力没有得到承认。在面临这种偏狭性的情况下，许多最有天赋的澳大利亚表演者已经离开了该国，这与自 1990 年以来本土出生的年轻人大量移居海外是一致的。只有为数极少的人指出，贸易显然是相互的：澳大利亚表演者获得了海外演出的机会，而电子革命使他们可以出现在任何地方的市场上。只有为数极少的人支持自由贸易和知识的开放性。对于保护主义者最强有力的反击来自伊姆雷·绍卢申斯基（Imre Salusinszky），他由文化保护主义的高涨联系到了关于世界贸易的整体舆论。[8]在 20 世纪 90 年代，文化生产者和工团主义者都意识到了，人们的情绪正在由为产业界的特殊请求提供自动支持发生改变，因此他们都转向了基于文化认同和国家认同的推理。

绍卢申斯基谈到了前面论及的儿童电视官员，说她真正想要的是《芝麻街》中大鸟的角色由一只鸸鹋承担。不应该把这当作一个低级的嘲弄而不置可否。这个趋向与其他使澳大利亚脱离共通的西方文化的尝试是一致的。本地生产者已经游说用兔耳袋狸取代复活节兔子（Easter Bunny），从而确保新编造的关于本地动物的故事能够占领复活节市场。很少有人在之前听说过这些本地动物的故事，并且几乎没有人曾经读过这些故事。

〔7〕 *Australian*, 31 Mar 2000.

〔8〕 Imre Salusinszky, "The Culture Club Con," *Age*, 24 Jun 1999.

一

　　澳大利亚的民族主义者所说的一切都在法国人面前相形见绌。
康纳·克鲁斯·奥布赖恩（Conor Cruise O'Brien）把法国大革命描
绘成一个发明，"它在一端注入的是清澈而平静的普世主义的小溪，
不知为何在另一端流出的却是咆哮而激进的民族主义的洪流。"〔9〕法
国人一直不断活动，以确保其语言的国际地位，宣传他们的文化，
并排斥法国以外的竞争。早在 1884 年，在华盛顿召开的旨在建立国
际时区的本初子午线会议上，一名法国外交官要求所有的会议提案
都应该被翻译成法语。〔10〕由于美国人表示了对可行性的担心，这个
要求没有得到满足。他又要求采取"中立的"本初子午线，本初子
午线是校准时区的依据，但是这个要求是不合理的，因为每一条子
午线都会经过其他地方的国土。最终，他宣布，如果盎格鲁—撒克
逊国家能够采用"中立的"公制，法国可以承认英国的子午线。但
是不管怎样，英国的子午线还是被表决生效了（法国投了弃权票）。
后来，在 1898 年，法国法定时间被悄悄地定义为："巴黎平均时间，
相对于本初子午线的时间推后 9 分钟又 21 秒。"

　　从那时到现在，法国利益集团显示了同样的顽固性。一家法国
葡萄酒制造商把澳大利亚葡萄酒比作可口可乐，并称那些购买它的
人是俗人。〔11〕然而，造化弄人，2002 年澳大利亚葡萄酒在美国市场
的占有率超过了法国葡萄酒。法国厨师们发布了一个宣言，称使用
陌生调料和不熟悉的食品搭配会丧失法国菜的风味。考虑到许多法

　　〔9〕　查尔斯·汤曾德（Charles Townshend）在 2004 年 1 月 17 日的《金融时报杂志》（*Financial Times Magazine*）中引用了这句话。

　　〔10〕　Clark Blaise, *Sir Sandford Fleming and the Creation of Standard Time* (London: Weidenfeld & Nicolson, 2000)

　　〔11〕　Kym Anderson, "Wine's New World," *Foreign Policy*, May-Jun 2003, p.47.

国佐料来自美洲，这种说法是比较奇怪的。一位同事告诉我，他曾经听说一位意大利人在一次国际会议上一开始用英语陈述一篇论文，费尔南·布罗代尔（Fernand Braudel）突然跳了起来，并且大喊："你有一种漂亮的语言，为什么你要用'这种野蛮的语言'呢？"研究者于是改用意大利语演讲，但是大多数观众离开了会议室。

229　　埃里克·霍布斯鲍姆（Eric Hobsbawm）同情法国："在两代人的时间内由全球霸权国家沦为区域性的国家确实让人难受。"[12] 他补充说，他们"反对通过全球化的过程使本质上多元化的人类社会同质化"的行为注定是无望取胜的，但是是有必要的，并且不是绝对会失败的。他的话体现了一种奇怪的保守性。世界是多样化的，并且是动态的，所以不可能消除所有的差异，同时通过全球化的多重相互作用，它获得了数不胜数的新的综合体。说起来，霍布斯鲍姆自己的多重职业角色就是多元性的证据。目前正在发生的事情是使越来越多的人能够获得像他所拥有的那些机会。的确，他承认这一点。他评价道，法国已经发生的事情"标志着只有精英在国际交流时才用得上的少数派文化的终结"。

　　反全球化和反美国的说辞使法国的文化生产者能够极其紧密地与该国的政界领袖人物结盟，却是和法国实际发生的与国际经济的一体化和法国人民国际化的消费习惯相矛盾的。尽管一两个营业网点受到破坏，麦当劳却一直在法国大张旗鼓地扩张。无论什么民族、来自哪个国家或地区的法国公民都被视为法国人，就如同那些一二十代的祖辈都在法国土地上生活的人一样。标准版的美国人或者（不太迅速的）英国人是从移民家庭创造的，法国移民也被期望

---

　　〔12〕 Eric Hobsbawm, *Interesting Times: A Twentieth-Century Life* (London: Allen Lane/ Penguin Press, 2002), pp. 336–337.

能够以同样的方式吸收法国文化。

二

补贴艺术是文化保护主义者的主要目的之一。在对英国纳税人数以千计的要求中，有一个是由杰拉尔德·考夫曼（Gerald Kaufman）提出的，他是下议院文化委员会主席，当时他主张大量纳税人的钱应该花在制作"适合"的英国电影方面。[13]高里勋爵（Lord Gowrie）已经提出了一个数字。他认为，艺术应该获得总的公共资助的1%，并且按每年2%的指数浮动。[14]奥尔森是对的，特殊利益集团在从大锅饭中获得他们想要的东西时没有任何底线。

一位英国广播公司的音乐节目主持人，伊万·休伊特（Ivan Hewett）对于需求的呼声做出了敏锐的观察。[15]他评论道，最初的英国资助机构——艺术委员会——是在艺术的永恒真理与精英的个人偏好吻合的情况下创建起来的，那时对艺术的定义太过宽泛，因此艺术委员会总是想要更多的补贴。菲利普·汉休（Philip Hensher）也评论道，官方干预机制反映的是精英统治社会的要求，但是这种社会已经不复存在，只不过专断的资助方式阻碍了我们对事实的认识。[16]从前，广播和音乐厅是最方便的听古典音乐的方式。现在，对任何作品都可以下载或者在唱片店购买二三十个版本，"这被大量地用于证明必须不惜任何代价地保护文化赖以传播的方式"。没有人考虑到，相对于当前的需求而言，可能存在了太多的现场管弦乐队。

---

〔13〕 BBC 4, 18 Sep 2003.

〔14〕 *Spectator*, 12 Jun 1999.

〔15〕 *Prospect Magazine*, May 1999.

〔16〕 *Spectator*, 12 Jun 1999.

国家资助的艺术涉及了政治理论家关注的全部范围。在这个范围极权主义的一端，拖拉机壁画代表苏维埃现实主义，而最和蔼和最狡猾的顺从则代表纳粹的品位。真的和蔼吗？戈培尔颁布法令，称文学批评是一种犹太式的颠倒黑白，那么这个观点一定是友善且和蔼的！在这个范围的另一端是确保受帮助的艺术家和受帮助的国民保持竞争优势的补贴，这些补贴支持了数以万计似乎无伤大雅的美术馆、音乐会和图书。结果有时可能是极好的，但如果没有公开的竞争，就不好这样讲，或者不应认为它会发生。较长期的补贴和关于外国产品的配额一直存在，在官员许可的范围内品位不再改变的可能性更大。艺术构思将越来越多地关注如何获得资助。

偶尔也有作者确实勇敢地挑战这些安排。其中一位是理查德·佩尔斯（Richard Pells），他认为："渴望成功和害怕商业失败恰恰给美国电影、电视、图书和杂志带来了活力，使它们建立了与受众的情感联系，并获得了巨大的全球声誉。"[17]尽管美国文化出口的成功在一定程度上无疑是因为它们的发行网络（建立在更早期的成功基础上），它们的票房吸引力却必然包含了一种能够建立起像佩尔斯所说的"与受众的情感联系"的要素。这受到了其他国家的文化生产者和知识分子的不满，他们是与市场隔绝的，并且倾向于创作"既

非娱乐性，也非刺激性，只是自娱自乐的作品"。

文化保护是保守性的。它所培养的创造力就是对现实做出更加晦涩难懂、更加情绪化、更加不可信的解释。使用欧洲补贴制作的电影以"西班牙公寓"著称，因为要雇用不同国籍的人，这就限制了电影的内容。欧盟确保每个成员国都有一个播出平台，其中比利

---

〔17〕 *International Herald Tribune*, 16 Dec 1997.

时有两个（一个讲弗兰芒语，一个讲瓦隆语）。[18] 1996—2000 年，推动欧盟电影生产的成本是 3.33 亿美元。欧盟制作了许多电影，但是大多数是人们不想看的。有几部电影没有票房收入。[19] 欧洲大部分创意导演、编剧、演员和生产专家并没有等着分享欧盟的慷慨援助；他们搬到了好莱坞，在那里，单是《泰坦尼克号》就可以为 100 个人提供工作机会。欧盟对每年与美国 60 亿美元的视听贸易赤字感到紧张。

英国彩票收入（对博彩所征收的一种税，主要将财富由作为工人阶级的博彩者手中转移给作为中产阶级的文化生产者和文化消费者）几乎没有生产一部叫座的影片。在 200 部影片中，几乎没有一部赢利或者取得了关键性的成功。它们在电影业烧了 7000 万英镑，这个产业的人大肆宣扬自己才华横溢，但是明显并未施展出来。[20] 竟有一半的电影从未在电影院放映！[21] 因此，电影委员会提出了配额计划和收入协议，以鼓励美国发行公司播放更多的英国电影——事实上，电影委员会考虑了所有的策略，但就是没有放手让生产者自由地制作人们可能出于自己意愿去看的电影。如果人们不想去看官方许可的产品，那么就必须使用不正当手段阻碍竞争者。如果本地产品只有有限的受众，那么在各个国家文化生产者害怕外国竞争就是显而易见的。例如，在韩国，"保护银幕配额体制紧急委员会"属下的韩进集团（Han Jin）承认，废除配额将终结韩国的电影生产，"因为不可能找到播映韩国电影的电影院"。[22]

在澳大利亚，主要的表演艺术公司在 20 世纪 90 年代末的四年

233

---

[18] *European*, 13 Apr 1998.

[19] *Financial Times*, 8 Nov 2002.

[20] *Economist*, 18 Nov 2000.

[21] *Financial Times*, 15 Nov 2002.

[22] *Financial Times*, 3 Apr 1998.

时间里损失了总计 1300 万美元，其中 1140 万美元折损于音乐和歌剧公司。[23] 即使在挥金如土的年代，这也不是小数目，因此西澳大利亚歌剧公司的理查德·米尔斯（Richard Mills）赶快为管弦乐队获得的资助进行辩护也就不足为奇了。[24] 他的理由如下：按照国际标准来看，澳大利亚音乐家是廉价的；管弦乐队有展示和教化的功能，并且可以防治观众的抑郁（抑郁被宣布为第四种最昂贵的疾病）；因为预先包装好的娱乐挤占了澳大利亚人梦想的心灵空间，他们正变得不太文明（原文如此），因此他们应该（不得不）多欣赏古典音乐。

234 　　保护主义者的理由很少比米尔斯所提出的更具说服力，或者在这方面还不如米尔斯所提出的理由。从经济学的角度来看，他们这样答复在技术上是不成立的，但是这并不意味着他们的理由无足轻重。他们虚弱的反复重申成功地使经济学家失去了兴趣，其结果是他们的想法不再受到强有力的挑战。经济学中有大量文献探讨对艺术的资助，但是现实中的政治家们和倡导者们很少利用这些观点。在许多国家，游说团体榨取了纳税人的钱，使他们的选择受到了限制，从而扭曲了经济活动的模式并且——有必要指出——消除了游说者改善自己产品的动机。正如绍卢申斯基为澳大利亚所归纳的，文化保护主义者"削弱了他们真正应该提升的活动"[25]。当境况变差时，保护主义者希望政府买单、推动和干预，"但不是针对他们自身的绩效（这几乎不足为奇，因为他们从来没有在一个完全竞争的环境中运行……）……音乐、戏剧、小说或电影不可能具有足够质量

---

　　〔23〕 *Australian*, 3 Apr 2000.

　　〔24〕 *Australian Financial Review*, 7 Apr 2000.

　　〔25〕 Imre Salusinszky, "A Critique of Cultural Protectionism," Bert Kelly Lecture, Centre for Independent Study, 1999.

的判断从来都不是事实。"

而且，如果决定完全取决于政治活动，那么在决定被采用之前，围绕保护的利益之争就会没完没了。《金融时报》（2002年2月20日）报道，英国电影委员会已经给电影业授予了总计2300万英镑的资助，这涉及了六位导演的利益。要剖析与对艺术的公共资助有关的丑闻需要提供进一步的证据，诺曼·莱布雷希特（Norman Lebrecht）的《柯芬园》（*Covent Garden*）对背后中伤者和好色之徒等涉嫌借助英国老男孩网（the English Old Boy's Net）运营一家受保护的文化机构提出了严厉批评。[26]他说，柯芬园"体现了少数人超出其自身生存要求的价值观"。莱布雷希特进一步指出（第480页），在英国有些人实际上是注定要死的，因为他们无法得到及时的治疗，而皇家歌剧院和萨德勒矿泉剧院的座椅却得到了过分慷慨的资助。我们确实生活在一个多重扭曲的世界，这只是冰山一角。

三

当政府不能有效地支持艺术时，替代性的做法就是对私人企业进行道义劝告（Moral Suasion），有时发展为道德绑架（Moral Blackmail）。这并不总是像它看起来那样与政府资助大相径庭，因为可以通过税收减免来减轻企业的负担，所减免的税收会有一些被转嫁给纳税人。自20世纪90年代末开始，涌现出了许多方法来资助企业。CEO、公司主管和高级经理一般不是具有审美力或者喜欢反思的人；如同雇用经理一样，企业会不成比例地雇用大量具有技

---

〔26〕 Norman Lebrecht, *Covent Garden: The Untold Story. Dispatches from the English Culture War, 1945—2000* (London: Simon & Schuster UK, 2000).

术背景、擅长运算的人，例如工程师或会计。高管们说，他们用于阅读的时间太少。他们对文化生活和知识生活几乎没有什么贡献；对于他们而言，几乎不会去做乔治·索罗斯（George Soros）所做的事情，也很少就国际事务撰写著作。但是，他们或他们的妻子，不可能不受到去剧院、音乐厅或者画廊开幕式露面的吸引，因为这可以让人知道他们的公司资助了这样的活动。这为一类中间商和经理人，例如画廊老板，开辟了道路；他们本身也很少是文化生产者。人们不大受关注的是那些不那么乐意使自己成为公众瞩目的焦点的活动，例如研究文学主题或者进行诗歌创作。

236 　　从公司拿钱资助艺术在道义上是令人怀疑的。我不是说来自大基金会的遗赠和捐赠，在美国，它们本来是商业财富，却支持了那么多的博物馆、音乐厅、画廊和图书馆（但是必须指出，它们之所以要提供帮助是因为一种特别有利的税制）。那种资助来自大企业家的私人财富，并且代表了资本在社会中的再循环运动，即那些最初凭借自身力量积累起财富的个人或家族又将财富回馈给了社会。从上市公司当前的利润中拿钱资助艺术则是另一回事。它意味着吸走了股东的钱，普通股东可能不喜欢这样，甚至反对这样，但他们几乎没有追索权或者没有有效的追索权，所以不能改变什么。机构投资者也常常勉强同意，也许采取的名义是那种商业人士乐于接受的、感觉舒服的类型，例如企业社会责任的风尚。[27] 如此一来，拒绝资助艺术看起来就像是拒绝孝道，或者拒绝苹果派。

---

　　〔27〕 对此的批评，参见 David Henderson, *Misguided Virtue: False Notions of Corporate Social Responsibility* (London: Institute of Economic Affairs, 2001)。

四

文化保护的经典历史案例与朝鲜有关。15 世纪的朝鲜君主世宗大王要求他的学者设计一种字母和书写体例，这种字母和书写体例应方便大众学习，并且比在文人学士中使用的手写体汉字更好用。[28]他们发明了一种由 29 个字符组成的音节表，这种音节表被称为韩文，语言学家承认它是在识字方面曾经有过的最伟大发明之一。汉文加上朝鲜人也拥有的金属活字为平民识字率的激增和可得到的印刷版图书的急剧增加奠定了基础。然而，在世宗死后，文人学士很快捍卫起他们每个人在学习汉字方面已经做出的投资。他们将韩文排挤到几乎不重要的地位。

对于保护主义者来说，语言是一个首要的工具。[29]许多国家都寻求保护自己的语言，并扩大其使用范围，因为这会在政治和市场意义上捍卫或者增强它们的软实力，在这样的情况下外国人将不得不向它们购买服务。语言和政治影响总是相关的，事实的确如此，例如，毫不奇怪的是，英国一直在支持英联邦，因为英联邦是它那辽阔帝国的化身。除了曾经在地图上被染成红色以外，这样一种遍布世界的由国家构成的杂乱集合体有什么共同之处吗？答案是英国法律的传统、高等教育、会计方法和至少被精英使用的英语。维持这些东西的费用并非无关紧要的；英联邦是仅次于联合国的最大的国际组织。不再共用同一种语言所带来的影响可能是代价高昂的，

〔28〕 Eric Jones, Lionel Frost, and Colin White, *Coming Full Circle: An Economic History of the Pacific Rim* (Boulder, Colo.: Westview Press, 1993), p.22; John Man, *Alpha Beta: How Our Alphabet Shaped the Western World* (London: Headline, 2000), pp. 108–116.

〔29〕 Eric L. Jones, "The Cases for a Shared World Language," in Mark Casson and Andrew Godley, eds., *Cultural Factors in Economic Growth* (Berlin: Springer-Verlag, 2000), chapter 9; and Eric L. Jones, "The Costs of Language Diversity," chapter 6 of *The Record*.

238 这正如目前曾经在苏联内的几个共和国正在要求独立，正在取消学校的俄语教学，转而支持用德语或英语教学。[30]

大量语言保护运动明显是在寻租。对于其中的一项保护运动，即要求承认阿尔斯特苏格兰语（Ulster Scots）为一门语言，又该作何解释呢？（在1999年的一个招聘广告里出现了这个说法。）[31] 一名阿尔斯特人在接受关于这个问题的采访时确实通情达理地说，该运动有一种民族优越感的味道在里面。他指出，阿尔斯特的人们可以使用英语，这是世界性的语言，是一种真正的资产，语言政策的目标应该具有可理解性。世界真的需要更多的内部障碍吗？

保护的理由通常是一种平淡无奇的主张，他们会说，如果丧失了语言，那么一些重要的东西——神话、故事、身份——也就丢失了。任何这种表达都在暗示所有头脑正常的人应该同意其看法。继之一想，这种理由很少是有说服力的。在英国，对现有语言的主要捍卫者戴维·克里斯特尔（David Crystal）最终承认，目前的研究几乎还没有开始阐明，如果语言发生变化，那么从文化的角度看会失去什么。[32] 在这样的情况下，我们可能希望，人们能够少讲一些的确会失去很多之类不成熟的断言。为了公平性起见，我必须引用来自沼泽地区（the Fens）的一位小农场主的女儿西比尔·马歇尔（Sybil Marshall）的话，她对于方言的捍卫是我目前所见过的最有说服力的。"有了方言，"她写道，"就有了习语，有了习语就有了自然
239 隐喻，有了隐喻就有了象征主义，在象征主义中反映的是在今天的年轻人中不容易发现的生命哲学和对于死亡的态度。"[33]

---

〔30〕 Marshall R. Singer, "Language Follows Power: The Linguistic Free Market in the Old Soviet Bloc," *Foreign Affairs* 77/1 (Jan-Feb 1998): 19–24.

〔31〕 BBC World Service, 11 Dec 1999.

〔32〕 David Crystal, *Language Death* (Cambridge: Cambridge University Press, 2000), p.122.

〔33〕 Sybil Marshall, *A Pride of Tigers* (London: Penguin, 1995), p.103.

事实可以支持西比尔·马歇尔。大量年轻的英国人缺乏许多通过隐喻的方式才能理解的东西，这不是他们从电视或足球场上可以学到的。对于英国人的祖先而言，语言的力量来自《圣经》。但是，它也来自两个进一步的事实：第一，他们的祖先最初居住在乡下，工作在田间地头；第二，直到最近几十年，语言达人仍在当地社会地位低下的工作中困顿不堪。让我们的话题来个180度的大转弯。在第二次世界大战期间，金斯利·艾米斯（Kingsley Amis）比较佩服的是，他观察到的士兵们都是"大多数读书的人很少遇到的那种人，其特点是非常聪明、幽默、只接受过初步的教育"[34]。从那时起，这些人的儿子和孙子已经享受了大学教育，并获得了更广泛的机会。

为什么任何人确实应该被鼓励而不是被强迫保留他们所讲的方言？为什么任何人应该被逼迫停留在乡土社会的从属地位上？方言和所有的语言一样都是语言隔离的结果。如果市场被连接在一起，那么方言和语言往往会融合在一起，或者为了支持通用语而靠边站；这表明，它们的审美吸引力不足以超过对实用性的考虑。也要记住，从简洁性来看，大多数讲方言的老人缺乏本应拥有的更广泛的词汇。那些希望看到少数民族语言和地方方言得到恢复的人通常是在更大的文化中享受好处的人。除了官员和专家以外，其他的人谁可以从语言恢复中获益？如果像在澳大利亚和加拿大的一些土著群体那样用一门稀有的、本身没有典籍或者科学术语的本地语言来教育孩子们，那么这会让孩子们受益吗？这些不幸在于把精力都虚耗在了荒漠旷野上，因此他们通向世界文献库和科学库的大门极为狭窄。幸运的是，大多数人没有受到这样的限制。

在极其偶然的情况下，有人会站在反对保护主义的立场加入这

240

---

〔34〕 Kingsley Amis, *Memoirs* (London: Penguin, 1992), p.96.

场争论中。在此我将引用拉塞尔·哈丁（Russell Hardin）的话，他的看法是，大多数语言在文化上是贫乏的，因此只适合于小规模社区。[35] 哈丁谈到了一些国家利用高压政治将小语种确立为官方交流语言，加拿大表现尤甚。他指出，公共"权利"的捍卫者实际上反对为个人提供机会，同时儿童和未来的几代人无法反对语言孤立主义的政策。

事实上，语言多样化造成了显而易见的浪费。如果使用更少的语言，那么就可以削减沉重的翻译费。也许，欧盟将 1/3 的收入都花费在了翻译上。欧盟委员会副主席尼尔·金诺克（Neil Kinnock）为此进行辩护，他认为成本只有每人两欧元，但是他耍的这个把戏既忽略了总成本，也忽略了机会成本。[36] 随着欧盟的扩大，每年需要翻译的页码数将从目前的 130 万增长到 240 万。马耳他已经主张将它的国语（阿拉伯语、意大利语和英语的混合物）变成欧盟的一种官方语言。[37] 每一种文献都不得不被翻译为一门只有 40 万人讲的语言。具有讽刺意味的是，广告上公布了 135 个翻译为马耳他语的职位，但是只有 40 个人参加了预选拔的测试，并且他们全失败了。比这更糟糕的是，欧盟违背了它自己的要求，原本 10 个候选的成员国必须在加入前翻译 85000 页的规则手册，但是给了马耳他几个月的宽限期来满足条件。[38]

真正的语言创造力体现在后殖民主义时期英语文献的增加方面，这反过来使本国出现了在书面语领域的竞争。通过标准化语言所获得的收益是方便了在最大可能数量的人口中进行交流。从像航空用语这样的国际语言的出现和世界标准英语的剧增来看，市场相信这

〔35〕 Russell Hardin, *One for All: The Logic of Group Conflict* (Princeton: Princeton University Press, 1995), pp. 219–220.

〔36〕 *Financial Times*, 16 Dec 2002.

〔37〕 *Financial Times*, 23 Jan 2004.

〔38〕 *Financial Times*, 6 Mar 2004.

样会有好处。"市场"代指那些想要谋生的人。

五

关于文化保护主义者需求的一个著名论题是国家主义的吸引力。从历史来看，国家就像团队一样是人为进行的分组，其中一些国家的形成是极其晚近的。然而，许多人喜欢归属于团队，似乎需要团队来支撑他们的个人身份。移民生涯的一个众所周知的特点就是把自己的命运同接纳他的那个国家连在一起，他会贬低自己离开的国家，并在某种程度上变得比国王还要保皇。这可能恶化已有的仇外情绪，带来在世界上动荡地区极其显然的结果。而且，既然一些国242家已经成功吸收了大量移入的少数民族，那么国家地位的关键特征就不是它包括了哪些人，而是它排斥了哪些人。在最坏的情况下，排斥可能因假定的不一致性导致大屠杀和驱逐出境。

正如查尔斯·汤曾德所评价的，国家认同的概念承认国家是原始的、自然的、由传说的历史命运形成的社会。[39]汤曾德碰巧正在评论的那本书，即安东尼·史密斯（Anthony Smith）所著的《选民》，宣称尽管国家有时可能是融合而成的，却不是直到19世纪才出现的事物。史密斯的观点似乎是，现代国家是古老的宗教身份的投影和放大。这似乎赋予国家以强大的历史，却没有考虑到一些国家在构建异常性时怎样在神话和传说中挑挑拣拣，例如具有同一宗教的相邻的两个国家西班牙和葡萄牙就是如此。构造国家的结果是捏造了

---

〔39〕 *Financial Times Magazine*, 17 Jan 2004. 关于在澳大利亚文化背景下对国家的极端捍卫，参见罗宾·斯宾塞（Robyn Spencer）的贡献，他是澳洲反对继续移民党的创建者之一，参见 Steve Vizard et al. eds. *Australia's Population Challenge* (Camberwell, Australian: Penguin, 2003), pp. 202–205。

民族与民族之间的障碍，分割了世界市场和提高了交易成本。

目前国家主义的重要性在于，它给文化生产者提供了团队来为资助国家艺术摇旗呐喊和寻找借口。事实上，不管保护主义的围墙怎样禁锢和推延，文化思想的相互交流和相互激荡一直是并持续是极其重要的，因此那种排外的国家艺术的观念真的是荒唐的。正如外向型亚洲国家所认为的，没有亚洲价值观——只有价值观——因此，我们可以类推，没有国家艺术，只有艺术。

各国在其文化的连贯性方面的确不同，但这主要是因为，一些国家是开放型的社会，而另一些国家则由于地方语言和缺乏沟通仍保持封闭状态。美国桂冠诗人曾经评论道，在伊朗、东欧或拉丁美洲的人们拥有相对统一的文化，因此至少可以假设他们的政治家会热爱本国的诗人。[40]但是美国有一种即兴创作的文化，这就弥补了它所缺乏的共同遗产的精神推动力。在今天，因为担心美国领导的国际经济一体化和全球英语的传播会削弱其他国家文化生产者的本地垄断地位，并迫使他们在一个开放的市场中为人才和思想而竞争，所以文化战争就出现了。可以说，在他们参与竞争领域的任何失败都会使世界失去融合的可能，并按照过去的老样子往复循环。坚持把国家作为文化单位导致了激愤的爆发，比如菲利普·汉休说了如下的话："诺森伯兰公爵夫妇，举世皆知的两位最荒谬的暴发户，似乎让人们记住的是，当他们认为合适的时候，他们就处理了自己拥有的拉斐尔（Raphael）的作品。他们目前从作品本身保存在英国获得的收益就如美国人本来要提供给他们的一样多，却反倒像是国家从中受益了。"[41]

---

〔40〕 *Financial Times*, 4 Apr 2000.

〔41〕 *Spectator*, 25 Jan 2003.

在澳大利亚，绍卢申斯基在其 1999 年伯特·凯利讲座中提出了对国家认同的分析，探讨了"仍保持封闭状态"的法西斯主义危险。[42] 他观察到，国家认同的概念并不局限于荣格（Jung）所说的集体无意识，还有意识形态的意味，因此是可以争论的。在马克思主义者的头脑里，艺术才必须为意识形态服务。马克思主义避免使用自由人道主义（Liberal-humanist）的概念，因为这个概念可能需要考察在各民族神话之间的关系，从而超出了意识形态和国家主义的范围。基于国家认同的文化保护论践踏了个人选择，并且为特权阶层向他或她征税。那些创造了国家象征的人可以让他们受到资助，也可以让他们受到惩罚或排斥。正如绍卢申斯基所说，个人不需要由这样的规定告诉他们应该认同什么。他正在为澳大利亚人写作，并且总的来说他们已经用其钱包投票了。如果他们确实拥有"某种叫作文化认同的东西"，他陈述道，"那么这种认同的一个表现就是狂热地享受来自美国的电影、音乐和电视节目。如果这令他们的文化前辈难堪了，那么就顺其自然吧。"

六

从艺术的角度看，近年来已经涌现的对文化争论最突出的贡献是泰勒·考恩（Tyler Cowen）的《商业文化礼赞》（1998）和《创造性破坏：全球化如何改变世界文化》（2002）。[43] 第一本书对传统的 245 非市场智慧带来了冲击，一定程度上它也是最早的冲击。考恩证明

---

〔42〕 Salusinszky, "Cultural Protechonism."

〔43〕 Tyler Cowen, *In Praise of Commercial Culture* (Cambridge, Mass.: Harvard University Press, 1998); and Tyler Cowen, *Creative Destruction: How Globalization Is Changing the World's Cultures* (Princeton: Princeton University Press, 2002).

了，政府机构和公款对于创造一种活跃的、原创的艺术世界并非必需的。他最有趣的一些观察结果直指个人形成其品位、做出其判断和建立对文化产品的理解（误解）的方式。这些洞见揭去了公共假设的面纱。过去一直有一种观点认为，所有伟大的艺术家、音乐家和作家都已不在人世，最新的艺术形式总是堕落的，但是考恩的观察结果对其揭露尤多。之所以会有这种根深蒂固的假设，主要是因为连续几代中年人都这样传说，从而造成了人们对此的幻觉。

我曾经研究过一位名叫约翰·比达尔夫（John Biddulph）的英国银行家的手写日记。在 1837 年，他去了一个舞会。那里的舞伴们正在跳最新流行的华尔兹舞蹈，他不禁惊呆了。于是，他在日记中写道："我最有把握的观点是，没有女人会在成为一名熟练的华尔兹舞者*后还保留内心最初的纯洁。"尽管现在看起来这句话可能是不恰当的，其致命之处在于，每个年龄段的人对最新的时尚都存在同样的挑剔眼光。最严肃的指责针对的是任何淫荡的啪啪作响声，至少那些因为年纪太大而无法再继续啪啪的人会这样看。在任何新的领域都可以发现淫乱——这通常是正确的，例如年轻的艺术家就出于本性地对性爱感兴趣。一种受尊重的文化最好的时光几乎总是停留在过去，但是我们应该认识到，即便在它们最好的时代，相似的指责也会针对那些目前被认为是大师的人。与肖邦（Chopin）同时代的人形容他的音乐是"夸张的怒吼和令人折磨的刺耳声音"，"震裂耳朵的，折磨人的，令人讨厌的"，以及"平淡且不连贯的"。布鲁克纳（Bruckner）被指责是"最伟大的在世的音乐危险分子，一名音调方面的反基督者"。这样的话语一再出现正好警告我们要寻找

---

*　原文为首字母大写的 Voltzer，但是在字典和网页上均未找到有关这个词的释义，这里根据语境将其译为"华尔兹舞者"。——译者注

隐藏在侮辱性语言背后的动机。

考恩认为，资本主义和竞争对于艺术是有益的。他毫无困难地证明了，我们痴迷于适用于任何年龄段的最大范围的、最为廉价的、最易获得的产品，并且可以预期这些东西的品种会增加，价格会进一步下降；他的论证主要针对美国。目前材料和设备的成本已经适当下降。现代社会出售的物品名单不计其数，甚至在考恩作品出版以后的几年内就已扩大了。录像带、光盘、DVD、iPod、海量图书馆、网络搜素引擎都可以提供一个人想要的任何信息；最完全的、翻译更好的文学作品版本"可以使人们比伊丽莎白时代的英国人更容易理解莎士比亚"；各种类型的充满华丽的色板的绘画和"堪比或者尤甚于古代国王收藏的那些"艺术藏品是为美国生意人准备的。

1965—1990 年，美国交响乐团的数量从 58 支增加到将近 300 支，歌剧公司从 27 家增加到超过 150 家，非营利的地方剧院从 22 个增加到 500 个。在 1947 年，美国只有 357 家出版商；目前出版商超过了 49000 家，许多出版商都是小型经营者，但是大部分出版商都在关注创新性作品。无论走精英路线的作品还是面向大众市场的拙劣作品都不占据优势地位。然而，历史上轰动一时的作品，例如福克斯（Foxe）的《殉道者之书》或者班扬（Bunyan）的《天路历程》都在他们的时代销量遥遥领先；在 20 世纪 80 年代，美国前 15 位的畅销书占了销售总额的近 1%。即使在超市里，畅销书也正好代表了 3% 的销售额。在这样一个国家里，艺术家的收入不取决于其政治关系如何或者作品的可接受性如何，而是取决于他们能否把自己的创造力发挥到极致。

20 世纪的文化比所有过去的时代都更像是"节日集市（Festive Bazaar）"。它将更多的风格融为一体。在各个流派之间的围墙轰然倒塌。斯科特·乔普林（Scott Joplin）是在一位德裔教师那里学习

247

的古典钢琴课，但是把黑人班卓琴演奏者使用的切分音法融入了音乐中；他通过模仿肖邦、德彪西（Debussy）和酒吧艺人把高雅文化和低俗文化结合在一起。来自世界各地的艺术形式的综合仍然在进行之中，这正如在烹饪技法中所出现的那样，属于全球化过程中有益的却被低估了的特征。这种趋势的逻辑扩展是更多而非更少的新颖性。但是大多数人都对此视而不见。

考恩证明了，文化悲观主义（Cultural Pessimism）是无根据的，充其量也是不靠谱的。过去的杰作已经经历了一个持续不断的大浪淘沙的过程，但是当代的作品还没有经历这样的过程。现在就攻击当代艺术、音乐或文学仍为时过早。故意诋毁现代作品是侮辱新事物的极端做法，这种行为背后的社会学正在得到研究。[44] 如果不是精神病的所作所为，那么这样的行为会受到人们的公开抗议，他们认为这样的行为超出了艺术世界的范围，是强加给他们的无法理解的东西，使他们感到自己社会地位低下，且在文化上处于劣势。然而，他们的抗议不可能代表历史的判断。从长期来看，可以通过社会舆论（在最广泛的意义上也叫市场）来判断那些作品。

市场放松了对内部创造力的约束。其伟大之处在于避开了单一买家——资助人或艺术委员会——这些都可能让人无法施展才能，例如可怜的委拉斯开兹（Velasquez）曾不得不为腓力四世（Philip IV）画了 81 副肖像画。逃离自己的家庭也有助于保持精神的自由。过去许多艺术家和表演家都是在家庭内部接受教育。因为从孩童时期就被迫花费很长的时间练习，这可以确保他们获得较高的造诣，但是他们的试验结果有可能让其沿着其父母所确定的道路走下去。例如，莫扎特（Mozart）的父亲使其偏离了以活页乐谱形式发行其

---

〔44〕 John E. Conklin, *Art Crime* (Westport, Conn.: Praeger, 1994), p.243.

乐谱的方向，因为那不是其父亲年代的模式。

为了完成对考恩著作的解读，可以通过莱斯特·瑟罗（Lester Thurow）的一篇论文找到确证的事实。[45] 他观察到，文化总是包括了老年人告诉年轻人该相信什么和如何行动。相比之下，新出现的电子文化则直奔年轻人，不想灌输任何特殊的价值观，只是谋求赢利；它的道德无涉性已经在美国引起了宗教原教旨主义的抵制，美国的抵制活动如同任何别的地方所发生的一样强烈。美国创造了为数众多的电子文化，因为它是一个移民社会，缺乏文化是什么或应该是什么的统一思想。它善于从世界各地引进有才华的外国表演者，并使他们恨不得在美国人的事务上成为最好的参与者。

考恩和瑟罗的分析证明了市场文化的丰富性，并且解释了它在那些热衷于维护自身特殊利益的人们中间引发的恐慌和愤怒。与美国的可竞争市场相比，政府资助的艺术往往是死气沉沉的。本可以花得更值当的钱耗在了管理部门，例如法国有 1.2 万名文化官员，他们当然有理由担心市场。实际的文化生产者不需要担心。正如弗朗西斯·凯恩克罗斯在谈及法国和意大利的电影时所说的，一旦这两个国家再次成为卓越的艺术中心，那么保护的压力可能就会烟消云散。[46]

考恩在他的第二本书《创造性破坏》中评论道，反全球化的辩论家并非真正关心创造性的多样性，而是关心他们自身的特殊欲望。他的书敏锐地捕捉到了世界多样性的好处，同时确实承认，在捍卫多样性的立场方面存在一些哲学层面的困难。经济发展同时创造了

---

〔45〕 Lester C. Thurow, "Globalization: The Product of a Knowledge-Based Economy," *Annals of the American Academy of Political and Social Science* 570 (Jul 2000): 19–31.

〔46〕 Frances Cairncross, *The Death of Distance* (Boston: Harvard Business School Press, 1997), p. 251.

同质性和异质性，在决定哪一个会是最终结果时存在着困难。目前我主要关注挥霍无度、抑制原创性和文化保护主义者自私的辩护，在文化保护主义者看来，人们几乎无法揭露这些问题。政治力量阻碍了经济分析。在世界市场的扭曲会持续存在，因为寻租是地方病。

250 所有可以期待的就是减少扭曲。

考恩对于全球化可能使所有宗教在文化上统一的担心进行了反驳。他指出，既然贸易会加快变化的速度，并提高单位时间多样化的水平，那么个人将得到更多的机会。"对跨文化交流的批评面临着一个尴尬的问题。如果在任何时点的多样性都是值得拥有的，那么跨时期的多样性不也值得拥有吗？"[47]他证明了，本土文化通常本身是更早期的创造性破坏和再合成过程的产物，既然过去是动态的而非静态的，那么"大多数文化创新都是（和一直是）融合的结果，这远非个人所能想象的"[48]。

七

文化保护的观点多多少少都要求排除来自美国的竞争，或者更广泛的来自所谓盎格鲁－撒克逊世界及其工具（英语）的竞争。如果我们能够发现一位非盎格鲁－撒克逊的作者憎恶这种运动，那么他的或她的话将特别重要。虽然如此，如果这些运动能够给他或她带来个人好处，那么他或她为何要放弃保护的主张？只有那些对其自身的作品质量有自信的人才可能嘲笑国家补贴的拐杖和国家主义围墙的庇护。

---

〔47〕 Cowen, *Creative Destruction*, p. 137.
〔48〕 Ibid., p. 145.

最合乎要求的人是秘鲁作家马里奥·巴尔加斯·略萨（Mario Vargas Llosa）。[49] 他证明的基本观点是，全球化已经扩大而非缩小了个人自由，文化不需要通过代表们的庇护保持活力和适应性。他说，并非全球化本身带来了变化，而是现代化；现代化不可避免地导致世界上一些民俗种类消失。对此我要补充的是，尽管在来自工业化世界的游客看来民俗是有趣的，许多民俗却起因于乡村的贫困；它的消失无法与蒙田（Montaigne）、笛卡尔（Descartes）、拉辛（Racine）和波德莱尔（Baudelaire）等人作品的消失相提并论，法国知识分子认为，这几位的作品严重受到了好莱坞和英语的威胁。巴尔加斯·略萨憎恨的正是文化认同的概念，他认为，文化认同是集体主义的表现和对自由自在的人较为新鲜的所有意识形态的抽象。真正的认同源自个人创意，而非地理归属。总会有新的综合；被专横的民族国家压制的本土文化会有重生的机会。现代化有可能废掉一些反人类的奇怪习俗，但是它会通向更加多样化的未来。

251

---

[49] "Vargas Llosa on Culture and the New International Order," *La Trobe University Bulletin*, Sep-Oct 2002, p.7; Mario Vargas Llosa, "The Culture of Liberty," *Foreign Policy*, Jan-Feb 2001 (Internet version).

第三部分

结论

第十章 文化相互性

在第二次世界大战过了大约一代人以后,主流经济学家已经放弃了对文化解释的严肃尝试。这部分是因为难以将文化独立出来,部分是因为其他变量似乎更加容易处理,也更为重要。数量惊人的研究确实持续地提到隐藏在经济增长和经济停滞背后的价值系统,但是仅仅说的是过去的价值系统。不过,如果一样东西被认定是根本性的,那么不管其多么不正式,都应该更容易得到阐明。一直以来,在技术分析中人们只偶尔会提到文化,这就证实了人们对于在正式模型中简化文化和在经济思想史课堂上回顾马克斯·韦伯的担心。

少数经济学家和区域性专家一直肯定文化的重要作用,但是他们很少能够避开关于他们正在讨论后此谬误问题的指责。发展经济 学整体上趋于式微。在第二次世界大战结束后的那段时期,发展经济学通常是一门规范的且主张国家干预的学科。在目前,人们对发展经济学的兴趣消退的一个原因是东亚的崛起。该地区的成就表明了有针对性地实施促进增长的配套政策的力量，至少依靠世界贸易体系的政策随后流行起来，因此寻找其他促进经济增长的办法就失去了吸引力。东亚的案例也表明，增长能够将文化生活转变得多么彻底，不过这被东亚表面的连续性掩盖了，因此学者们沿袭韦伯的分析做出了恰恰相反的判断。

对文化的兴趣再次出现，具有充分讽刺性的是，这次他们关注的是东亚特别喜欢实施促进增长的政策的次要原因。在我看来，文化解释的复兴所获得的热情与其说是因为迄今为止文化解释的成功性，倒不如说是因为那些关注于且不满足于标准增长模型的人的卓越性。在尝试将文化确立为一个强大的外生变量时，轮子被彻底改造了。这样做的一个原因是忽视了知识史；大卫·休谟（David Hume）、亚当·斯密、阿尔弗雷德·马歇尔和其他学者都曾经参与过的那些争论仍然对文化分析有许多影响，但是他们通常已经不再能够引起经济学专业的学生们的关注。

在历史学、新闻学乃至除了经济学以外的整个社会科学领域，都不太严谨地，有时甚至过分热情地把文化作为各种现象的基本解释——以至于对这些现象的探究可能戛然而止，因为社会共识被假定已经实现。事物的模糊性允许教条地把文化视为不可分割的东西，这种信念深深蕴含的观点是：保护本国文化、反对外国竞争是至关重要的。事实上，人们轻易忘记的是，本国文化从来不是纯粹的，并且所有现代的文化都包含了大量外来成分。在偶然的情况下，文化所包含的独特性可以刺激或限制经济增长；但是，在更多的情况下，文化会随着经济发展悄然改变。经济与文化之间存在着相互作用，但是这种相互作用是不对称的。经济处于支配地位，虽然如此，也不能完全排除其他可能的影响。

如果目标是发现文化运行的一般原理，仅仅记住一两种信仰、

257

一两个国家或者一两个世纪是没有用的。只有使用各种不同的例子、采取广泛和长期的比较才足以发现一般原理，然而，贫乏的文献和概念性问题使系统的探索较为困难。正如罗德尼·斯塔克所指出的，为了防止根据外表判断文化现象，历史学家可能不好意思进行所需要的哪怕是水平相对有限的抽象。[1]与社会科学中的许多人一样，他们都允许对可以观察到的事物进行大量的描述，这就使他们陷入了文化固定性的泥潭，因为他们奇怪地忽视了一个事实，不仅在任何给定的时间不同地方的文化是不同的，在同一地方不同时间的文化也是不同的。另一方面，即使在今天，大量经济专家也仍然倾向于文化虚无性，也就是说，认为文化是派生的或者不重要的。无论哪一种方式都不令人满意；它们一起提醒我想起了由罗伯特·埃里克森所引用的权威的话，这位权威发现，法社会学是一个沼泽，而法经济学则是一个沙漠。[2]

许多关于文化的文献，尤其关于商业文化的文献，都包括了关于社会行为和社会态度的点滴见解。所研究的文化在一个给定的时间确实明显是不同的，但是这种观察并没有太大的用处。文化是一个过程，并且成套的快照也不能最佳地反映该过程。不足为奇的是，被称为行为的各种属性的混杂（和最表面的东西，例如举止）在不同社会是不同的。更深层次的问题是：为什么会这样？它是重要的吗？什么可以改变它？

每一种文化都代表了一种在当前的经济力量与社会力量之间的均衡。这样的均衡不可能永远持续下去；他们会以地质层次逐渐变化的方式非常缓慢地改变自己的位置，或者他们会像地质层次在地

---

〔1〕 Rodney Stark, *The Rise of Christianity* (Princeton: Princeton University Press, 1996), p.22.

〔2〕 这位权威是晚年的阿瑟·莱夫（Arthur Leff）。参见 Robert C. Ellickson, *Order without Law* (Cambridge, Mass.: Harvard University Press, 1991), p.147.

震中那样倾斜到新的位置。文化均衡似乎确实会持续较长的时期，那么这种情况很可能是因为市场竞争是较弱的，因而没有特殊理由为新的惯例放弃旧的惯例。在另一种情况下，均衡可能通过由政治利益集团支持的正式制度持续下去，不过，即便如此，在制度术语上变化的惰性仍可能造成停滞不动的错误印象。（如果非正式制度并非源自部分当权者明确的选择，那么就可以仍然将其称为文化。）只要能够证明，文化持续地大于其部分之和，那么该主题就是值得研究的。潜在的问题在于应该首先考虑什么，这也是大多数经济专家直觉发现的。

从偏好和惯常行为来看，文化毫无疑问可以具有适合于经济的含义。它能够影响交易成本。在许多情况下，这种影响可能是小的，并且会随时间流逝而消退，但是我们不应该一开始就假定情况就是如此或者这种影响必然是不重要的。[3] 许多影响取决于使我们感兴趣的时间长度，因为必须承认，尽管文化可能以惊人的速度改变，通常情况下它却变化得相对较慢。然而，文化惰性（Cultural Sluggishness）与其说是真正停滞不前的证据，倒不如说是一个对于弱刺激性的指示器。[4] 既然少数关于文化的研究提前阐明了所有相关的部分，那么就几乎无法确定哪一方面的变化是本来可以预期的。同样令人怀疑的是，我们会多么经常地将看不清的文化的作用从社会制度的作用中分离出来。正如已经指出的那样，文化与制度的合

---

〔3〕 证明参见 Andrew Godley, *Jewish Immigrant Entrepreneurship in New York and London 1880—1914: Enterprise and Culture* (Basingstoke, U. K.: Palgrave, 2001)。

〔4〕 我再次引用威廉（Wilhelm）关于中国民俗持久性的评论，他将其归结为对"数千年来仍保持不变的"条件的适应性（Richard Wilhelm, *Chinese Economic Psychology*, New York: Garland, 1982, p.45）；这不能被当作实际的历史，但是它具有高度的启发性。对于中国经济、社会和政体的繁荣恢复到一种均衡状态的清晰的历史解释，可以参见 Gang Deng, *The Premodern Chinese Economy: Strutural Equilibrium and Capitalist Sterility* (London: Routledge, 1999)。

并是一个现成的造成混乱的根源。

那么，是否所有关于文化解释的努力都会成为泡影？不一定，
但是可以设想这样的情况数不胜数。如果承认文化是有条件的并且 260
本质上是易变的，同时观察到当市场融合且为文化交流提供更广泛
的机会时，文化的面貌会变化得多么迅速，那么就可以取得一点儿
小小的进步。市场行为可以传播选择的信息，并且使新来者能够接
触到已经确立的方式。由 19 世纪英国经济学家阿尔弗雷德·马歇尔
在其《经济学原理》和其他著作中所进行的对于习俗的经济分析，
经过了埃克哈德·施利希特的注解，是对于该问题的有用的总结。[5]
尽管马歇尔是经济学家中最重视历史分析的思想家，历史学家和社
会科学界却往往对所采取的抽象方法感到不舒服。另一方面，许多现
代的经济学家在构建他们的模型时没有像马歇尔那样展示出面对历史
案例时的轻松自如。但是，理解马歇尔和施利希特是值得努力的。他
们都利用了习俗这个术语作为文化的部分同义词。在任何时代流行的
习俗或习惯都会影响交易的相对成本。习俗往往会保护事物现有的状
态，不过有必要明白，在马歇尔的分析中习俗不是神秘的“给定的”
东西，而是过去决策缓慢消退的残余影响。如果我们知道更多的经济
史，那么我们就可以在分解这些决策时有一个更好的开端。

在传统社会里，习俗就是最重要的敕令。它们在其方式方面是
惯性的，在习俗中惯性的要素如此强大，以至于人们别无选择。在 261
任何给定的时间范围内，对已建立惯例的违背都少于现代社会。现
代社会中一个最典型的特征是，它允许在广泛的范围内持续地选择。

---

〔5〕 Ekkehart Schlicht, “Custom and Competition,” in Tiziano Raffaelli et al., eds., *The Elgar Companion to Alfred Marshall* (Cheltenham, U.K.: Edward Elgar, forthcoming). 我感谢施利希特教授提前提供了这部著作的副本；毋庸置疑，他并不为我进一步的发挥承担责任。也可参见 Ekkehart Schlicht, *On Custom in the Economy* (Oxford: Clarendon Press, 1998)。

这往往使现代社会及西方媒体对它的描绘与其他社会的长者和权威发生冲突，他们意识到这是对其影响的挑战，并弄清了支撑现代社会的意识形态。当私人使用互联网最重要的目的或者主要目的是为了翻看色情内容时，就不能期望其他社会的长者和精英能够把西方文化往好处想。他们的抵制和更年轻一代的抵制显然在外交事务以及贸易领域都是重要的。年轻人之所以抵制是因为他们已经接受了洗脑，所以不会冷静地考虑其面临的选择。

在任何时候，习俗与习惯的混合物几乎成为现存文化的同义词。习俗从来都不是绝对稳定的，在行为方面轻微的偏离会不断地使均衡移动那么一点点。真实世界的现象，例如非常好的结果或非常坏的结果、军事胜利或军事失败，都会引起偏离。在历史上有大量这样的冲击。这种马歇尔式的解读并没有太大的不同——不过，更为严谨的表达——来自朱利安·西蒙，他认为文化价值观完全取决于经济。马歇尔强调了要发现微小的变化是多么困难，而西蒙承认存在着调整时滞。然而，小的调整可能不断发生，从而使文化产生了可能不太突出的、轻微的改变，在某种程度上它不同于以前的样子。人们不时地采用时髦的新词汇，但是似乎乐意同时保留旧词汇。就翻译而言，译者可能会选择一些既具有人们熟悉的形式又能囊括新惯例的词汇。这将再次掩盖逐渐演化的事实。非西方世界仅能获得贫乏的历史资源，并且我们用于解释它们的学术资源少之又少，这就使文化渐变性的特点被进一步混杂。不管怎样，一些文化在相当长的时期内不可能发生实质性的变化，因此看起来似乎比较单调乏味。然而，总是会出现的稍微新一些的习惯类型会影响相对成本，并不断增加权重，从而有助于仍然较小的偏移。

马歇尔热衷于证明，由于赞成某些惯例的动机和反对某些惯例的动机之间"几乎无意识的均衡"，在经过若干代以后文化是怎样再

262

次兴起的。他引用了那句名言"*natural non facit saltum*",即自然界不会进行跳跃式的发展。他特别感兴趣的是对亚洲经济行为进行经济解释的可能性,在他那个时代这被解释为由古老传统统治的结果。流行的文化相对主义者认为,亚洲各民族的文化有着悠久的历史,都是同样复杂的,因此可以认为它们是既定的,不需要使用经济学术语进行分析。东亚奇迹已经吹走了关于永恒的亚洲的幻觉,使人们有了清醒的认识,不过马歇尔本人再也没有机会看到了。他乐于承认,在"落后国家"一些习惯可能比创造它们的条件更持久。这意味着变化会以不同的速度发生,进一步模糊了我们在努力观察的东西,并有助于保持文化稳定性的幻觉。对于"落后国家",我们可以将其理解为"传统社会",虽然如此,无论哪一种标签都可能只是意味着经济激励是比较弱的。

马歇尔推断,明显静止的亚洲经济一直是由持久的经济力量的再均衡导致的。他是敏锐的,具有一位经济学家的敏锐性,这意味着,他甚至没有考虑到一丁点儿竞争的重要性。就我们所看到的而言,这种洞见尽管是正确的,却可能被高估或者低估了。在传统社会中,竞争过少,因此无法很快地消除各种陋习。因为选择环境是脆弱的,最奇怪的行为类型会一直不经抑制地传播下去。在地方行为瓦解融入明显更小的部分——由少数重要语言、宗教和文明统治的组群之前,世界将不得不等待交流,市场不得不等待思想来扩大与连接。

迪帕克·拉尔(Deepak Lal)主张,文化的"模糊概念"应该被细分为物质文化(谋生方式)和宇宙哲学(理解世界的方式)。[6]正

263

---

〔6〕 Deepak Lal, "India," in Peter Bernholz and Roland Vaubel, eds., *Political Competition, Innovation and Growth in the History of Asian Civilizations* (Cheltenham, U.K.: Edward Elgar, 2004), pp. 136–137.

像他所指出的，物质文化比宇宙哲学具有更好的可塑性，可以快速地对环境的变化做出反应。他将宇宙哲学追溯到人类早期的进化，认为宇宙哲学的变化不会那么快，它是较为拖拉的。宇宙哲学的影响是减少了那些属于监督交易部分的交易成本，特别是减少了在那些素未谋面的人们之间发生交易的成本。但是，我们实在有必要提出的问题是：第一，宇宙哲学的黏性究竟怎样；第二，对于柏拉图（Plato）所说的"一个人应该如何生活"的问题，不同文化具有相互排斥的看法，那么宇宙哲学对于思考被划分为不同文化的人类在多大程度上是有用的。

乍看起来，宇宙哲学的特征是重要的，但是很容易对其采取极其静态的看法，从而偏离了马歇尔的观点，趋向了文化固定性观点。我们今天所见的宇宙哲学本身是历史进化的结果，本质上未超出人类深层次选择的范围。长期以来历史一直在最大的分类（文明）之间充满了斗争和交流。回顾历史可以发现，世界观长期以来一直在相互影响，同时看一下现代的国际经济一体化就会明白，世界其实正被国际（不太恰当的西方或美国的）概念塞得满满当当，每个人会按照自己的偏好或对此表示遗憾，或给予称赞。由经济增长所引发的内心冲突能够改变深层或表面的行为方式。当然，摩擦伴随着变化，并且历史事件的发生具有时间滞后性，但是抵制的声音和怒火会极其容易地使我们转而相信，现代准则要么会慢慢流行开来，要么在长期会被无法兼容的地方观念击败。

围绕这些问题的争论会相当容易地陷入乐观主义与悲观主义之争。许多争论取决于我们能够留出多少时间允许趋同的自我实现，也取决于我们认为什么是这一过程的有效指标。我们可能不得不给出几十年或者几代人来整合越来越大的市场，一旦形成这样的市场，就会对"我们应该如何生活"的态度以及物质结果产生深远的影响。

为了弄清这些潜在的过程和避免因当代的事件分神，就需要保持一种历史视角。我们不应该对这样一种过程感到困惑；不但有必要掌握这一基本过程和变迁的方向，而且变迁经常快得超乎预料（考虑东亚的情形）。既然可比较的信息一直萦绕在大多数现有经济系统中，那么我们不能再认为，在过去的时代只有极其缓慢的变化才是有代表性的。在我看来，快速蔓延的国际法和非个人公司对谈判交涉和关系商业的取代标志着变迁的当代速度。

必须承认，更大的市场和获得更多更好的信息就事实本身而言足以消除奇风异俗和不靠谱的诊疗方法，西方世界对此的疑虑太过愚蠢了。事实远非如此。文化史可能已经经历了四个阶段。首先，在不为人知的时代，一些酋长和巫师专断地主宰了微型社会，因此陋习能够在这样的社会中持续存在，且不会受到挑战。数千年以后，人类的生活过于贫乏，居住得过于分散，从而使他们的思想无法受到强有力的竞争。其次，随着社会变大，许多地方习惯被吸收到了其他社会之中。崇拜纯粹地方性的山川地理等特征的万物有灵论让位于组织得更好的宗教，这些宗教创立了更具包容性的宇宙哲学。当社会变得足够大且建立了彼此之间的充分联系时，剧烈的思想斗争就会发生，它们往往发生在宣称普遍真理的、可以选择的有组织的意识形态之间，比如罗马天主教与新教之间就出现了斗争。这些宗教都希望阻止公开的质疑，并准备将持不同政见者活活烧死。据说，伽利略（Galileo）曾低声说过："然而地球确实转动了。"*

接着，又过了几个世纪以后进入了第三个阶段，思想竞争使公共领域放弃了极其不可理喻的做法（例如，不走运的老妇不再被作

---

* 原文为意大利语 "E pur si muove"。据说，伽利略在被宗教裁判所关了十多年的禁闭后，被要求重新对他自己的异端思想进行悔过。他终于妥协了，承认了自己的错误，同时如同自言自语一样小声地说了这句话。——译者注

266 为女巫烧死）。快速的经济增长和大量多多少少相关的思想变革将最糟糕的党同伐异和最低限度的防卫性的观念都抛诸九霄云外。[7]思想的科学模式逐渐在受教育的圈子里流行开来，并且在全社会受到了尊重。科学知识得到了很好的普及，足以将未经检验的信仰击溃，使其只能在犄角旮旯的地方存活，例如报纸上会辟有星座专栏。

几乎同时，经济增长也带来了较高的收入，这些收入以更加平等的方式通过累进税和福利国家实现了分配和再分配。尽管财富仍然不平等，相对更加平均的收入所带来的好处却是如此之大，因此人们对此毫无争议。但是，有可能更大范围内的繁荣已经使部分社会进入了第四个阶段，即为这部分社会带来秩序的对立面。这个对立面在文化上和思想上都是庸俗的，从而扇了当代理性社会一记耳光。西方已经变得比较富裕，因此能够为越来越多的人提供获得高等教育的途径。西方社会也并非全然无可挑剔，并且一些社会倾向于将各种个人不平之事都算到现实的头上，从而夸大了（例如）传统医药的失败，认为创世说与进化论是一样的，不假思索地怀疑政府做出的哪怕关于像 UFO 现象这样的报告。不足为奇的是，关于伪

267 理性的最强有力证明出现在最大的富裕社会——美国。医务工作者、自然科学家、政治家和公务员所犯的大量错误、所表现的傲慢无礼、所进行的文过饰非都足以加深怀疑主义，但是一定不足以证明非理性的新阶段是理所应当的。

因此，从表面来看，西方社会已经变成一个没有公共话语的更加民主的社会，而公共话语则显得越来越意义重大。也许有人会说，

---

〔7〕 参见 Eric L. Jones, "Technology, the Human Niche and Darwinian Explanation," in Eric Jones and Vernon Reynolds, eds., *Survival and Religion: Biological Evolution and Cultural Change* (Chichester, U.K.: John Wiley, 1995), pp.163–86; Alexander Broadie, *The Scottish Enlightenment* (Edinburgh: Birlinn, 2001)。

西方社会已经变得更加民主，同时更加平民化。娱乐的边界已经大得令人吃惊，这恰恰是权威人物以前设法阻止的。经过50年激烈的市场竞争，许多家长式统治（也就是说，精英为其他的每个人指定偏好）已经荡然无存，青年文化已经被推向中心舞台，以前的高雅文化则被交给了专业受众。另一方面，考恩证明了，美国正越来越多地提供从事高雅文化的机构——图书馆、博物馆、画廊、管弦乐队，这意味着，并非一切都是损失，实际发生的是机会的拓展和与之相伴的选择的分散化。极为凑巧的是，大众传播工具的力量已经使得年轻人很容易获得流行文化，他们更喜欢将这些提供物与教师而非名人相联系。繁荣意味着，他们可以购买许多他们想要的东西。既然富裕和信息技术已经放松了选择环境，那么一个可能的结果是，一度在贫穷而封闭的先辈们生活的地方较为流行的陋习可能再度兴起。正如埃克哈特·施利希特所提醒我的，有可能发生的情况是，因为在信仰系统之间的竞争造成了不确定性，所以这种竞争实际上会增加而非减少迷信。大卫·休谟是这样认为的。然而，社会仍然在提供高雅文化；对于高雅文化的偏好实际上可能与年龄相关，所以依次出生的几代人可能到一定的时候会想起它。

268

如果要解释习俗和竞争如何相互作用，从而使传统社会出现缓慢移动的均衡，那么马歇尔持续再均衡的概念是有启发性的。渐进主义确实保证了它能够获得比通常更多的关注，但是它只是故事的一个侧面。即便只是证明文化是多么依赖于条件的，详述渐进主义可能也不是最有说服力的方式。因此，对于渐进主义我想仅补充说明文化有时候对历史创伤所做出的众所周知的调整——出于平衡不同力量的考虑对突然的变化所做出的快速反应。不连续性正好揭示了文化可能多么有可塑性。如果目前对各种力量的平衡被打破，那么行为和价值观可能做出调整，其调整的速度暴露出新力量根基尚浅，年轻人尤其如此，他们几乎没有时间落地生根。比较恰当的例子是僵化保守的性道德观念在战争期间所出现的令人震惊的大转变，我们可以把这作为文化本质上具有不稳定性质的最后一个证据。

大多数人都知道后维多利亚时代道德规范的标准版和基督教压制的态度。他们可能也会注意到道德和性保守主义并非事情的全部，并且会听说过维多利亚时代下层社会儿童卖淫的程度和富人中间的伪善行为（在某个大房子里有秘密的楼梯，楼梯可以使富人们进入仆人的住处满足其性欲）。[8]尽管存在大量关于富人隐蔽的放纵行为的证据，大多数当事人却几乎没有提出异议，这反映出在 1914 年以前的社会是性压抑的。显然，大多数人已经把教会和教堂所宣扬的准则内部化了，这是他们所能做出的最好的调整，对妇女而言尤其如此，她们可以忍受非法怀孕的成本，可以保障一个家庭，并分享只有在传统婚姻中才能分享的周薪。

即便如此，仍然没有完全说明所有的情况。与工业化和城市化有关的社会变革，特别是与单身妇女就业有关的社会变革，都在激起有预兆的反应，人们开始反对第一次世界大战以前的中产阶级传统。在 20 世纪 30 年代，马格努斯·赫希菲尔德（Magnus Hirschfield）在回顾过程中发现了这一点。他看到道德已经开始滑坡，并以一种无意识的马歇尔的方式评论道，自然界不会进行跳跃式的发展。然而，他证明了，战争条件将这种发展提升到了"不可思议的王国"的层次。[9]根据当时所流行的道德倾向，这种变化是

---

〔8〕 例如，参见 Pamela Horn, *High Society: The English Social Elite, 1880—1914* (Stroud: Alan Sutton, 1992)。当时威斯敏斯特公爵建议，参与夜间的冒险活动时应走楼梯的外侧，因为这样引起的吱嘎声较少。

〔9〕 Magnus Hirschfield, *The Sexual History of the World War* (New York: Panurge Press, 1934), p.11. 也可参见 H. C. Fischer and E. X. Dubois, *Sexual Life during the World War* (London: Francis Aldor, 1937)。

不可思议的。在进行最简短的最初停顿后，传统价值观完全消失了。根据在 20 世纪 30 年代另外两位权威作者费希尔（Fischer）和杜波依斯（Dubois）的观点，在几周内，"一场几乎普遍的对性许可和淫荡的放纵"传遍了欧洲。[10]在官方的批准和监督下，数以百万计的男人常去找妓女。开始通奸和卖淫的居家女人明显达到了史无前例的人数。随着战争持续，这样的行为变得日益明目张胆。性病开始流行。

按照以前的态度和惯例来看，所有这些都是令人震惊的。如果大量年轻男人突然流离失所，不但受到营房里淫声浪语的影响，而且随时有可能伤残或者被杀戮，那么这作为一种人类行为的特征是否令人震惊就取决于一个人在这种情况下指望什么。如果伤残或者被杀勠是一个人极有可能面临的命运，那么性病的高风险也不足以让人保持克制。从传统观点来看，妇女自甘堕落更令人称奇，尽管许多妇女直到晚年才愿意承认它，它却早已广为人知。根据情况的不同，放逐自我的心境要么是因为想无私地把自己奉献给命中注定的恋人，要么是因为就想痛痛快快地乱交，无论如何，这种心境却横扫了欧洲战线的大后方。必须承认，并非所有过去的东西都被一扫而光。重婚现象大量发生，这可能是因为妇女残留的道德意识使她们不愿意在没有结婚的情况下就发生性行为。然而，所有这些改变的总和足以使欧洲的文化发生改变，这简直就是一大奇观。

马歇尔和赫希菲尔德都过分强调了自然界不会进行跳跃式发展的类比。自然界会受到约束，但是文化有时会出现跳跃式发展。在长期和短期会出现的情况是，尽管文化通常会随着成本和收益的微小改变缓慢地由一个均衡移动到下一个均衡，从一代人的文化到下

---

〔10〕 Fischer and Dubois, *Sexual Life*, p.7.

一代人的文化却从来不会真的相同，外部冲击常常会使其快速地由原点移动到远处。新影响的消退可能使人们的行为在某些方面而非全面地恢复到旧的传统，在两次世界大战之间时期的社会史可以作为证明。起作用的力量位于文化本身以外。对于经济发展而言，文化的作用类似于刹车或者过滤器，但是很少可能成为变化的根源；可以将其作为影响经济发展的一个活跃因素，不过，要谨慎地看待它的影响。[11] 可以再次借用沃尔特·白芝浩关于朗伯德街的著名评价，文化通常是没有活力的，但是有时是极具鼓动性的。

---

〔11〕 参见 Eric L. Jones, *Growth Recurring: Economic Change in World History*, 2d ed. (Ann Arbor: University of Michigan Press, 2000), p.106。

参考文献

Abramson, Paul R., and Ronald Inglehart. *Value Change in Global Perspective*. Ann Arbor: University of Michigan Press, 1995.

Allen, Robert C. "Agricultural Productivity and Rural Incomes in England and the Yangtze Delta, c.1620–c.1820." 2003. www.econ .ku.dk/Zeuthen.

Altman, Morris. "Culture, Human Agency, and Economic Theory: Culture as a Determinant of Material Welfare." *Journal of Socio-Economics* 30 (2001): 379–91.

Amis, Kingsley. *Memoirs*. London: Penguin, 1992.

Anderson, Kym. "Wine's New World." *Foreign Policy* 136 (May– Jun 2003): 47–54.

Basu, Kaushik, et al. "The Growth and Decay of Custom." *Explorations in Economic History* 24 (1987): 1–21.

Bauer, Peter. *From Subsistence to Exchange*. Princeton: Princeton University Press, 2000.

Bellin, Eva. "The Political-Economic Conundrum: The Af.nity of Economic and Political Reform in the Middle East and North Africa." *Carnegie Papers* 53 (Nov 2004).

Bian, Wen-Qiang, and L. Robin Keller. "Chinese and Americans Agree on What Is Fair, but Disagree on What Is Best in Societal Decisions Affecting Health and Safety Risks." *Risk Analysis* 19 (1999): 439–52.

Blaise, Clark. *Sir Sandford Fleming and the Creation of Standard Time*. London:

Weidenfeld & Nicolson, 2000.

Blum, Ulrich, and Leonard Dudley. "Standardised Latin and Medieval Economic Growth." *European Review of Economic History* 7 (2003): 213–38.

Broadie, Alexander. *The Scottish Enlightenment*. Edinburgh: Birlinn, 2001.

Brown, Rajeswary Ampalavanar. *Capital and Entrepreneurship in South-East Asia*. New York: St. Martin's Press, 1994.

Bud-Frierman, Lisa, ed. *Information Acumen: The Understanding and Use of Knowledge in Business*. London: Routledge, 1994.

Burke, Jason. *Al-Qaeda: Casting a Shadow of Terror*. London: I. B. Tauris, 2003.

Burne, Jerome. "Highly Selective Sex." *Financial Times Magazine*, 13 Sep 2003.

Byas, Hugh. *The Japanese Enemy*. London: Hodder & Stoughton, 1942.

Cairncross, Frances. *The Death of Distance: How the Communications Revolution Will Change Our Lives*. Boston: Harvard Business School Press, 1997.

Casson, Mark C. *Economics of Business Culture: Game Theory, Transaction Costs and Economic Performance*. Oxford: Clarendon Press, 1991.

———. "The Historical Signi.cance of Information Costs." Mimeo, Reading University, 1995.

Caute, David. *The Dancer Defects: The Struggle for Cultural Supremacy during the Cold War*. New York: Oxford University Press, 2003.

Chabal, Patrick, and Jean-Pascal Daloz. *Africa Works: Disorder as Political Instrument*. Oxford: International African Institute/James Currey, 1999.

Chang, Jung. *Wild Swans*. London: Flamingo, 1993.

Child, M.T.H. *Farms, Fairs and Felonies: Life on the Hampshire-Wiltshire Border 1769–1830*. Andover, U.K.: privately printed, 1967.

Chow, Gregory C. "Challenges of China's Economic System for Economic Theory." In Ross Garnaut and Yiping Huang, eds., *Growth without Miracles*. Oxford: Oxford University Press, 2001.

Christman, Henry. *Tin Horns and Calico: An Episode in the Emergence of American Democracy*. New York: Collier Books, 1961.

Cipolla, Carlo. *Literacy and Development in the West*. (Harmonds-worth, U.K.: Penguin, 1969.

Clare, George. *Berlin Days, 1946–47*. London: Pan, 1990.

Clark, Gregory. "Economists in Search of Culture: The Unspeakable in Pursuit of the Inedible?" *Historical Methods* 21 (Fall 1988): 161–64.

Coble, Parks M. *Chinese Capitalists in Japan's New Order: The Occupied Lower Yangzi, 1937–1945*. Berkeley: University of California Press, 2003.

Coleman, William Oliver. *Economics and Its Enemies*. Basingstoke, U.K.: Palgrave, 2002.

Colson, A. M. "The Revolt of the Hampshire Agricultural Labourers and Its Causes, 1812–1831." M.A. thesis, London University, n.d. (1936).

Conklin, John E. *Art Crime*. Westport, Conn.: Praeger, 1994.

Conrad, Peter. *Where I Fell to Earth*. London: Chatto & Windus, 1990.

Cowen, Tyler. *In Praise of Commercial Culture*. Cambridge, Mass.: Harvard University Press, 1998.

———. *Creative Destruction: How Globalization Is Changing the World's Cultures*. Princeton: Princeton University Press, 2002.

Crenson, Matthew A. *The Un-Politics of Air Pollution*. Baltimore: Johns Hopkins University Press, 1971.

Crichton, Michael. *Travels*. London: Macmillan, 1988.

Crystal, David. *Language Death*. Cambridge: Cambridge University Press, 2000.

Dasgupta, Ajit. "India's Cultural Values and Economic Development: A Comment." *Economic Development and Cultural Change* 13 (1964): 100–102.

David, Paul A. "Understanding the Economics of QWERTY: The Necessity of History." In William N. Parker, ed., *Economic History and the Modern Economist*. Oxford: Blackwell, 1986.

Davie, Grace. *Europe: The Exceptional Case*. London: Darton, Longman & Todd, 2002.

Dawson, Doyne. "The Assault on Eurocentric History." *Journal of the Historical Society* 3 (2003): 403–27.

Deane, John Bathurst. *The Worship of the Serpent Traced throughout the World*. London: J. G. & F. Rivington, 1833.

Deng, Gang. *Development versus Stagnation*. Westport, Conn.: Greenwood Press, 1993.

———. *The Premodern Chinese Economy: Structural Equilibrium and Capitalist Sterility*. London: Routledge, 1999.

Diamond, Jared. *The Rise and Fall of the Third Chimpanzee*. London: Vintage, 1992.

Dixon, R.M.W. *The Rise and Fall of Languages*. Cambridge: Cambridge University Press, 1997.

Eagleton, Terry. *The Gatekeeper: A Memoir*. London: Allen Lane/ Penguin, 2001.

Eberhart, Nicholas. "Some Strategic Implications of Asian/Eurasian Demographic Trends." Harvard Center for Population and Development Studies Working Paper 14#8, Nov 2004.

Edgerton, Robert B. *Sick Societies: Challenging the Myth of Primitive Harmony*. New York: Free Press, 1992.

Ellickson, Robert C. *Order without Law*. Cambridge, Mass.: Harvard University Press, 1991.

Faulk, Henry. *Group Captives: The Re-Education of German Prisoners-of-War in Britain, 1945–48*. London: Chatto & Windus, 1977.

Feuerwerker, Albert. *China's Early Industrialization: Sheng Hsuan-Huai (1844–1916) and Mandarin Enterprise.* New York: Atheneum, 1970.

Field, Frank. *Neighbours from Hell.* London: Politico, 2003.

Finn, James, ed. *Global Economics and Religion.* New Brunswick, N.J.: Transaction Books, 1982.

Fischer, David Hackett. *Albion's Seed: Four British Folkways in America.* New York: Oxford University Press, 1989.

Fischer, H. C., and E. X. Dubois. *Sexual Life during the World War.* London: Francis Aldor, 1937.

Fletcher, Richard. *The Barbarian Conversion: From Paganism to Christianity.* New York: Holt, 1998.

Frank, Robert H. *Passions within Reasons: The Strategic Role of the Emotions.* New York: W. W. Norton, 1988.

Frank, Robert, and Philip Cook. *The Winner-Take-All Society.* New York: Free Press, 1995.

Frater, Alexander. *Chasing the Monsoon.* London: Penguin, 1991.

Gatty, Harold. *Nature Is Your Guide.* London: Collins, 1958.

Geertz, Clifford. *The Interpretation of Culture.* New York: Basic Books, 1973.

Gifford, Don. *The Farthest Shore: A Natural History of Perception.* London: Faber & Faber, 1990.

Godley, Andrew. *Jewish Immigrant Entrepreneurship in New York and London 1880–1914: Enterprise and Culture.* Basingstoke, U.K.: Palgrave, 2001.

Goldsmith, Raymond W. *Premodern Financial Systems: A Historical Comparative Study.* Cambridge: Cambridge University Press, 1987.

Goodkind, Daniel M. "Creating New Traditions in Modern Chinese Populations: Aiming for Birth in the Year of the Dragon." *Population & Development Review* 17/4 (1991): 663–86.

Goodwin, Godfrey. *The Private World of Ottoman Women.* London: Saqi Books, 1997.

Goudsblom, Johan, Eric Jones, and Stephen Mennell. *The Course of Human History: Economic Growth, Social Process, and Civilization.* Armonk, N.Y.: M. E. Sharpe, 1996.

Green, Michael. *Nobody Hurt in Small Earthquake.* London: Bantam Books, 1991.

Greif, Avner. "Cultural Beliefs and the Organization of Society: A Historical and Theoretical Re.ection on Collectivist and Individualist Societies." *Journal of Political Economy* 102 (1994): 912–50.

Gunderson, Gerald A. *A New Economic History of America.* New York: McGraw-Hill, 1976.

Gurr, T. R. "Historical Trends in Violent Crime: A Critical Review of Evidence." *Crime and Justice* 3 (1981): 295–355.

Hallpike, C. R. *The Principles of Social Evolution.* Oxford: Clarendon Press, 1986.

Hardin, Russell. *One for All: The Logic of Group Conflict.* Princeton: Princeton University Press, 1995.

Harding, Mike. *A Little Book of the Green Man.* London: Aurum Press, 1998.

Harrison, Lawrence, and Samuel Huntington, eds. *Culture Matters: How Values Shape Human Progress.* New York: Basic Books, 2000.

Harrisson, Tom. *World Within: A Borneo Story.* Singapore: Oxford University Press, 1984.

Hartwell, R. M. *The Industrial Revolution and Economic Growth.* London: Methuen, 1971.

Hartz, Louis, ed. *The Founding of New Societies.* New York: Harcourt, Brace & World, 1964.

Headrick, Daniel R. *When Information Comes of Age: Technologies of Knowledge in the Age of Reason and Revolution, 1700–1850.* New York: Oxford University Press, 2000.

Henderson, David. *Misguided Virtue: False Notions of Corporate Social Responsibility.* London: Institute of Economic Affairs, 2001.

Herskovits, M. J. *Economic Anthropology.* New York: W. W. Norton, 1963.

Hirsch.eld, Magnus. *The Sexual History of the World War.* New York: Panurge Press, 1934.

Hobsbawm, Eric. *Interesting Times: A Twentieth-Century Life.* London: Allen Lane/Penguin, 2002.

Hobson, John. *The Eastern Origins of Western Civilisation.* Cambridge: Cambridge University Press, 2004.

Horioka, Charles Yuji. "Why Is Japan's Household Saving Rate So High?" *Journal of the Japanese and International Economies* 4 (1990): 49–92.

Horn, Pamela. *High Society: The English Social Elite, 1880–1914.* Stroud, U.K.: Alan Sutton, 1992.

Hostetler, John A. *Amish Society.* Baltimore: Johns Hopkins University Press, 1980.

Howarth, David. *Tahiti: A Paradise Lost.* New York: Viking, 1984.

Howell, David. "Don't Blame Asian Values." *Prospect*, Oct 1998, pp. 14–15.

Hughes, Barry B. *World Futures.* Baltimore: Johns Hopkins University Press, 1987.

Hughes, Jonathan. "A World Elsewhere: The Importance of Starting English." Mimeo, Northwestern University, 1985.

Huntington, Samuel. *The Clash of Civilizations and the Remaking of World Order.* New York: Simon & Schuster, 1996.

———. "The Hispanic Challenge." *Foreign Policy*, Mar–Apr 2004 (Internet version).

Hutton, Ronald. *The Pagan Religions of the Ancient British Isles*. Oxford: Blackwell, 1991.

————. *The Stations of the Sun: A History of Ritual in Britain*. Oxford: Oxford University Press, 1996.

Huxley, Elspeth. *Love among the Daughters*. London: Quality Book Club, 1968.

Hwang, Alvin, et al. "The Silent Chinese: The In.uence of Face and *Kiasuism* on Student Feedback-Seeking Behaviors." *Journal of Management Education* 28 (Feb 2002): 70–98.

Innis, H. A. *Empire and Communications*. Oxford: Clarendon Press, 1950.

Islamoglu, Huri, and Peter C. Perdue. "Introduction." *Journal of Early Modern History* 5 (2001): 271–81.

Jefferies, Richard. *The Amateur Poacher*. Oxford: Oxford University Press, 1978.

Johnston, Douglas, and Cynthia Sampson, eds. *Religion, the Missing Dimension of Statecraft*. New York: Oxford University Press, 1994.

Jones, David M. *Political Development in Pacic Asia*. Cambridge: Polity Press, 1997.

————. "Out of Bali: Cybercaliphate Rising." *National Interest*, Spring 2003, pp. 75–85.

Jones David M., and David Brown. "Singapore and the Myth of the Liberalizing Middle Class." *Paci.c Review* 7 (1994): 79–87.

Jones, Eric L. "Subculture and Market." *Economic Development and Cultural Change* 32/4 (1984): 873–79.

————. "The History of Natural Resource Exploitation in the Western World." *Research in Economic History*, Suppl. 6 (1991): 235–52.

————. "Asia's Fate: A Response to the Singapore School." *National Interest*, Spring 1994, pp. 18–28.

————. "Culture and Its Relationship to Economic Change." *Journal of Institutional and Theoretical Economics* 151/2 (1995): 269–85.

————. "Technology, the Human Niche and Darwinian Explanation." In Eric Jones and Vernon Reynolds, eds., *Survival and Religion: Biological Evolution and Cultural Change*. Chichester, U.K.: John Wiley, 1995.

————. "Through the Garbage Can, Darkly." *National Interest*, Fall 1996, pp. 97–101.

————. "The European Background." In S. L. Engerman and Robert E. Gallman, eds., *The Cambridge Economic History of the United States*. Cambridge: Cambridge University Press, 1996.

————. "Cultural Nostalgia." *International Studies Review* 1/3 (1999): 131–34.

————. *Growth Recurring*. 2d ed. Ann Arbor: University of Michigan Press, 2000.

————. "The Case for a Shared World Language." In Mark Casson and Andrew Godley, eds., *Cultural Factors in Economic Growth*. Berlin: Springer-Verlag, 2000.

————. "A Long-Term Appraisal of Country Risk." In Ross Garnaut and Yiping Huang, eds., *Growth without Miracles: Readings on the Chinese Economy in the Age of Reform.* Oxford: Oxford University Press, 2001.

————. *The Record of Global Economic Development.* Cheltenham, U.K.: Edward Elgar, 2002.

————. *The European Miracle.* 3d ed. Cambridge: Cambridge University Press, 2003.

————. "The East Asian Miracle." *Business History* 45 (2003): 119–24.

————. "Environment: Historical Overview." In Joel Mokyr, ed., *The Oxford Encyclopedia of Economic History*, vol. 2. New York: Oxford University Press, 2003.

————. "China: A Cautionary Note from Development History." In Loren Brandt and Tom Rawski, eds., *China's Economic Transition.* Forthcoming.

————, ed. *Agriculture and Economic Growth in England 1650–1815.* London: Methuen, 1967.

Jones, Eric, Lionel Frost, and Colin White. *Coming Full Circle: An Economic History of the Pacific Rim.* Boulder, Colo.: Westview Press, 1993.

Jones, Eric L., and Sylvia B. Jones. "The Book Industry." In *The Oxford Encyclopedia of Economic History*, vol. 1. New York: Oxford University Press, 2003.

Kacelnik, Alex. "The Sciences of Risk." *Wissenschaftskolleg zu Berlin Jahrbuch*, 2001/2002, pp. 363–64.

Karsten, Peter. "'Bottomed on Justice': A Reappraisal of Critical Legal Studies Scholarship Concerning Breaches of Labor Contracts by Quitting or Firing in Britain and the U.S., 1630–1889." *American Journal of Legal History* 34 (1990): 213–61.

Kavanagh, P. J. *The Perfect Stranger.* London: HarperCollins, 1991.

Keeley, Lawrence H. *War before Civilization: The Myth of the Peaceful Savage.* New York: Oxford University Press, 1996.

Kerr, Alex. *Dogs and Demons: The Fall of Modern Japan.* London: Penguin, 2001.

Killick, Tony, ed. *The Flexible Economy.* London: Routledge, 1995.

Kim, Dae Jung. "Is Culture Destiny? The Myth of Asia's Anti-Democratic Values." *Foreign Affairs* 73 (2004): 189–94.

Kirwen, Michael C. *African Widows.* Maryknoll, N.Y.: Orbis Books, 1979.

Knight, Jack. *Institutions and Social Con.ict.* Cambridge: Cambridge University Press, 1992.

Krugman, Paul. "The Myth of Asia's Miracle." *Foreign Affairs* 73 (Nov–Dec 1994): 62–78.

Kuran, Timur. "The Unthinkable and the Unthought." *Rationality and Society* 5 (1993): 473–505.

————. *Private Truths, Public Lies.* Cambridge, Mass.: Harvard University Press, 1995.

———. "Islam and Underdevelopment: An Old Puzzle Revisited." *Journal of Institutional and Theoretical Economics* 153 (1997): 41–71.

Lal, Deepak. *Unintended Consequences: The Impact of Factor Endowments, Culture, and Politics on Long-Run Economic Performance.* Cambridge, Mass.: MIT Press, 1998.

———. "India." In Peter Bernholz and Roland Vaubel, eds., *Political Competition, Innovation and Growth in the History of Asian Civilizations.* Cheltenham, U.K.: Edward Elgar, 2004.

Landes, David. *The Wealth and Poverty of Nations.* New York: W. W. Norton, 1998.

Lebrecht, Norman. *Covent Garden: The Untold Story. Dispatches from the English Culture War, 1945–2000.* London: Simon & Schuster UK, 2000.

Lee, Kuan Yew. "The East Asian Way." *New Perspectives Quarterly* 9 (1992): 4–13.

Lewthwaite, G. R. "Man and the Sea in Early Tahiti: A Maritime Economy through European Eyes." *Pacific Viewpoint* 7 (1966): 28–53.

Li, Xiaorong. "'Asian Values' and the Universality of Human Rights." *Business and Society Review*, nos. 102/103 (1998): 81–87.

Liebowitz, S. J., and Stephen E. Margolis. "The Fable of the Keys." *Journal of Law and Economics* 33 (1990): 1–25.

Lindert, Peter. "Voice and Growth: Was Churchill Right?" *Journal of Economic History* 63 (2003): 315–50.

Little, Reg., and Warren Reed. *The Confucian Renaissance.* Annandale, Australia: Federation Press, 1989.

Lomax, Eric. *The Railway Man.* London: Vintage, 1996.

Lorenz, Dagmar. "How the World Became Smaller." *History Today*, Nov 1996, pp. 45–50.

Macdonell, A. G. *England, Their England.* London: Macmillan, 1933.

MacSwan, Norman. *The Man Who Read the East Wind: A Biography of Richard Hughes.* Kenthurst, Australia: Kangaroo Press, 1982.

Maddison, Angus. "Economic Progress: The Last Half Century in Historical Perspective." In Ian Castles, ed., *Facts and Fancies of Human Development.* Academy of the Social Sciences in Australia, Occasional Papers 1. Canberra: ASSA, 2000.

Magee, Gary. "A Study of the Abandonment of Superior Technologies and the Reversibility of Technological Change." B.Ec. honors dissertation, Department of Economic History, La Trobe University, 1990.

Maine, Henry. *Dissertations on Early Law and Custom.* London: John Murray, 1883.

Mamdani, Mahmood. "Whither Political Islam? Understanding the Modern Jihad." *Foreign Affairs*, Jan–Feb 2005, pp. 148–55.

Man, John. *Alpha Beta: How Our Alphabet Shaped the Western World*. London: Headline, 2000.

Manning, Patrick, et al. "American Historical Review Forum: Asia and Europe in the World Economy." *American Historical Review* 107 (2002): 419−80.

Marriott, Edward. *The Lost Tribe: A Search through the Jungles of Papua New Guinea*. London: Picador, 1997.

Marshall, Alfred. *Principles of Economics*. London: Macmillan, 1961.

Marshall, Sybil. *A Pride of Tigers*. London: Penguin, 1995.

Mayhew, Anne. "Culture: Core Concept under Attack." *Journal of Economic Issues* 21 (1987): 587−603.

McCulloch, J. R. *McCulloch's Universal Gazetteer*. New York: Harper & Bros., 1844−45.

Moisy, Claude. "Myths of the Global Information Village." *Foreign Policy* 107 (Summer 1997): 78−87.

Mokyr, Joel. "Disparities, Gaps, and Abysses." *Economic Development and Cultural Change* 33 (1984): 173−77.

———. "The Enduring Riddle of the *European Miracle*: The Enlightenment and the Industrial Revolution." Mimeo, Northwestern University, 2002.

Morishima, Michio. *Why Has Japan "Succeeded"? Western Technology and the Japanese Ethos*. Cambridge: Cambridge University Press, 1982.

Morris, Jan. *Fifty Years of Europe*. London: Penguin, 1997.

Morris, Richard. *Churches in the Landscape*. London: J. M. Dent, 1989.

Mortimer, John. *Clinging to the Wreckage*. Harmondsworth, U.K.: Penguin, 1982.

Muhlberger, Steven, and Phil Paine. "Democracy's Place in World History." *Journal of World History* 4 (1993): 23−45.

Munz, Peter. "The Two Worlds of Anne Salmond in Postmodern Fancy Dress." *New Zealand Journal of History* 28/1 (1994): 60−75.

Nathan, Andrew J. "Is Chinese Culture Distinctive? A Review Article." *Journal of Asian Studies* 52 (1993): 923−36.

Noland, Marcus. "Religion, Culture, and Economic Performance." http://www.iie.com/publications/wp/2003/03−8.pdf.

North, Douglass C. *Understanding the Process of Economic Change*. Princeton: Princeton University Press, 2005.

Olson, Mancur. *The Rise and Decline of Nations*. New Haven: Yale University Press, 1982.

Phelps Brown, Henry. *The Origins of Trade Union Power*. Oxford: Clarendon Press, 1983.

Pomeranz, Kenneth. *The Great Divergence*. Princeton: Princeton University Press,

2000.

Porter, Michael, and Victor Millar. "How Information Gives You Competitive Advantage." *Harvard Business Review*, Jul–Aug 1985, pp. 149–60.

Posner, Richard A. *The Economics of Justice*. Cambridge, Mass.: Harvard University Press, 1981.

Price, Charles A. "Ethnic Intermixture in Australia." *People and Place* 1 (1993): 6–8.

Pryce-Jones, David. *The Closed Circle: An Interpretation of the Arabs*. London: Paladin, 1990.

Pun, Ngai. "Becoming Dagongmei [Working Girls]: The Politics of Identity and Difference in Reform China." *China Journal* 42 (1999): 1–18.

Raby, Geoff. *Making Rural Australia*. Melbourne: Oxford University Press, 1996.

Ravault, René-Jean. "Is There a Bin Laden in the Audience? Considering the Events of September 11 as a Possible Boomerang Effect of the Globalization of US Mass Communication." *Prometheus* 20 (2002): 295–300.

Rawski, Thomas G. "Social Capabilities and Chinese Economic Growth." Mimeo, University of Pittsburgh, 2002.

Read, Donald. *The Power of News: The History of Reuters 1849–1989*. Oxford: Oxford University Press, 1992.

Rowse, A. L. *The Case Books of Simon Forman*. London: Picador Pan Books, 1976.

Sachs, Jeffrey, and Andrew Warner. "Natural Resource Abundance and Economic Growth." Harvard Institute for International Development, Discussion Paper 517a, Oct 1995.

Sack, P. L. "The Triumph of Colonialism." In P. L. Sack, ed., *Problems of Choice: Land in Papua New Guinea's Future*. Canberra, Australia: ANU Press, 1974.

Samuelson, Robert J. "Seeking Capitalism's Spirit." *Australian Financial Review*, 19 Jan 2001.

Sandall, Roger. *The Culture Cult: Designer Tribalism and Other Essays*. Boulder, Colo.: Westview Press, 2001.

Schlicht, Ekkehart. *On Custom in the Economy*. Oxford: Clarendon Press, 1998.

———. "Custom and Competition." In Tiziano Raffaelli et al., eds., *The Elgar Companion to Alfred Marshall*. Cheltenham U.K.: Edward Elgar, forthcoming.

Scho.eld, R. S. "Dimensions of Illiteracy, 1750–1850." *Explorations in Economic History* 10 (1973): 437–54.

Schwartz, Peter. *Inevitable Surprises*. London: Simon & Schuster/ Free Press, 2003.

Sen, Amartya. "More than 100 Million Women Are Missing." *New York Review of Books*, 20 Dec 1990.

———. "Asian Values and Economic Growth." In UNESCO, *World Culture Report 1998: Culture, Creativity and Markets*. Paris: UNESCO Publications, 1998.

Sharpe, J. A. *Bewitching of Anne Gunter*. London: Routledge, 2000.

Simon, Julian. *The Effects of Income on Fertility*. Chapel Hill, N.C.: Carolina Population Center, 1974.

Simoons, Frederick J. *Eat Not This Flesh: Food Avoidances from Prehistory to the Present*. 2d ed. Madison: University of Wisconsin Press, 1994.

Singer, Marshall R. "Language Follows Power: The Linguistic Free Market in the Old Soviet Bloc." *Foreign Affairs* 77 (Jan–Feb 1998): 19–24.

Smith, Adam. *The Wealth of Nations*. London: J. M. Dent, 1910.

Snell, K.D.M. "The Culture of Local Xenophobia." *Social History* 28 (2003): 1–30.

Sowell, Thomas. *The Economics and Politics of Race: An International Perspective*. New York: William Morrow, 1983.

Spencer, Robyn. "Australia: Worth Preserving or Past Its Use-by Date?" In Steve Vizard, et al., eds., *Australia's Population Challenge*. Camberwell, Australia: Penguin, 2003.

Spizzica, Maria. "Cultural Differences within 'Western' and 'Eastern' Education." Paper presented to the First National Conference on Tertiary Literacy, Victoria University of Technology, Melbourne, 15–16 Mar 1996.

Stark Rodney. *The Rise of Christianity: A Sociologist Reconsiders History*. Princeton: Princeton University Press, 1996.

Steinberg, Theodore. *Nature Incorporated: Industrialization and the Waters of New England*. Cambridge: Cambridge University Press, 1991.

"Symposium: The New World of the Gothic Fox: Culture and Economy in English and Spanish America." *Partisan Review* 621 2 (1995): 179–233.

Temin, Peter. "Is It Kosher to Talk about Culture?" *Journal of Economic History* 57/2 (1997): 267–87.

Tennant, Kylie. *Australia: Her Story*. London: Pan Books, 1964.

Thompson, E. P. *Whigs and Hunters*. London: Penguin, 1977.

Thurow, Lester C. "Globalization: The Product of a Knowledge-Based Economy." *Annals of the American Academy of Political and Social Science* 570 (Jul 2000): 19–31.

Turner, Frederick Jackson. *The Frontier in American History*. New York: Henry Holt & Co., 1920.

Utley, Garrick. "The Shrinking of Foreign News: From Broadcast to Narrowcast." *Foreign Affairs* 76 (Mar–Apr 1997): 2–10.

Van Zanden, Jan Luiten. "The 'Revolt of the Early Modernists' and the 'First Modern Economy': An Assessment." *Economic History Review* 55 (2002): 619–41.

Vargas Llosa, Mario. "The Culture of Liberty." *Foreign Policy*, Jan– Feb 2001 (Internet version).

"Vargas Llosa on Culture and the New International Order." *La Trobe University*

Bulletin, Sep−Oct 2002.

Veliz, Claudio. "A World Made in England." *Quadrant*, Mar 1983, pp. 8−19.

Wallraff, Barbara. "What Global Language?" *Atlantic Monthly*, Nov 2000, pp. 52−66.

Waswo, Ann. *Modern Japanese Society 1868–1944*. Oxford: Oxford University Press, 1996.

Waterhouse, Keith. *City Lights*. London: Hodder & Stoughton, 1994.

Watkins, Susan Cotts. *From Provinces into Nations: Demographic Integration in Western Europe, 1870–1960*. Princeton: Princeton University Press, 1991.

Watson, James L., ed. *McDonald's in East Asia*. Stanford: Stanford University Press, 1997.

Webb, Walter Prescott. *The Great Frontier*. Boston: Houghton Mif.in, 1952.

Wilfrid, Blunt. *The Compleat Naturalist: A Life of Linnaeus*. London: Collins, 1971.

Wilhelm, Richard. *Chinese Economic Psychology*. New York: Garland, 1982.

Williamson, Jeffrey. "Living Standards in Asia before 1940." In A.J.H. Latham and Heita Kawakatsu, eds., *Asia Paci.c Dynamism 1550–2000*. London: Routledge, 2000.

Witt, Ulrich. "Evolution and Stability of Cooperation without Enforceable Contracts." *Kyklos* 39 (1986): 245−66.

Wood, Forrest G. *The Arrogance of Faith: Christianity and Race in America from the Colonial Era to the Twentieth Century*. New York: Alfred A. Knopf, 1990.

Woodhead, Linda, and Paul Heelas. *The Spiritual Revolution: Why Religion Is Giving Way to Spirituality*. Oxford: Blackwell, 2004.

Zakaria, Fareed. "*Asian Values*." *Foreign Policy*, Nov−Dec 2002. (Internet version.)

———. *The Future of Freedom: Illiberal Democracy at Home and Abroad*. New York: W. W. Norton, 2003.

Zuboff, Shosanna. *In the Age of the Smart Machine*. Oxford: Heinemann, 1988.

索引[*]

---

* 索引页码为原书页码,即本书页边码。

Colonial America，美洲殖民地，91，135－147

也可参见 United States

Confucianism，儒家思想，儒教，127，161，165，169，175，178，180，183，216，217，219，220

Conrad, Peter，彼得·康拉德，57

consumerism，消费主义，184，186，190，195－196，199，206，215，217

Cook, James，詹姆斯·库克，89

Cowen, Tyler，泰勒·考恩，244－250，267

Crane, Stephen，斯蒂芬·克兰，33

Crichton, Michael，迈克尔·克赖顿，90

Crystal, David，戴维·克里斯特尔，238

cultural diversity，文化多样性，50－51

cultural evolution，文化进化论，29，60

cultural fixity，文化固定性，22，40，47，182，212，257

cultural nullity，文化虚无性，5，21，212，257

cultural pessimism，文化悲观主义，247－248

cultural reciprocity，文化相互性，212，第 10 章各处

cultural relativism，文化相对主义，8，56－57，150，213

Darwin, Charles，查尔斯·达尔文，60，180

Darwinism，达尔文主义，60，61，67，82；evolution，进化论，147－148

Dasgupta, Ajit，阿吉特·达斯古普塔，4

Davie, Grace，格雷丝·戴维，203－204

Dawson, Doyne，多因·道森，113n5

Debussy, Claude，克洛德·德彪西，247

demography，人口统计学，22，33，70，154－158，183，189－191，197－199，204，206，210，219

也可参见 German migration

Deng, Xiao-ping，邓小平，25，29，172，217

development economics，发展经济学，14，256

Diamond, Jared，贾里德·戴蒙德，62n16，72，92

Dickens, Charles，查尔斯·狄更斯，55

Dixon, Robert，罗伯特·狄克逊，93

Dubois, E. X.，E. X. 杜波依斯，269

Dutch East Indies，荷属东印度群岛，44

Dutch patroonships，荷兰大庄园主制度，136

East Asian Miracle，东亚奇迹，161－162，262

Easter Island，复活节岛，63

Edgerton, Robert，罗伯特·埃杰顿，66－67，70

educational styles，教育风格，173－174，180－181

Elias, Norbert，诺贝特·埃利亚斯，188

Ellickson, Robert，罗伯特·埃里克森，132，257－258

engineers，工程师，45

England，英国，65，69，77－78，79，114－117，131，142，144，154，188；Gloucestershire，格洛斯特郡，75；Hampshire，汉普郡，49，121－122；Oxfordshire，牛津郡，75；Somerset，萨默塞特，75，80，91；Wiltshire，威尔特郡，53－54，74，75

Enron，安然公司，13，166

Etounga-Manguelle, Daniel，丹尼尔·埃通加－曼格尔，8

Europe，欧洲，100，112－132 各处，141，143－154，159，202－204，216

European Union，欧盟，83，93，231，240－

克·杰克逊·特纳，140, 142-143

United States，各处可见
参见 California; Colonial America; New
York City; New York State
urbanization，城市化，182-183
USSR，苏联，71, 130, 213, 231, 237
也可参见 Russia
Utley, Garrick，加里克·厄特利，103n30

van Zanden, Jan Luiten，扬·卢滕·范
赞登，111
Vargas Llosa, Mario，马里奥·巴尔加
斯·略萨，250-251
Velasquez, Diego，迭戈·委拉斯开兹，
248
Veliz, Claudio，克劳迪奥·贝利斯，208
violence，暴力，24

Waite, Chief Justice Morrison，首席大
法官莫里森·韦特，142
Waley, Arthur，阿瑟·韦利，33-34
Walker, Frederick Amasa，弗雷德里克·阿
马萨·沃克，vii, 19
Waswo, Ann，安·瓦斯沃，167-168

Watkins, Susan Cotts，苏珊·科茨·沃
特金斯，206n13
Watson, James，詹姆斯·沃森，187
Webb, Walter Prescott，沃尔特·普雷斯
科特·韦布，143
Weber, Max，马克斯·韦伯，4, 127, 255,
256
Wertheim, Margaret，玛格丽特·沃特海
姆，xiv
Wesley, John，约翰·卫斯理，179
White, Gilbert，吉尔伯特·怀特，51
Wilhelm, Richard，理查德·威廉，81,
259n4
witchcraft，巫术，59n9, 71n26
Witt, Ulrich，乌尔里希·维特，171
Wolf, Martin，马丁·沃尔夫，190
Wong, R. Bin，王国斌，119

X-efficiency，X 效率，82
Xu, Li-Ning Wilson，李宁公司的威尔
森·许，186

Zakaria, Fareed，法里德·扎卡里亚，164-
165
Zambia，赞比亚，38n8

图书在版编目（CIP）数据

文化融合：基于历史学和经济学的文化批判 /（英）
埃里克·琼斯著；王志标译 . —杭州：浙江大学出版
社，2019.4
书名原文：Cultures Merging: A Historical and
Economic Critique of Culture
ISBN 978-7-308-18861-6

Ⅰ. ①文… Ⅱ. ①埃… ②王… Ⅲ. ①世界史－文化
史－研究 Ⅳ. ①K103

中国版本图书馆 CIP 数据核字（2019）第 005267 号

文化融合：基于历史学和经济学的文化批判

[英] 埃里克·琼斯 著　王志标 译

责任编辑	王志毅	
责任校对	王　军	
装帧设计	王小阳	
出版发行	浙江大学出版社	
	（杭州天目山路 148 号　邮政编码 310007）	
	（网址：http://www. zjupress. com）	
排　版	北京大观世纪文化传媒有限责任公司	
印　刷	北京时捷印刷有限公司	
开　本	635mm×965mm　1/16	
印　张	18	
字　数	218千	
版印次	2019年4月第1版　2019年4月第1次印刷	
书　号	ISBN 978-7-308-18861-6	
定　价	68.00元	

《社会经济史译丛》书目